Von der Sprachdiagnose zur Sprachförderung

AF272656

Waxmann Verlag GmbH
Steinfurter Straße 555, 48159 Münster
info@waxmann.com

FörMig Edition

Herausgegeben von

İnci Dirim, Ingrid Gogolin, Ursula Neumann,
Hans H. Reich, Hans-Joachim Roth und Knut Schwippert

Band 5

Waxmann 2009
Münster / New York / München / Berlin

Drorit Lengyel, Hans H. Reich,
Hans-Joachim Roth, Marion Döll (Hrsg.)

Von der Sprachdiagnose
zur Sprachförderung

Waxmann 2009
Münster / New York / München / Berlin

Bibliografische Informationen der Deutschen Nationalbibliothek
Die Deutsche Nationalbibliothek verzeichnet diese Publikation in
der Deutschen Nationalbibliografie; detaillierte bibliografische
Daten sind im Internet über http://dnb.d-nb.de abrufbar.

Gefördert als BLK-Programm von Bund und Ländern
im Zeitraum vom 01.09.2004 bis 31.12.2006.

ISBN 978-3-8309-2170-7
ISSN 1861-4108

© Waxmann Verlag GmbH, 2009
Postfach 8603, 48046 Münster

www.waxmann.com
info@waxmann.com

Umschlaggestaltung: Pleßmann Kommunikationsdesign, Ascheberg
Satz: Stoddart Satz- und Layoutservice, Münster
Druck: Hubert & Co., Göttingen

Gedruckt auf alterungsbeständigem Papier,
säurefrei gemäß ISO 9706

Inhalt

Instrumente im Einsatz

Positionierung in der Förderpraxis

Anhang

Drorit Lengyel, Hans H. Reich, Hans-Joachim Roth und Marion Döll

Einleitung

Der vorliegende Band ist der dritte zum Thema Sprachdiagnostik in der Reihe *FÖRMIG Edition* des gleichnamigen Modellprogramms. Während der erste Band (Gogolin/Neumann/Roth 2005) eine Bestandsaufnahme zum Themengebiet lieferte, widmete sich der zweite Band (Reich/Roth/ Neumann 2007) der lernprozessbegleitenden Sprachdiagnostik im Kontext der Individualisierung des Unterrichts. Im dritten Band werden nun Erträge von FÖRMIG und weiterer aktueller Entwicklungen versammelt. Dabei geht es nicht nur um die Darstellung von Aktivitäten zur Sprachdiagnostik für Kinder und Jugendliche mit Migrationshintergrund im engeren Sinne (Instrumententwicklung und -evaluation), sondern auch um die Verzahnung von Diagnose und Förderung bei mehrsprachigen Kindern und Jugendlichen. Diese Verzahnung wird überwiegend an Praxisbeispielen entfaltet, die zeigen, wie solche Daten interpretiert werden müssen, wenn Schlussfolgerungen im Hinblick auf einzelne Sprecherinnen oder Sprecher gezogen werden sollen, und wie sprachdiagnostisch gewonnene analytische Daten in sprachdidaktische oder -pädagogische Planung eingebracht werden können. Die Aktivitäten der an FÖRMIG beteiligten Länder und ihre Projekte weisen darauf hin, dass unterschiedliche Wege, einschließlich der Kombination unterschiedlicher Verfahren und Instrumente, möglich sind. Sie zeigen aber auch, dass noch einige Wegstrecken zurückzulegen sind: bis zu einer der Migrationssituation angemessenen Standardisierung der Instrumente, bis zu einem systematischen Anschluss von Förderung an Ergebnisse der Sprachdiagnose und bis zu einer breiten Entwicklung didaktischer Konzepte und organisatorischer Implementierungsmodelle. Die Zusammenarbeit von Linguistik, Psychologie und Testtheorie, von Allgemeiner Didaktik, Sprachdidaktik und Praxis ist weiterhin gefordert.

Der Aufschwung, den die Thematik Sprachdiagnostik in den vergangenen Jahren erfahren hat, wird bisher vor allem im Bereich der Instrumententwicklung sichtbar. Demgemäß liegt ein Schwerpunkt des Bandes in der gebündelten Vorstellung jüngerer Neuentwicklungen. Die zu Beginn des FÖRMIG-Programms veröffentlichte Bestandsaufnahme hatte gezeigt, dass es um das Wissen zur Sprachaneignung und um die Verfügbarkeit von Diagnoseinstrumenten im vorschulischen Bereich besser bestellt ist als bei allen darauf folgenden bildungsbiografischen Etappen. Daher werden in diesem Band besonders solche sprachdiagnostischen

Verfahren vorgestellt, die für die Primarstufe, den Übergang in die Sekundarstufe I sowie für die Sekundarstufe I gedacht sind. Es werden Instrumente einbezogen, die sich noch in der Entwicklung befinden und neue Impulse in der sprachdiagnostischen Landschaft setzen. Darüber hinaus werden Erfahrungen mit der Nutzung von Verfahren vorgestellt, die bereits seit längerem verwendet werden oder die sich in der praktischen Erprobung befinden. Neu ist, dass erstmals Berichte aus der Praxis zum Einsatz und Umgang mit Instrumenten der Sprachdiagnose wie auch zur (darauf aufbauenden) Sprachförderung vorliegen – vornehmlich aus FÖRMIG-Projekten, die am Übergang vom Elementar- zum Primarbereich angesiedelt sind, aber auch von Kooperationspartnern des Programms. An dieser Schnittstelle konnten die Praktiker vor Ort auf zahlreiche Vorarbeiten und Erfahrungen zurückgreifen, anders als z.B. am Übergang vom Primar- in den Sekundarbereich.

Der Band ist in vier Bereiche gegliedert. Zu Beginn steht die „Positionierung im Diskurs"; in diesen Beiträgen geht es um eine aktuelle Vermessung des Feldes der Sprachdiagnostik im Kontext sprachlicher Bildung und der damit verbundenen Diskussionen. Es folgt ein „Werkstattbericht zur Instrumententwicklung", welcher Einblick in unterschiedliche Entwicklungsstadien von aktuellen Instrumenten gibt, wobei zum ersten Mal auch computergestützte Auswertungstools vorgestellt werden. Im dritten Teil „Instrumente im Einsatz" werden konkrete Verwendungszusammenhänge geschildert und Einsatzmöglichkeiten exemplarisch vorgeführt. Der abschließende vierte Teil verweist auf weitere Kontexte, in denen Sprachdiagnose und diagnosegestützte Förderung eine Rolle spielen: bildungspolitische Initiativen, zentrale Entwicklungsprojekte und übergreifende didaktische Konzeptionen.

1.   Positionierung im Diskurs

Der Band wird eröffnet mit dem Beitrag „Sprachaneignung – Was man weiß, und was man wissen müsste" von *Konrad Ehlich*, der eine Zwischenbilanz aus den Entwicklungen der letzten Jahre zieht. Er findet auf der Haben-Seite eine theoretische, entwicklungspsychologisch und linguistisch begründete Basis, auf der gearbeitet werden kann, er findet eine Vielzahl von Verfahren, die sich dem „Elan des Anfangs" verdanken. Im Soll stehen die vielfach noch fehlenden Kenntnisse über die genauen Verläufe von Sprachaneignungsprozessen, die ungleichmäßige Berücksichtigung der sprachlichen „Basisqualifikationen" und die Finanzierungslücken, unter denen die einschlägige Forschung, die Qualifizierungsoffensiven und die Implementierung in die Praxis gleichermaßen leiden.

Hans H. Reich führt in seinem Beitrag „Aufbauende Sprachförderung unter Nutzung der FÖRMIG-Instrumente" in das schwierige Verhältnis von Sprachdiagnose und Sprachförderung ein. Am Beispiel der im Rahmen von FÖRMIG eingesetzten, mehrsprachigen und zum Teil neu entwickelten Instrumente wie ‚Tulpenbeet' und ‚Bumerang' geht er den Fragen nach, welche sprachlichen Lernvoraussetzungen der Kinder und Jugendlichen durch den Einsatz sprachdiagnostischer Verfahren hervortreten, und wie didaktisches Handeln an diese Voraussetzungen anschließen kann. Indem er die drei wesentlichen Merkmale der FÖRMIG-Instrumente „Mehrsprachigkeit", „Sprachenprofile" und „Skalierung" beleuchtet, zeigt er auf, welche Wege und Möglichkeiten sich hieraus für die aufbauende Förderung ergeben, die auch zu einer Individualisierung der Sprachförderpraxis führen können.

Eine Tradition von FÖRMIG ist es, über den (nationalen) Tellerrand in andere Länder zu blicken und nach Impulsen für die Bereicherung hiesiger Diskurse Ausschau zu halten. *Viv Edwards* zeigt in ihrem Beitrag „Linguistic diversity in the UK", wie sich die bildungspolitische und öffentliche Diskussion über Mehrsprachigkeit im Vereinigten Königreich von einer Pathologisierung hin zur Anerkennung der Minderheitensprachen entwickelt hat. Sie stellt Projekte wie auch politische Maßnahmen vor, die das mehrsprachige Aufwachsen in den Mittelpunkt rücken. Ihr Beitrag erweitert somit den Blick auf die Sprachdiagnostik, verstanden als Einsatz, Erprobung und Prüfung von Instrumenten, hin auf deren Einbettung in die Zusammenhänge von Sprachsoziologie und Bildungspolitik, die als die entscheidenden Rahmenbedingungen des Erfolgs gelten müssen.

2. Werkstattbericht zur Instrumententwicklung

Der zweite Strang, der den Hauptteil dieses Bandes ausmacht, ist ein „Werkstattbericht zur Instrumententwicklung"; der Großteil der hier versammelten Instrumente wird zum ersten Mal vorgestellt und ist zum Teil in der Entwicklung noch nicht ganz abgeschlossen. Der Aufbau orientiert sich an den Übergängen im Bildungswesen.

Den Auftakt hierzu bildet der Beitrag „Herausforderungen und Potenzial der Sprachstandsdiagnostik" von *Ramona Wenzel, Petra Schulz* und *Rosemarie Tracy*, in dem die Autorinnen der Frage nachgehen, welche Hürden es bei der Konzipierung eines sprachwissenschaftlich fundierten diagnostischen Verfahrens für Kinder im Elementarbereich, deren Erstsprache nicht Deutsch ist, zu nehmen gilt. Dabei geht es, teilweise auch in Auseinandersetzung mit anderen Verfahren, zentral um die spracherwerbstheoretische Fundierung. Dies wird an Beispielen wie der

Berücksichtigung der Komplexität von Sprache, der unterschiedlichen Erwerbstypen „monolingualer Erwerb" und „früher Zweitspracherwerb", der Unterscheidung zwischen sprachlichem und nicht-sprachlichem Wissen und der zu Grunde zu legenden Sprachnorm erörtert. Ausführlich stellen die Autorinnen das von ihnen neu entwickelte diagnostische Instrument ‚Linguistische Sprachstandserhebung – Deutsch als Zweitsprache' (LiSe-DaZ) vor, mit dem produktive wie rezeptive Sprachanteile überprüft werden können und das für Monolinguale und von Geburt an Bilinguale sowie für Kinder im frühen Zweitspracherwerb im Alter von drei bis sieben Jahren gedacht ist (siehe ergänzend dazu auch den Beitrag von Andreas Weber in diesem Band). Erste Ergebnisse aus der Pilotierung des Instruments geben interessante Hinweise zur Sprachaneignung, die eine optimistische Beurteilung der Aussagekraft des Instruments begründen.

Ebenfalls auf den Übergang vom Elementar- zum Primarbereich ausgerichtet ist der Beitrag „Computergestützte Analyse der gesprochenen Kindersprache" von *Marion Döll, Hans-Joachim Roth* und *Jens Siemon*, der Möglichkeiten und Grenzen einer computergestützen Diagnose gesprochener Kindersprache für das ‚Hamburger Verfahren zur Analyse des Sprachstands Fünfjähriger' (HAVAS 5) auslotet. Der im Beitrag vorgestellte Prototyp eines *Sprachtools* ermöglicht die morphosyntaktische Analyse von Sprechproben, wobei auch spracherwerbstypische Übergangsphänomene erkannt und analysiert werden. Die Zwischenevaluation der Anwendung macht deutlich, dass Parsingsysteme in Zukunft einen Beitrag leisten können, detaillierte Sprachstandsanalysen zu ökonomisieren. Weiterhin werden eine Reihe von Schwierigkeiten bei der Modellierung von Kindersprache und bei der Programmierung des *Sprachtools* sowie Perspektiven der Validierung im Vergleich von paperpencil-Auswertungen mit denen eines Computerprogramms dargestellt und diskutiert.

Auch im Beitrag „Entwicklung eines Computerprogramms zur Analyse der schriftlichen Erzählfähigkeit" von *Agi Schründer-Lenzen* und *Dominik Henn* geht es um die Vorstellung eines für die Sprachanalyse entwickelten Computerprogramms: Das Programm TULPE L2 bietet eine Unterstützung bei der Erfassung schriftsprachlicher und narrativer Kompetenzen mit dem Instrument ‚Tulpenbeet' am Übergang von der Primar- in die Sekundarstufe. TULPE L2 umfasst über die Auswertungskategorien des ‚Tulpenbeets' hinaus die Analyse von Topikketten und der Satzkomplexität. Neben dieser Erweiterung des Analysespektrums bietet der Einsatz des Tools eine Steigerung der Zeiteffizienz bei der Schreibprobenanalyse, einen größeren Auswertungsumfang als der Auswertungsbogen in Papierform und ebenfalls eine höhere Präzision der Ergebnisse als Auswertungen ‚per Hand'.

Marion Döll stellt in ihrem Beitrag „Beobachtung und Dokumentation von Kompetenz und Kompetenzzuwachs" das Instrument ‚Niveaubeschreibungen Deutsch als Zweitsprache (DaZ)' vor, das von zwei an FörMig beteiligten Bundesländern entwickelt wird. Dieses Instrument versteht sich als Formulierungs- und Verständnishilfe für den Austausch über Sprachentwicklungsstände einzelner Schülerinnen und Schüler. Gedacht ist dabei primär an den Austausch unter Kollegen; es ist daher bewusst an den Bildungsstandards des Faches Deutsch orientiert, die es um die DaZ-Perspektive ergänzt. Doch kann das Instrument auch im Gespräch mit Eltern und Schülern eingesetzt werden.

Rupprecht Baur und *Melanie Spettmann* berichten in ihrem Beitrag „Der C-Test als Instrument der Sprachdiagnose und Sprachförderung" über die Entwicklung und den Einsatz von C-Tests für Kinder und Jugendliche im Übergang vom Primar- zum Sekundarbereich sowie in der Sekundarstufe I. C-Tests sind bislang vorwiegend für die Sprachstandsfeststellung bei erwachsenen Fremdsprachenlernern eingesetzt worden und erheben vorrangig die allgemeine Sprachfähigkeit. Im Beitrag wird gezeigt, wie mit einem für die jugendliche Altersgruppe adaptierten Test produktive und rezeptive Fähigkeiten bei monolingual deutschsprachigen und zweisprachigen Schülerinnen und Schülern differenziert festgestellt und davon ausgehend Sprachförderbedarf diagnostiziert werden kann.

Drorit Lengyel, Andreas Heintze, Hans H. Reich, Hans-Joachim Roth und *Heidi Scheinhardt-Stettner* – Mitglieder der länderübergreifenden FörMig Arbeitsgruppe „Sprachdiagnose in der Sekundarstufe I" – stellen in ihrem Beitrag „Prozessbegleitende Diagnose zur Schreibentwicklung" ein von der Arbeitsgruppe konzipiertes ‚Instrument zur Beobachtung schriftlicher Sprachhandlungen' vor, dessen Entwicklung und Evaluation noch nicht abgeschlossen sind. Die Autor(inn)en führen in ‚Philosophie' und Zielperspektiven des Instruments ein. Diese beinhalten u.a. die Prozessbegleitung, den stufenförmigen Aufbau von Sprachhandlungen sowie die Verbindung zum (Fach-)Unterricht über die dort jeweils geforderten Sprachhandlungen. Anhand von Auszügen aus Texten von Schülerinnen und Schülern der Sekundarstufe I werden die entwickelten Kompetenzraster für zwei Sprachhandlungen – Berichten und Erklären – beispielhaft vorgestellt.

İnci Dirim und *Marion Döll* stellen den Einsatz des im Rahmen von FörMig entwickelten und auch für dessen Evaluation eingesetzten Instruments ‚Bumerang' vor – ihr Beitrag „Erfassung der Sprachkompetenzen im Übergang von der Schule in den Beruf" konzentriert sich auf die Sprachen Türkisch und Deutsch und zeigt anhand der Textproben einer zweisprachigen Schülerin die analytischen Möglichkeiten des Instruments insbesondere hinsichtlich einer differenzierten Einschätzung der Stärken und Schwächen im Sprachvergleich auf. Den Autorinnen ge-

lingt auf diese Weise – neben einer Kurzvorstellung des Instruments –
ein exemplarischer Nachweis dafür, wie man über eine solche, auch die
Familiensprache einbeziehende, Analyse zu tiefer reichenden Einblicken
in den sprachlichen Entwicklungsstand einer Schülerin bzw. eines Schülers gelangt, als wenn man sich ausschließlich auf die deutsche Sprache
beschränkt. Zur Veranschaulichung des Beitrags werden in diesem Band
auch der Auswertungsbogen und das Auswertungsmanual zum Instrument ‚Bumerang‘ erstmalig einer über die beteiligten FÖRMIG-Projekte
hinausgehenden Öffentlichkeit präsentiert – allerdings aus Raumgründen
zunächst lediglich die Fassung für die deutsche Sprache (siehe Anhang).

3. Instrumente im Einsatz

Im dritten Teil dieses Bandes sind unter der Überschrift „Instrumente
im Einsatz" Erfahrungsberichte aus der FÖRMIG-Praxis am Übergang vom
Elementar- zum Primarbereich versammelt.

Ute Scheffler und *Sabine Sterkenburgh* beschreiben in ihrem Beitrag
„Gestufter Einsatz von sprachdiagnostischen Instrumenten" am Beispiel
Duisburg und Dinslaken (NRW) die kombinierte Verwendung zweier
Verfahren, die für mehrsprachige Kinder entwickelt wurden: der ‚CITO-
Test Zweisprachigkeit‘ und das HAVAS 5. Der gestufte Einsatz beider Instrumente ermöglicht es, einerseits einen Überblick über alle Kinder im
Sinne eines Screenings zu erhalten (CITO) und andererseits Kinder über
das HAVAS 5 differenzierter zu diagnostizieren, deren Ergebnisse nicht
eindeutig ausfallen oder bei denen die pädagogischen Fachkräfte vor Ort
den Eindruck haben, sich vor der Planung von Fördermaßnahmen einen
genaueren Einblick in die Sprachentwicklung verschaffen zu müssen. Die
Autorinnen machen darauf aufmerksam, dass eine Vielzahl von Aspekten
(z.B. bildungspolitische, pädagogische, organisatorische) berücksichtigt
und ausbalanciert werden müssen und verweisen auf die unterschiedlichen Potenziale der Instrumente und ihren unterschiedlichen Nutzen im
Hinblick auf die Qualifizierung des pädagogischen Personals, die Förderplanung sowie die Durchführung der Sprachförderung.

Wie nun die Förderplanung auf Basis von Diagnoseergebnissen in der
pädagogischen Praxis aussehen kann, darauf gehen *Bilge Yörenç* und *Monika Grell* in ihrem Beitrag „Diagnosegestützte Förderung mehrsprachiger Kinder" ein. Am Beispiel eines zweisprachigen, mit den Sprachen
Deutsch und Türkisch aufwachsenden fünfjährigen Mädchens, zeichnen die Autorinnen den Weg von der Sprachdiagnose mit HAVAS 5 zur
Sprachförderung nach. Anhand zweier Erzählungen auf Deutsch und auf
Türkisch analysieren sie mit Hilfe der HAVAS-Indikatoren die Sprachstände in beiden Sprachen, setzen diese zueinander ins Verhältnis und

leiten Konsequenzen für Förderung, Förderplanung sowie individuelle Förderziele ab. Ausdrücklich weisen die Autorinnen darauf hin, dass das Potenzial des HAVAS 5 als mehrsprachig angelegtes Instrument nur zum Tragen kommen kann, wenn zweisprachige Fachkräfte an der Erhebung, Auswertung und Förderplanung beteiligt werden.

Gudrun Carls gibt in ihrem Beitrag „Die Lerndokumentation Sprache in der Schulanfangsphase" einen kurzen Überblick zu einem in Berlin entwickelten prozessbegleitenden Verfahren, der ‚Lerndokumentation Sprache'. Sie zeigt auf, welche Möglichkeiten mit einer prozessorientierten Beobachtung des Sprachlernens in der Schuleingangsphase verbunden sind. Das Besondere an diesem Verfahren ist, dass in einem einzigen Dokument eine Reihe von relevanten Aspekten rund um das (Zweit-)Sprachlernen des einzelnen Kindes aufgegriffen und gesammelt werden. Die Konstruktion des Instruments unterstützt die speziell in der Schuleingangsphase notwendige Binnendifferenzierung im Unterricht. Im Beitrag wird deutlich, dass die Evaluation der ‚Lerndokumentation Sprache' im Rahmen von FÖRMIG zu Veränderungen in der Anlage und im Aufbau des Verfahrens führte und dass hierüber auch eine Möglichkeit bestand, das Instrument besser an die Schulen und ihre Bedürfnisse anzupassen.

4. Positionierung in der Förderpraxis

Im vierten und letzten Teil geht es um die Lokalisierung von Sprachdiagnose und Sprachförderung in weiteren Zusammenhängen, die durch einen Beitrag aus einer FÖRMIG-Basiseinheit und zwei Beiträge von FÖRMIG-Kooperationspartnern angesprochen wird.

Den Auftakt bildet der Beitrag „‚Sag' mal was' und ‚LiSe-DaZ'" von *Andreas Weber*, der über die Arbeit der Landesstiftung Baden-Württemberg im Bereich der sprachlichen Bildung informiert. Das Programm „Sag' mal was" steht dabei im Mittelpunkt. Es zielt auf die Unterstützung des Erwerbs des Deutschen als Erst- und Zweitsprache und die Förderung der Mehrsprachigkeit der Kinder. Im Rahmen des Programms wurden bereits etliche Tausend Kinder in baden-württembergischen Tagesstätten gefördert. Neben den Sprachfördermaßnahmen sind die Qualifizierung von Multiplikator(inn)en, Elternbildung und -arbeit sowie die Entwicklung des förderdiagnostischen Instruments ‚Linguistische Sprachstandserhebung Deutsch als Zweitsprache' (LiSe-DaZ) weitere tragende Säulen des gesamten Programms, das auch über die Grenzen Baden-Württembergs hinaus wichtige Impulse gibt.

Andrea Sens, Karin Jampert, Petra Best und *Anne Zehnbauer* vom Deutschen Jugendinstitut beschreiben in ihrem Beitrag „Sprachliche Förderung in der Kita" ihr Konzept zur sprachlichen Bildung in Kindertages-

einrichtungen, das im gleichnamigen Projekt in verschiedenen Modell-
einrichtungen erprobt wurde. In diesem Konzept wird Sprachförderung
als Querschnittsaufgabe in der Kita verstanden, die in die Aktivitäten
im Elementarbereich integriert ist. Der kompetenzorientierte Ansatz ist
ausgerichtet an den sprachlichen Möglichkeiten, über die Kinder verfügen, die jedoch durch eine „Rotstiftperspektive" häufig verdeckt bleiben.
Die Autorinnen zeigen anhand der vier Bildungsbereiche Musik, Medienarbeit, Bewegung und Naturwissenschaften auf, wie eine integrierte
Sprachförderung systematisch erfolgen kann. Besonders betonen sie dabei die Notwendigkeit einer differenzierten und theoriegestützten Wahrnehmung von Kindersprache in den Bildungseinrichtungen.

Im abschließenden Beitrag des Bandes „Sprachbildung im Sachunterricht" beschäftigt sich *Thomas Quehl* mit dem so genannten Scaffolding,
einem im deutschsprachigen Raum neuen Ansatz in der Zweitsprachdidaktik, der sprachliches und fachliches Lernen miteinander verbindet.
Hierfür müssen Lernaktivitäten und -arrangements bereitgestellt werden, die einerseits den Lernenden ein bewusstes sprachliches Handeln
ermöglichen und andererseits den Lehrkräften Gelegenheiten bieten, die
Sprachaneignung der Schülerinnen und Schüler durch den Inhalt hindurch prozessorientiert zu beobachten und gezielt zu unterstützen. Auf
Basis der Analyse von Unterrichtstranskripten aus dem Sachunterricht
einer vierten Klasse geht der Autor den sprachbildenden Möglichkeiten
nach, die sich aus einem an diesem Ansatz orientierten Unterricht ergeben. Mit diesem Beitrag wird am Schluss der Bogen von der pädagogischen Aufgabe der Sprachdiagnose zur zentralen Aufgabe der Bildungsinstitutionen geschlagen: der Vermittlung und Förderung von Bildungssprache.

Die Herausgabe dieses Bandes soll Fortschritte und Neuerungen dokumentieren, die seit dem im Vorgängerband dargestellten Stand eingetreten sind. Es ist zugleich beabsichtigt, damit eine Orientierung über die
Breite der gegenwärtigen Entwicklung und eine Vorstellung ihrer abseh-
baren Dynamik zu geben. Es ist die Hoffnung der Herausgeberinnen und
Herausgeber, damit zu einer informierten Weiterarbeit an der Aufgabe
einer pädagogischen Sprachdiagnostik beizutragen, die den aktuellen
sprachlichen Verhältnissen im Bildungssystem Rechnung trägt.

Hamburg, Köln und Landau im April 2009
Drorit Lengyel, Hans H. Reich, Hans-Joachim Roth und Marion Döll

Konrad Ehlich

Sprachaneignung – Was man weiß, und was man wissen müsste

1. Sprachaneignung: Normalitätserwartungen und Normalität

Die kindliche Sprachaneignung fasziniert – nicht nur die Eltern, nicht nur die Kinder; sie fasziniert auch die Wissenschaft – allerdings aus unterschiedlichen Gründen. Linguistik und Psychologie sind an der Sprachaneignung häufig vor allem in Bezug auf ihre Konzepte von Sprache interessiert. Das schlägt sich in sehr unterschiedlichen Termini nieder, mit denen die Sprachaneignung bezeichnet wird. Neben dem Ausdruck „Sprachaneignung" sind es insbesondere die Ausdrücke „Sprachentwicklung" und „Spracherwerb", die hier verwendet werden. Sie stehen jeweils im Zusammenhang unterschiedlicher Konzeptualisierungen von Sprache und bezeichnen jeweils unterschiedliche Modellierungen für die vielfältigen Prozesse der Sprachaneignung. Das Entwicklungskonzept ist eng mit einer quasi biologischen Sicht auf die Aneignungsprozesse verbunden: So wie sich der Körper des Kindes entwickelt, entwickelt sich auch die Sprache im Kind. Auch der „Spracherwerb" gehört (wenn auch nicht von der Semantik des Wortes selbst her) über die Nutzung des Ausdrucks „language acquisition" in ein ähnliches Grundmodell, und zwar innerhalb der Generativen Grammatik (Chomsky). Wenn von „Sprachaneignung" gesprochen wird, wird demgegenüber sowohl auf die aktive Rolle des Kindes – und seiner Kommunikationspartner – Bezug genommen als auch darauf, dass Sprache als eine wichtige Handlungsressource für die soziale Interaktion des Kindes gesehen wird, die sich das Kind in seinem Sprachaneignungsprozess zu eigen macht.

Die kindliche Sprachaneignung verläuft nicht bei jedem Kind anders. Sie lässt vielmehr gewisse bei den meisten Kindern zu beobachtende, charakteristische Verläufe erkennen. Dies erlaubt es, von einer „normalen" Sprachaneignung zu sprechen. Dabei ist aber auf eine zentrale Gefahr hinzuweisen, die es zu vermeiden gilt: Das Reden von „Normalität" tendiert schnell dazu, solche üblicherweise verlaufenden Prozesse als „Norm" misszuverstehen. Nicht um solche Normen geht es, sondern um das, was üblicherweise die Aneignungsprozesse kennzeichnet und was zu einer *Normalitätserwartung* zusammengefasst werden kann.

Das Reden von Normalität und Normalitätserwartungen relativiert also eine zu enge Sicht. Wenn Eltern und Erzieher oder auch Ärzte die kindliche Sprachaneignung beobachten, entsteht bei einer Verwechslung von Normativität und Normalitätserwartung leicht ein Pathologieverdacht, besonders, wenn zu enge Zeitverläufe unterstellt werden. Eine Normalitätserwartung, die realistisch ist, ist zeittolerant. Erst jenseits solcher Toleranzen sind tatsächliche Verzögerungen in der Sprachaneignung bei einzelnen Kindern zu identifizieren. Erst dann sind auch spezifische Fördermaßnahmen angebracht, um einem Kind mit verzögerter Sprachaneignung dabei zu helfen, Aneignungsschritte „aufzuholen". Hiervon zu unterscheiden sind tatsächliche *Störungen* in der Sprachaneignung, z.B. solche, die durch physische Probleme etwa beim artikulatorischen Apparat bedingt sind, aber auch solche, die spezifische psychische Ursachen haben. Solche Spracherwerbsstörungen (SES) werden psychologisch, medizinisch und logopädisch behandelt.

2. Messungen, Beobachtungen, Förderungen

Die Frage, ob die Sprachaneignung eines Kindes „normal" verläuft, interessiert sowohl die Eltern wie diejenigen Institutionen und ihre Vertreter, die über das Erreichen von „Normalität" gleichsam wachen. Dafür trägt letztlich der Staat Verantwortung, und diese Verantwortung wird zunehmend in institutionalisierte Verfahren umgesetzt. Besonders für die Schulzeit, mehr und mehr aber auch für die früheren Lebensalter, werden Verfahren gesucht, wie Sprachaneignung erfasst werden kann. Dafür sind vor allem aus psychologischer Sicht immer wieder solche Verfahren entwickelt worden, die „Sprachstand messen" sollen. Sie verdanken sich aber sehr unterschiedlichen Zielen. Häufig geht es – besonders mit Blick auf die Sprachanforderungen der Schule und die Vorbereitung darauf – um das Messen zum Zweck des Vergleichens. Sprachaneignung wird so leicht in den Kategorien von Leistung und Versagen betrachtet. So sehr das für manche Aufgaben der Schule angemessen sein mag, so problematisch ist es in Bezug auf den Zweck der individuellen Förderung einzelner Kinder. Jede Sprachaneignung ist eine komplexe individuelle Tätigkeit. Sie zu fördern, verlangt andere Schwerpunkte bei der Messung und Beobachtung des je individuellen Kindes. Individuelle Profile der Sprachaneignung bilden die Voraussetzung dafür, die einzelnen Kinder auch individuell fördern zu können.

Während die Institutionen gern auf Tests zurückgreifen, sind für die Zwecke der individuellen Förderung differenzierte Herangehensweisen erforderlich. Häufig wird der Ausdruck „Test" unpräzise verwendet, indem Tests, die im eigentlichen Sinne testtheoretisch für die Psychometrie ausgearbeitet werden, mit Verfahren vermischt werden, die solchen Anforderungen nicht entsprechen. Es gilt daher, zwischen Tests im engeren Sinn und Tests im weiteren Sinn deutlich zu unterscheiden. Die Tests im engeren Sinne sind in ihrer Einsatzmöglichkeit gerade wegen der Präzision ihrer Ausarbeitung häufig eng begrenzt. Leistungen, die man von solchen Tests erwartet und erwarten kann, werden schnell Tests im weiteren Sinn zugeschrieben, indem durch Analogie etwas übertragen wird, was so gar nicht der Fall ist.

Kindliche Sprachaneignung ist ein Bündel von Prozessen, also von Verläufen in der Zeit. Tests, die *einmal* eingesetzt werden, sind kaum in der Lage, Verläufe wiederzugeben. Dieses Test-Dilemma wird gern damit bearbeitet, dass man in Bezug auf die Sprachaneignung einen strikten Zeitverlauf unterstellt und die Normalitätserwartungen (wie eben beschrieben) als Norm missinterpretiert.

Es gilt also, sorgfältig darauf zu achten, dass man nicht solchen nahe liegendenden Gefahren erliegt, wenn man Sprachaneignung „messen" will.

Verläufe in der Zeit lassen sich gut beobachten. Der *Beobachtung* kindlicher Sprachaneignung kommt daher eine große Bedeutung zu. Beobachtung bedarf präziser Kategorien. Wenn sie gewonnen und eingesetzt werden, so kann Beobachtung der Sprachentwicklung des einzelnen Kindes eine wichtige Hilfe und eine nützliche Voraussetzung für die Entwicklung und den Einsatz von Förderung sein.

3. Die Inflation der Verfahren

Die Befassung mit der kindlichen Sprachaneignung hat unterschiedliche Konjunkturen. In den 70er und 80er Jahren des gerade vergangenen Jahrhunderts wurde daran besonders von psychologischer Seite intensiv gearbeitet. Danach ließ das Interesse deutlich nach, um gegenwärtig wieder kräftig anzusteigen. Insgesamt zeigt sich eine Fülle unterschiedlicher Verfahren, sodass es nicht übertrieben ist, geradezu von einer Inflation zu sprechen. Die Menge der Verfahren entspricht leider nicht ihrer Qualität. Eine detaillierte Einschätzung findet sich in EHLICH u.a. (2005). Die Aufgabe, qualifizierte Verfahren für Tests im engeren wie im weiteren Sinn sowie für qualifizierte Beobachtungsanleitungen zu entwickeln, besteht – trotz deutlicher positiver Entwicklungen gerade in der jüngsten Zeit – weiter und gewinnt an Bedeutung.

4. Feststellungsprobleme

Das Reden vom „Sprachstand" verkennt dabei bereits grundlegend die Problematik. „Stand" kann in Bezug auf Prozesse – und eben auch und gerade in Bezug auf Aneignungsprozesse von Sprache – allenfalls Momentaufnahmen bieten. Die Modellierung von Dynamik, wie sie für Prozessverläufe kennzeichnend ist, erfordert differenziertere Verfahren. Dies macht sich gerade bei der Sprachaneignung besonders drastisch bemerkbar. Eine der wichtigsten Erkenntnisse, die die Sprachaneignungsforschung gewonnen hat, ist die der u-kurvenförmigen Charakteristik solcher Aneignungsverläufe. So nutzen Kinder etwa so genannte unregelmäßige Verbformen wie *„ging"* von *„gehen"* durchaus relativ früh, verlieren eine solche Form dann aber wieder, wenn ihnen deutlich wird, dass Präteritalformen auf systematische Weise bei vielen Verben durch das Anfügen der Endung „-te" an den Stamm gebildet werden, also *„mach-te"* oder *„bau-te"*. Das Erkennen dieser Regularität wird produktiv dann auch umgesetzt in eine Form wie *„geh-te"*. Erst in einem weiteren Schritt wird das neu gewonnene Wissen um die Erkenntnis erweitert, dass es andere Verben gibt, die nicht diesem Verfahren folgen. Dann wird erneut die Form *„ging"* angeeignet – nun aber nicht als „Fertigprodukt", sondern als Teil des Systems der deutschen Verbflexion.

Es zeigt sich also ein charakteristischer Verlauf von Verfügung – Nicht-Verfügung – erneuter Verfügung über die im Deutschen angemessene Form, und die dritte Phase unterscheidet sich vom systematischen Stellenwert entscheidend gegenüber der ersten. Eine Sprachstands-Momentaufnahme wird diese Unterscheidung nicht angemessen erfassen können. Sie wird auch die Rolle und den Stellenwert der „abweichenden" Form *„gehte"* nicht angemessen erfassen können, sondern sie als „Fehler" einschätzen und so negativ kategorisieren.

Ein weiteres zentrales Feststellungsproblem ergibt sich aus den charakteristischen Zeitfenstern, die für die Normalität von Sprachaneignung auszumachen sind. Hierüber sind die Kenntnisse immer noch sehr rudimentär, soweit solche Kenntnisse überhaupt vorliegen. Für die Bestimmung des Einsatzes von Tests ist die Frage der zeitlichen Charakteristik aber von großer Bedeutung: Wo sind Zeitschnitte zu legen? Dieses Problem interagiert mit dem Problem der u-kurvenförmigen Verläufe.

Was man braucht, ist also eine Kombinatorik von Verfahren. Es ist, denke ich, deutlich, dass sowohl bei der Gewinnung wie insbesondere bei der Interpretation von Daten zur Sprachaneignung des einzelnen Kindes gute Sachkenntnisse in Bezug auf die kindliche Sprachaneignung, die Normalitätserwartungen, die Leistungsfähigkeiten und -grenzen von Tests und Beobachtungsverfahren unabdingbar sind. Das bedeutet für diejenigen, die sich professionell mit Kindern befassen und die die Förderung konkret leisten können und sollen, dass ihnen Möglichkeiten zu einer Verbesserung, zu einer zunehmenden Professionalisierung von Sprachvermittlung, eröffnet werden müssen.

5. Sprachdimensionen

Sprachaneignung ist nicht nur die Aneignung von Grammatik und Lexikon. Sprachaneignung ist erheblich mehr, nämlich die Aneignung einer umfassenden Ressource für die Kommunikation. Die überkommene, in einer von der antiken Grammatik begründeten Denktradition fundierte Eingrenzung auf die beiden Elemente Grammatik und Lexikon verkennt diese Zusammenhänge. Sie aber sind für die Sprachaneignung entscheidend. Deshalb ist es wichtig, ein umfassendes Bild von Sprachaneignung zu entwickeln. Mindestens sieben unterschiedliche Qualifikationen eignet sich das Kind an, wenn es Sprechen und Verstehen lernt, wenn es lernt, sprachlich kompetent zu handeln. Diese sieben Basisqualifikationen bilden den Fächer dessen, was Sprachaneignung heißt. Bedingt durch das traditionelle Sprachverständnis, hat die Linguistik nur einige von ihnen intensiver erforscht. In Bezug auf andere gibt es wenig, manchmal sogar nahezu gar kein wissenschaftliches Wissen zur Sprachaneignung. Die Basisqualifikationen sind in EHLICH (2005), Abschnitt 2, genauer beschrieben.

Die Basisqualifikationen sind:
* die phonische Qualifikation
* die pragmatische Qualifikation I
* die semantische Qualifikation
* die morphologisch-syntaktische Qualifikation
* die diskursive Qualifikation
* die pragmatische Qualifikation II
* die literale Qualifikation

Diese Qualifikationen lassen sich selbstverständlich nur analytisch voneinander trennen. In der Sprachaneignung interagieren sie miteinander. Die Interaktion der Basisqualifikationen beim sprachlichen Handeln theoretisch zu erfassen und praktisch umzusetzen, ist das zentrale Ziel sowohl der Aneignungsbeschreibung wie der Förderung kindlicher Sprachaneignung.

6. Wissen und Wissensdefizite zur Sprachaneignung

Im Folgenden gehe ich die einzelnen Basisqualifikationen durch und charakterisiere kurz, was man in Bezug auf sie weiß – und was man in Bezug auf sie nicht weiß, aber wissen müsste.

6.1 Die phonische Basisqualifikation

Mit der phonischen Basisqualifikation befassen sich die beiden Disziplinen der (naturwissenschaftlich orientierten) Phonetik und der (auf die sprachliche Systematik bezogenen) Phonologie. Hier findet sich ein mittleres Forschungsniveau. Die Forschungsschwerpunkte liegen bei der Wahrnehmung von Lauten und Silben sowie beim Sprachrhythmus. Lautsysteme und Silbenstrukturen sind relativ gut erforscht. Die Erhebung der Phoneminventare bildete für Jahrzehnte ein zentrales Arbeitsfeld der Phonologie, und die Aneignung einzelsprachspezifischer Phoneminventare gehört zu deren frühen und wichtigsten Erkenntnisgewinnen. In jüngerer Zeit sind prosodische Phänomene intensiver erforscht worden, obwohl für alle über den Einzellaut hinausgehenden phonologischen Erscheinungen noch immer große Forschungslücken bestehen. Äußerungsprosodie und Wortprosodie werden gegenwärtig intensiv erforscht.

Naturgemäß liegt die Aufmerksamkeit bei den ersten Lebensjahren. Zum Teil wird die Forschungsarbeit für prosodische Erscheinungen sogar in die pränatale Phase hinein ausgedehnt. Es finden sich relativ wenige Untersuchungen zur deutschen Sprache.

6.2 Die pragmatische Basisqualifikation I

Die pragmatische Basisqualifikation ist bisher sehr wenig erforscht. Einige Untersuchungen liegen zur frühen Sprachaneignung in der Interaktion vor, z.B. zum Aufforderungshandeln. Die englischsprachige Forschung, insbesondere auch in der Psychologie, ist dem Zusammenhang von Sprache und der so genannten „theory of mind" nachgegangen, also der Entwicklung eines Wissens zum Wollen und Sollen des Kindes und seiner Bezugspersonen und zum Einsatz dieses Wissens im interaktionalen Handeln.

6.3 Die semantische Basisqualifikation („Wortschatz")

Hier liegt der Fokus bei Kindern bis zum Alter von vier Jahren. Forschungsschwerpunkte sind – seit Beginn der Sprachaneignungsforschung – der Erwerb der ersten Wörter sowie die quantitative Zusammensetzung des Wortschatzes nach den traditionellen Wortarten-Kategorien. Mit der Metapher des „Vokabelspurts" wird der sprunghafte Anstieg der Wörterzahl im Aneignungsprozess bezeichnet, der zugleich die genauere Analyse erschwert.

Es finden sich trotz der weit ausgreifenden Forschungsperspektiven, die L. Vygotskij in den dreißiger Jahren zur Begriffsbildung entwickelte, kaum Untersuchungen zu den späteren Aneignungsphasen.

6.4 Die morphologisch-syntaktische Basisqualifikation („Grammatik")

Hier zeigt sich eine sehr intensive Forschungstätigkeit. Forschungsschwerpunkte liegen beim Erwerb der Flexionen, bei der Stellung des Verbs im Satz, beim nominalen und beim Nominal-Kongruenzsystem sowie bei der Satzeinleitung. Der Fokus liegt auch hier beim frühen Erwerb bis zum vierten Lebensjahr. Darüber hinausgehend finden sich einige Forschungen zur Passivaneignung. Die komplexere Syntax und besonders die syntaktische Strukturierung komplexer Satzgefüge und die Rolle der Syntax im Textaufbau (und damit eine wichtige Aneignungsaufgabe für die „Bildungssprache" in der Schule und darüber hinaus) sind bisher kaum untersucht. Gleichfalls fehlen weithin Untersuchungen zu den unflektierbaren Einheiten und ihrer Funktion beim Diskurs- und Textaufbau und pragmatische Untersuchungen zu den Zeigewörtern (Deixis).

Die Forschungen zur morphologisch-syntaktischen Basisqualifikation sind in besonderer Weise von jeweiligen, meist kontroversen Theorieansätzen geprägt. Häufig sind Forschungen nur von solchen Theoriekonstrukten her motiviert.

6.5 Die diskursive Basisqualifikation

Die diskursive Basisqualifikation ist relativ wenig erforscht. Forschungsschwerpunkte liegen bei der frühen Mutter-Kind-Interaktion, beim Erzählen und beim Rollenspiel. Die Untersuchungen sind auf Kinder bis zum Alter von sieben Jahren gerichtet und auch hier sehr fragmentarisch. Es finden sich kaum Studien zur Kommunikation unter Kindern ohne Beteiligung von erwachsenen Bezugspersonen außerhalb des Rollenspiels; fast völlig fehlen Untersuchungen zur Aneignung der diskursiven Basisqualifikation bei älteren Kindern und Jugendlichen.

6.6 Die pragmatische Basisqualifikation II

Die Handlungsanforderungen und die Aneignung von sprachlichen Handlungsmitteln dafür, die sich durch den Übergang der Kinder in die Institutionen des Kindergartens und der Schule ergeben, sind bisher empirisch fast gar nicht untersucht. Die wenigen Untersuchungen zur schulischen Kommunikation, die es gibt, beziehen sich meist auf ältere Kinder. Hier zeigen sich also mit die größten Forschungslücken.

6.7 Die literale Basisqualifikation

Sie ist für Teilbereiche relativ gut erforscht. Allerdings liegen hier vor allem Untersuchungen zum gesteuerten Orthographieerwerb vor. Noch immer finden sich kaum Studien zur Aneignung medialer Lese- und Schreibkompetenzen.

6.8 Die Interaktion der Basisqualifikationen – ein zentrales Forschungsdesiderat

Angesichts der ungleichgewichtigen Entwicklung der Forschung und angesichts der zahlreichen „weißen Flecken" in der Forschungslandschaft – gerade auch für interaktional besonders relevante Basisqualifikationen – erstaunt es nicht, dass bisher kaum Untersuchungen zu verzeichnen sind, die die Interaktion und wechselseitige Abhängigkeit bei der Aneignung verschiedener Basisqualifikationen bearbeiten. Forschungen zur Modellierung des komplexen Aneignungsprozesses als Ganzen finden sich bisher praktisch gar nicht. Vielmehr wird häufig nach der Devise „pars pro toto" gehandelt, indem Untersuchungen zu *einzelnen* Basisqualifikationen dann als Darstellungen „*der* Sprachaneignung" behandelt oder dafür sogar explizit ausgegeben werden. Die starke Vorliebe für modulare Denkweisen bietet dafür einen gern eingesetzten Begründungsrahmen, besonders dann, wenn die Verselbstständigung einzelner Aspekte von Sprache und Sprachaneignung zu einem jeweiligen Modul (z.B. einem Syntax-Modul) dafür in Anspruch genommen wird, dieses Modul als „autonom" zu behandeln.

7. Basisqualifikationen unter den Bedingungen der Mehrsprachigkeit

Das Verständnis des Menschen als eines prinzipiell einsprachigen Wesens bestimmt bis heute weithin die Denkweisen nicht nur der Fachdisziplinen Linguistik und Psychologie, sondern auch weite Teile des öffentlichen Bewusstseins. Die sprachliche Wirklichkeit sieht gerade angesichts der Migrationsentwicklungen in den vergangnen Jahrzehnten anders aus. Viele Menschen, insbesondere viele Kinder, wachsen in einer mehrsprachigen Umwelt auf. Das Denkbild des einsprachigen Menschen hat eine Fülle von Folgen. Eine ihrer wichtigsten ist eine naturwüchsige ethnozentrische Naivität, die als geradezu selbstverständlich unterstellt, dass Sprache immer so ist wie die eigene. Demgegenüber drängt die faktische Mehrsprachigkeit auf eine *sprachtypologische Sensibilität*, die aufgrund der linguistischen Erkenntnisse zu den Sprachen der Welt ohnehin unumgänglich ist, aber auch linguistisch im Widerstreit mit dem monolingualen Menschenbild steht.

Die faktische Mehrsprachigkeit bedeutet für viele Kinder eine Differenzierung des Aneignungsprozesses – von der Möglichkeit, sich sozusagen „zwei Erstsprachen" von Anfang an anzueignen, bis hin zu den vielfältigen sukzessiven Aneignungen auf der Grundlage einer Erstsprache, die nicht die Mehrheitssprache der Umwelt ist.

Mehrsprachigkeit gilt es als ein neues Modell zu entwickeln, und dies trifft besonders für die Institutionen der Bildung zu. Die kritische Auseinandersetzung mit dem „monolingualen Habitus" gerade der Schule (Gogolin 1994) erfordert nicht zuletzt in Bezug auf die komplexeren Anforderungen der Sprachaneignung, die in ihr geschieht, neue Denk- und Arbeitsmodelle.

8. Qualifizierungsoffensiven und Finanzierungslücken

Ich denke, es ist deutlich geworden, dass die Forschung wie die Öffentlichkeit vor großen Herausforderungen in Bezug auf die Sprachaneignung und ihre systematische Förderung stehen.

Die *Wissenschaft* sieht sich mit erheblichen Forschungsdesideraten konfrontiert. Die *Bildungsinstitutionen* stehen vor Herausforderungen, die Grundüberzeugungen ihres bisherigen Arbeitens betreffen. Die in diesen Institutionen Tätigen stehen vor Aufgaben, für die sie in ihrer Aus- und Weiterbildung nicht in hinreichendem Maß qualifiziert werden konnten, nicht zuletzt deshalb, weil Erkenntnisse, die nötig sind, noch nicht gewonnen werden konnten; zugleich aber auch deshalb, weil gerade die *Fort- und Weiterbildung* in Bezug auf die im Kindergarten tätigen *Erzieher(innen)* und in der Schule tätigen *Lehrer(innen)* nicht hinreichend ausgearbeitet sind. Die Qualifizierung zukünftiger Erzieher(innen) und Lehrer(innen) an Fachhochschulen und Universitäten erfordert neue Schwerpunktsetzungen mit Blick auf die Vermittlung von Kenntnissen zur Sprachaneignung und den sprachlichen Basisqualifikationen.

Es ist deutlich, dass dies alles nicht zuletzt erhebliche *Investitionen* erfordert. Erfreulicherweise zeigen sich in den letzten fünf Jahren in den Ländern wie im Bund wichtige Initiativen, die die Herausforderungen annehmen und auch entsprechende finanzielle Mittel dafür einsetzen. Dies ist ein zentraler Beginn – es ist aber noch nicht die tatsächliche Bearbeitung der vor uns liegenden Aufgaben. Es ist zu hoffen, dass der so oft beschworene Aspekt der „Nachhaltigkeit" auch auf diesem Feld Berücksichtigung findet und dass auf den Elan des Anfangs eine weitere Entwicklung folgt, die es nicht zuletzt den professionell Tätigen erlaubt, ihre Absichten zu einer optimalen Förderung jedes einzelnen Kindes in angemessener, in guter Weise zu verwirklichen.

Literatur

EHLICH, K. u.a. (2005): Anforderungen an Verfahren der regelmäßigen Sprachstandsfeststellung als Grundlage für die frühe und individuelle Förderung von Kindern mit und ohne Migrationshintergrund (= Bildungsreform Band 11, hrsg. v. Bundesministerium für Bildung und Forschung). – Bonn, Berlin.
GOGOLIN, I. (1994): Der monolinguale Habitus der multilingualen Schule. – Münster.

Ausführliche Darstellungen und Literaturangaben zu den hier angesprochenen Themen finden sich in den Arbeitsergebnissen des Projekts PROSA:

EHLICH, K./BREDEL, U./REICH, H. H. (Hrsg.) in Zusammenarbeit mit FALK, S./GUCKELSBERGER, S./LANDUA, S./MAIER-LOHMANN, CH./ KEMP, R. F./KOMOR, A./KNOPP, M./MIHAYLOV, V./SIRIM, E./SOULTANIAN, N./TRAUTMANN, C. (2008): „Referenzrahmen zur altersspezifischen Sprachaneignung" (= Bildungsforschung Band 29/I, hrsg. v. Bundesministerium für Bildung und Forschung). – Bonn, Berlin.
EHLICH, K./BREDEL, U./REICH, H. H. (Hrsg.) in Zusammenarbeit mit FALK, S./GUCKELSBERGER, S./LANDUA, S./MAIER-LOHMANN, CH./KEMP, R. F./KOMOR, A./KNOPP, M./MIHAYLOV, V./SIRIM, E./SOULTANIAN, N./TRAUTMANN, C. (2008): „Referenzrahmen zur altersspezifischen Sprachaneignung – Forschungsgrundlagen" (= Bildungsreform Band 29/II, hrsg. v. Bundesministerium für Bildung und Forschung). – Bonn, Berlin.

Hans H. Reich

Aufbauende Sprachförderung unter Nutzung der FörMig-Instrumente

Die Entscheidungen von Lehrerinnen und Lehrern über die Anlage ihrer sprachfördernden Aktivitäten sollten auf dem sprachlichen Entwicklungsstand des jeweiligen Schülers, der jeweiligen Schülerin aufbauen. Das versteht sich eigentlich von selbst, es war seit je ein didaktischer Grundsatz, die Lernenden dort abzuholen, wo sie stehen. Da es nun in Situationen der Mehrsprachigkeit nicht immer ganz einfach ist zu wissen, wie es sich mit dem Sprachstand des einzelnen Schülers, der einzelnen Schülerin verhält, wird in den FörMig-Projekten vielfach mit Instrumenten der Sprachstandsdiagnose gearbeitet, die hierüber genaueren Aufschluss geben sollen. In einer Reihe von FörMig-Texten wird diese „aufbauende Sprachförderung" daher auch als „diagnosegestützte Sprachförderung" bezeichnet. Zu Grunde liegt die Überzeugung, dass die Kenntnis des individuellen Sprachstands Möglichkeiten einer differenzierten, individuell passenden Förderung eröffnet, der mehr Erfolgschancen zugetraut werden als einem allgemeinen Vorgehen, das keine Unterschiede macht.

Einen einsichtigen Zusammenhang zwischen Diagnose und Förderung herzustellen, scheint aber einige Schwierigkeiten zu bereiten. Gelegentlich entsteht der Eindruck, als ob Sprachdiagnostiken liebevoll und detailgenau ausgefeilt würden, um es dann den Lehrkräften zu überlassen, was sie mit den Ergebnissen anfangen möchten. Umgekehrt gibt es Materialien zur Sprachförderung, die sich zwar im Vorspann ausführlich über die Wichtigkeit einer genauen „Beobachtung des Sprachentwicklungsstandes" auslassen, in der Anlage der eigenen Fördervorschläge aber an keiner Stelle auf Unterschiede im Sprachstand der Lernenden Bezug zu nehmen für nötig halten. Es gibt sogar Förderprogramme, die eine strikte Befolgung des von ihnen vorgegebenen Kurses kategorisch verlangen, implizit also eine Aufforderung zur Ignorierung von Diagnoseergebnissen enthalten.

Sprachdiagnose und Sprachförderung werden in der Regel je für sich bearbeitet, von verschiedenen Verfassern und nach ihrer je eigenen Logik. Versuche, sie in ein „aufbauendes" Verhältnis zueinander zu setzen, sind selten, und wo sie unternommen werden, oft ungenügend: Manchmal werden den Diagnoseverfahren Fördermaterialien hinzugefügt, ohne dass etwas darüber gesagt wird, in welchen Fällen welche Materialien sinnvollerweise zum Einsatz kommen sollten; da und dort werden einzelne Beispiele geboten, die mehr oder minder intuitiv versuchen, eine Verbindung herzustellen – nicht immer überzeugend. Es gibt Ausnahmen. Zwei seien ausdrücklich genannt: Für die Hefte der „Werkstatt Deutsch als Zweitsprache" (2003) gibt es Aufgabenblätter als „Einstufungshilfen", die den passenden Einstieg in das Fördermaterial weisen können. Und im Hamburger FöRMiG-Projekt werden individuelle Fördervorschläge mit direktem Bezug auf individuelle HAVAS-Ergebnisse formuliert (LANDESINSTITUT FÜR LEHRERBILDUNG UND SCHULENTWICKLUNG DER FREIEN UND HANSESTADT HAMBURG 2005).

Auf die Erfahrungen von Lehrkräften und pädagogischen Fachkräften zu vertrauen wäre eine gute Entscheidung, wenn man sich darauf verlassen könnte, dass diese professionell genug sind, um aus den Ergebnissen der Diagnosen ihre eigenen Schlussfolgerungen zu ziehen und aus den vielen Fördervorschlägen souverän gemäß dem Bedarf der zu fördernden Kinder und Jugendlichen auszuwählen. Das scheint aber nicht immer und nicht überall der Fall zu sein. Vielmehr spielen berufliche Gewohnheiten und Zwänge des Arbeitsalltags, man kann auch sagen: Mangel an förderdidaktischer Qualifikation und Mangel an funktionsgerechter Arbeitsorganisation, oft eine wesentliche Rolle, wenn es um die Verwendung von Ergebnissen der Sprachstandsanalyse im pädagogischen Alltag geht.

Dank einer eingehenden Begleitung der Entwicklung und des Einsatzes der „Lerndokumentation Sprache" durch FöRMiG-Berlin können zwei Haupttendenzen namhaft gemacht werden. Die „Lerndokumentation Sprache" ist ein individualisierendes Diagnoseinstrument für den Schulanfangsbereich, das einer Evaluation durch Expertengutachten und Lehrerbefragungen unterzogen worden ist (PROGRAMMTRÄGER BLK-FöRMiG 2007, S. 27f.). Die Lehrerbefragung kommt unter anderem zu dem Ergebnis, dass nur eine Minderheit der Lehrkräfte die Lerndokumentation bei der Unterrichts- oder Förderplanung benutzt. Es überwiegen andere, schon auch sinnvolle Verwendungen wie die Nutzung bei der Erstellung von Lernberichten oder die Nutzung als Unterlage für Elterngespräche. Eine relativ häufige Aussage ist die, man sei durch die Lerndokumentation für die Sprache der Schülerinnen und Schüler in höherem Maße sensibilisiert als zuvor. Das ist eine Aussage, die auch aus anderen Erfahrungen heraus, etwa mit dem Einsatz von sismik oder HAVAS 5 und mit der Interpretation von authentischen Kindertexten, bestätigt werden kann. Den Wert einer solchen geschärften Sprachaufmerksamkeit sollte man durchaus hochschätzen; es ist aber unbekannt, in welchem Maße sie auch eine stärker individualisierende Sprachförderpraxis zur Folge hat. Die Bezüge von Sprachanalyse und Sprachförderung genauer zu benennen bleibt auch dann eine Aufgabe, wenn man von der sensibilisierenden Wirkung des Einsatzes sprachdiagnostischer Instrumente ausgehen kann.

Die entgegengesetzte Gefahr, vor der in einem der Expertengutachten zur „Lerndokumentation Sprache" gewarnt wird, liegt in der Fehlannahme, „dass detaillierte Beobachtungsbefunde sich zielgenau durch Förderung verändern ließen", etwa nach dem Motto: „Bei diesem Kind zeigt sich eine erhöhte Fehlerquote bei den Formen des Dativs nach Präposition – jetzt üben wir das mal!". Auch diese Gefahr ist aus vielen Praxiserfahrungen heraus bekannt; es ist der hoffnungsvolle Wünschelrutenglaube, dass durch die Sprachstandsanalyse aufgedeckt werde, wo die entscheidenden Knackpunkte des sprachlichen Vorankommens liegen. Das kann aber gar nicht der Anspruch der Sprachstandsanalyse sein. Die sprachlichen Erscheinungen, mit denen sie operiert, sind zunächst einmal nur Indikatoren, nicht Verursacher eines bestimmten Sprachentwicklungsstandes. Damit das nicht falsch verstanden wird: Wenn die Indikatoren gut gewählt sind, d.h. stellvertretend für einen größeren Ausschnitt aus der Vielzahl der sprachlichen Erscheinungen, dann ist die Erwartung nicht unbegründet, dass, wenn sich an einem bestimmten Indikator etwas ändert, auch bei anderen, mit ihm zusammenhängenden Erscheinungen Änderungen festzustellen sein werden. Das heißt aber nicht, dass dieser Indikator die Sprungfeder der Entwicklung ist.

Der Glaube an die zielgenaue Veränderbarkeit sprachlicher Details verkennt, dass Sprachaneignung und sprachliches Lernen ihre eigene Logik haben; sie folgen nur sehr bedingt den Kategorien und Strukturen, die am Ende das voll entwickelte Sprachsystem ausmachen, und sie gehen zu gleicher Zeit verschiedene Wege: Imitation, Speicherung, Regelbildung und Regelanwendung, kreative Neubildung ... Das bewusste Üben von Einzelheiten, wie es der Glaube an die unvermittelte Überführbarkeit konkreter Beobachtungsbefunde in praktische Förderziele nahe legt, ist nur einer der vielen möglichen Lernwege, und sicher nicht der, der am weitesten führt.

Die Bezüge von Sprachanalyse und Sprachförderung sollen benennbar, aber sie sollen nicht eindimensional sein. Gute Sprachförderung ist umsichtiges Handeln, das mehrere Dimensionen von Sprachaneignung und sprachlichem Lernen berücksichtigt: die thematischen Interessen und den kommunikativen Umgang mit anderen, die Bedeutungen und die Formen der Wörter und der Sätze, das Verstehen von Gesprochenem und Geschriebenem und das Wagnis des eigenen Sprechens und Schreibens.

Ist das realistisch? Kann dieser Forderung Rechnung getragen werden, ohne dass die Analysearbeit ausufert? Wo verläuft der Mittelweg zwischen unsinnigem Perfektionismus einerseits, nachlässiger Selbstzufriedenheit andererseits?

Man muss sich an das Maß einer normalen Unterrichtsplanung halten, wenn man diesen Weg finden will. Bedacht sein sollten in einem gut geplanten Unterricht die Voraussetzungen der Lernenden – das ist das, was im Falle der Sprachförderung die Sprachdiagnose zu liefern hat – dann Thema und Ziel, Sozialform und Methode. Zu fragen ist, welche Voraussetzungen der Lernenden die sprachdiagnostischen Verfahren zum Vorschein bringen, und wie die Wege von den Voraussetzungen zum didaktischen Handeln daran angeschlossen werden können. Diese Fragen sollen am Beispiel der FörMig-Instrumente angegangen werden, also HAVAS am Übergang vom Elementar- zum Primarbereich (dazu Reich/Roth 2007), „Tulpenbeet" am Übergang vom Primar- zum Sekundarbereich, „Bumerang" am Übergang vom Sekundarbereich zur beruflichen Bildung. Zuvor muss noch etwas eingeschaltet werden: Es ist ein fundamentaler Satz der Logik, dass man aus Ist-Aussagen keine Soll-Aussagen ableiten kann, wenn man nicht zusätzlich weitere, allgemeinere Soll-Aussagen mit heranzieht. Das gilt auch für die Ableitung von Förderentscheidungen aus Ergebnissen der pädagogischen Sprachstandsdiagnose. Was man außer den Analyseergebnissen braucht, sind allgemeine normative Ziele der Sprachbildung, Urteile über die Zielangemessenheit (die „Normalität") eines analytisch festgestellten Sprachstandes und allgemeine sprachdidaktische und pädagogische Orientierungen. Es soll gesagt sein, auch wenn es im Folgenden nicht im Einzelnen ausgeführt werden kann.

Drei durchgehende Charakteristika der FörMig-Instrumente werden im Folgenden herausgehoben: Mehrsprachigkeit, Sprachenprofile, Skalierung.

Zum ersten dieser drei Merkmale: Die FörMig-Instrumente sind mehrsprachig angelegt, HAVAS für acht Sprachen, „Tulpenbeet" und „Bumerang" vorerst für Türkisch, Russisch und Deutsch, und sie enthalten Analyseschritte, die unter dem Begriff „Aufgabenbewältigung" einen Vergleich von Erstsprache und Zweitsprache ermöglichen. Es werden Aussagen darüber getroffen, ob die Aufgabe in der einen oder der anderen Sprache besser oder in beiden gleich gut oder gleich schlecht bewältigt wurde. Die Bedeutung der pädagogischen Normen für die Förderentscheidungen wird hier besonders deutlich. Von einer Position aus, die Zweisprachigkeit als Bildungsziel sieht, richtet sich der Blick auf den absoluten Stand in beiden Sprachen und misst ihn an einer (wie immer zustande gekommenen) Norm, um weiter zu fragen, wo Förderung ansetzen und wohin sie führen sollte. Von einer Position aus, die den Vorrang der Deutschförderung betont, richtet sich der Blick auf das Verhältnis der beiden Sprachen zueinander, um nach dem angemessenen Ansatz der Deutschförderung zu fragen. Die beiden prototypischen Fälle sind „schwach in beiden Sprachen" und „Erstsprache altersgemäß

– Deutsch weit zurück". Im ersten Falle ist es klar, dass die Förderung einen breiten Ansatz verfolgen, Sprache mit persönlicher Zuwendung und kognitiven Anregungen verbinden und möglichst beide Sprachen einbeziehen sollte. Im zweiten Fall ist alles viel einfacher: Ein Kind, das in seiner Erstsprache normal entwickelt ist, braucht eine anregungs- und abwechslungsreiche deutsche Sprachumgebung, um auch seine Deutsch-kenntnisse normal zu entwickeln, ein paar Erklärungen vielleicht und eine Vorstellung von den Lernschritten, die zurückzulegen sind.

Das Verhältnis der beiden Sprachen zueinander ist aber auch im Detail didaktisch interessant. Es ist plausibel und wird durch wissenschaftliche Untersuchungen gestützt, dass bestimmte Qualifikationen, die in einer Sprache erworben worden sind und in der anderen Sprache gebraucht werden können, nicht noch einmal neu gelernt werden müssen, sondern sich sozusagen von der einen auf die andere Sprache übertragen. Das gilt in starkem Maße für die pragmatischen und diskursiven Fähigkeiten (vgl. VERHOEVEN 1994). Dass man mit Sprache Aufmerksamkeit erzeugen, Aufforderungen übermitteln, Widerspruch einlegen, Witze reißen, einen Weg weisen oder ein Märchen erzählen kann – das alles und vieles mehr, braucht man nicht zweimal zu lernen. Nur *wie* man das in der jeweils anderen Sprache macht, muss neu angeeignet werden. Aber auch im Bereich des „Wie", d.h. der lexikalischen und grammatischen Fähigkeiten, können an bestimmten Punkten Übertragungsvorgänge ablaufen, die den Spracherwerb unterstützen (vgl. GAWLITZEK-MAIWALD/TRACY 1996). Auch im Bereich der Schreibung lassen sich solche Übertragungsvorgänge nachweisen (vgl. SCHULTE-BUNERT 2000; BERKEMEIER 1997). Bekannt sind die fast schon regulär zu nennenden Fälle, in denen Schülerinnen und Schüler die im Deutschen gelernten Schreibfähigkeiten von sich aus auch auf ihre jeweilige Erstsprache anwenden (vgl. MAAS/MEHLEM 2003). Bei Seiteneinsteigern finden wir umgekehrt die Versuche, mit den Schreibregeln der Erstsprache das Deutsche zu schreiben (vgl. MEYER-INGWERSEN/NEUMANN/KUMMER 1977). Didaktische Nutzungen solcher Vorsprünge im Einzelnen sind möglich, wenn man Bescheid darüber weiß.

Zum zweiten Merkmal: Die FöRMiG-Instrumente sind auf Sprachen-profile hin angelegt, das bedeutet, dass sie nicht auf eine pauschale Aussage über „den" Sprachstand des Kindes oder Jugendlichen zielen, sondern Aussagen über die Fähigkeiten des Kindes oder Jugendlichen in mehreren verschiedenen Sprachbereichen anstreben, etwa in dem Verständnis, wie es in den von EHLICH (2005) formulierten „Basisqualifikationen" zum Ausdruck kommt. Zwar steht es außer Frage, dass es Querverbindungen und Voraussetzungsverhältnisse zwischen den sprachlichen Teilqualifikationen gibt, die sich zum Teil auch in starken positiven Korrelationen zwischen den Werten der Kinder oder Jugendlichen in den verschiedenen Bereichen niederschlagen; es ist aber auch unbestritten, dass sich nicht alle Qualifikationen im Gleichschritt entwickeln, sondern jeweils spezifische Verläufe aufweisen und in unterschiedlichem Tempo erarbeitet werden können (vgl. MEISEL 2004). Schon in unbeeinflussten Entwicklungsverläufen glaubt man etwas festzustellen, was die Entwicklungspsychologie „boot-strapping" nennt, dass nämlich ein Vorsprung bei einer sprachlichen Teilqualifikation einen nachholenden Entwicklungsschub bei einer anderen Teilqualifikation bewirken kann (so wie das Ziehen an der Schlaufe des Stiefelschafts das Schlupfen der Ferse in die Kappe des Schuhbodens bewirkt). Dies nun führt zu dem auch didaktisch interessanten Gedanken, sprachliche Stärken eines Schülers, einer Schülerin bei bestimmten Teilqualifikationen zu identifizieren, um sie bei der Aneignung anderer Teilqualifikationen einzusetzen. An den Stärken anzusetzen ist ein bewährter förderpädagogischer Grundsatz (vgl. EGGERT 2000), der sich auch auf die Sprachförderung übertragen lässt.

Enge Zusammenhänge finden sich vor allem zwischen der sprachlichen Handlungsfähigkeit und dem Wortschatz, aber auch zwischen lexikalischen und grammatischen Teilqualifikationen. Lockerer sind die Zusammenhänge mit der Aussprache und der Schreibung, wie man vor allem an den Fällen ausgeprägter Sprechstörungen und legasthenischen Problemfällen erkennen kann, wo dann ja auch isolierende Förderangebote hilfreich sein können.

Die Teilqualifikationen hängen also miteinander zusammen. Es gilt aber auch, dass ihre Aneignung nicht „im Gleichschritt" erfolgt, sondern ein Nacheinander erkennen lässt: Die Artikulationsfähigkeit geht dem Erfassen von Wortbedeutungen voraus, die Wortaneignung ihrerseits ist eine Voraussetzung für die Fähigkeit, Aussagen zu bilden, diese wiederum bildet den Rahmen für die Ausarbeitung der Wortformen, und sie muss in einem gewissen Maße entwickelt sein, bevor „Diskurse" (zusammenhängende Wortwechsel ebenso wie monologische Darlegungen) zustande kommen können. Die Sprachhandlungsfähigkeit entwickelt sich parallel zur Entfaltung der genannten Teilqualifikationen, von den frühen Lautproduktionen an über die Aufforderungs-, Bekundungs- und Benennungshandlungen, die schon mit den ersten Verwendungen von Wörtern geleistet werden, bis hin zu rhetorischen Finessen in der sprachlichen Organisation des sozialen Miteinanders. Die literale Entwicklung setzt in der Regel ein, wenn die grundlegenden lexikalisch-semantischen und morphologisch-syntaktischen Entwicklungen durchlaufen sind, und begleitet die weitere Entwicklung in die Bereiche der Morphologie und der komplexeren Syntax und in die Bewältigung der verschiedenen Diskursarten hinein. Die FÖRMIG-Instrumente erheben dementsprechend an den drei Übergängen unterschiedliche Teilqualifikationen.

Am Übergang vom Elementar- zum Primarbereich sind es mündliche Fähigkeiten. Für die mündliche Diskursfähigkeit steht das Nacherzählen einer Bildgeschichte, für den Wortschatz die Zahl der verschiedenen Verben, für die Grammatik stehen die Formen und Stellungen des Verbs und die Verbindung von Sätzen. Zusätzlich werden Aspekte des Umgangs mit der Gesprächssituation ausgewertet. Das bietet Anhaltspunkte für die allgemeine Anlage der Förderung gemäß dem Verhältnis von Erst- und Zweitsprache, für die Schwerpunktsetzung bei der Auswahl von Förderinhalten gemäß den Stärken und Schwächen des Kindes und – begrenzt – für die kommunikative Gestaltung der Fördersituationen.

Am Übergang vom Primar- zum Sekundarbereich und vom Sekundarbereich zur Berufsbildung werden schriftliche Fähigkeiten erhoben: Die schriftliche Diskursfähigkeit wird nach mehreren inhaltlichen und formalen Aspekten ausgewertet; das erlaubt es, die auf dieser Bildungsstufe zentrale Fähigkeit des Textschreibens differenziert zu analysieren und dementsprechend differenzierte Förderangebote zu entwerfen. Die Auswertungen zu Wortschatz und Grammatik berücksichtigen den erwartbaren fortgeschritteneren Entwicklungsstand: Beim Wortschatz werden außer den Verben auch die Adjektive ausgewertet (die auf der früheren Altersstufe noch zu gering an Zahl sind, um verlässliche Aussagen daraus zu gewinnen). Bei der Grammatik werden – als Elemente der komplexeren Syntax – die Satzarten und die Satzverbindungen ausgewertet. Es lässt sich also feststellen, ob unterdurchschnittliche Fähigkeiten im Textschreiben auf unzureichende sprachliche Mittel zurückzuführen sind oder sozusagen „nur" auf der Textebene lokalisiert und dort zu fördern sind. Es sei hier noch einmal verwiesen auf die obigen Bemerkungen zur Verfehltheit des „Wünschelrutendenkens": Auch die Aneignung einzelner sprachlicher Mittel geschieht nicht primär durch isolierendes Üben, sondern im kommunikativen und diskursiven Zusammenhang. Wenn es also, um ein Beispiel herauszugreifen, um unterordnende Konjunktionen geht, dann sind Erzählungen ein gutes Medium für temporale Konjunktionen, naturwissenschaftliche Experimente ein gutes Medium für kausale und konditionale Konjunktionen, Berichte ein gutes Medium für Konjunktionen, mit denen Inhaltssätze eingeleitet werden usw. Förderung geschieht in solchen Kontexten, nicht im Abarbeiten von Listen hypotaktischer Konjunktionen.

Um schriftliche Fähigkeiten geht es auch am Übergang vom Sekundarbereich zur beruflichen Bildung: Es werden zwei Textsorten angesprochen, die Bezug zur Berufswelt haben, ohne allzu berufsspezifisch zu sein – Bewerbung und Anleitung. Die schriftliche Diskursfähigkeit wird an jedem der beiden Texte ähnlich wie beim Übergang vom Primarbereich zum Sekundarbereich nach formalen und inhaltlichen Aspekten ausgewertet. Hinzu kommen auch hier lexikalische und syntaktische

Auswertungen. Mit Blick auf den Übergang in die berufliche Bildung wird besonders genau nach dem Wortschatz geschaut, und zwar unter der Fragestellung, wieweit Annäherungen an fachsprachliche Genauigkeit festzustellen sind, die eine wesentliche Voraussetzung für das Verstehen und Verfassen von Fachtexten darstellt. Für den Bezug zur Förderung gilt, was bereits zum Übergang Primarstufe/Sekundarstufe gesagt wurde.

Zum dritten Merkmal: Die FÖRMIG-Instrumente schlagen für einige Teilqualifikationen Skalen vor, d.h. sie gehen von einer erkennbaren Stufung *innerhalb* einer Teilqualifikation aus, die Fortschritte bei der Sprachenaneignung abbildet. Das gilt insbesondere für den grammatischen Bereich. Dort, wo eine solche Stufung angenommen werden kann, wie etwa bei den Stellungen des Verbs im Deutschen, bei den Tempus-Aspekt-Suffixen im Türkischen, bei den Kasusformen im Russischen, ergibt sich ein weiterer Hinweis für die Förderung. Da die Stufen (der Sprachaneignung) innerhalb solcher Teilqualifikationen (definitionsgemäß) in einer festen Reihenfolge durchlaufen werden, lässt sich voraussehen, welche Stufe das Kind oder der Jugendliche als nächste erreichen wird. Da ferner aus der Entwicklungspsychologie bekannt ist, dass sich Entwicklung sozusagen in Vorgriffen anbahnt, ist es ratsam, diese „Zone der nächsten Entwicklung" in der Sprachförderung anzupeilen, also z.B. mit Schülerinnen und Schülern, welche die Strukturen des einfachen Satzes im Deutschen erworben haben, aber noch nicht in die komplexere Syntax eingetreten sind, Texte zu lesen, in denen eben solche komplexen Strukturen vorkommen, und mit ihnen über diese Texte zu sprechen.

Es ist zudem bekannt, dass diese „Vorgriffe" im Bereich der Grammatik oft in der Aneignung einzelner, sozusagen auswendig gelernter Formeln oder deren variierender Neuverwendung bestehen, woraus dann in einem nächsten Schritt Regeln abgeleitet werden. Diese Regelbildung hat nicht selten zur Folge, dass die rekonstruierte Regel erst einmal ausnahmslos auf alle Erscheinungen in dem betreffenden grammatischen Teilbereich angewandt wird („*gehte*" statt „*ging*", „*die Mutter ist die Wäsche waschen*" statt „*wäscht*"), die daraus entstehenden „falschen" Formen zeigen ziemlich genau an, an welcher Aneignungsaufgabe der oder die Betreffende gerade arbeitet, wo Sprachförderung also ein besonders leichtes Spiel hat.

Die hier angesprochenen Wege von den Diagnoseergebnissen zu den Förderentscheidungen sind gewiss nicht vollständig, und sie können ebenso gewiss weiter im Hinblick auf praktische Handhabbarkeit ausgearbeitet werden. Gezeigt werden sollte, dass solche Wege existieren, und dass es sich lohnt, sie aufzusuchen. Die Individualisierung der Sprachförderung, zu der diese Wege führen, ist eine der großen Hoffnungen bei dem Versuch, Chancenungleichheit im Bildungssystem zu vermindern, dem Versuch, den zu wagen FörMig angetreten ist.

Literatur

Bainski, Ch./Krüger-Potratz, M. (Hrsg.) (2008): Handbuch Sprachförderung. – Essen.

Berkemeier, A. (1997): Kognitive Prozesse beim Zweitschrifterwerb. Zweitalphabetisierung griechisch-deutsch-bilingualer Kinder im Deutschen. – Frankfurt.

Eggert, D. (2000): Von den Stärken ausgehen... Individuelle Entwicklungspläne (IEP) in der Lernförderungsdiagnostik. 4. Auflage. – Dortmund.

Ehlich, K. (2005): Sprachaneignung und deren Feststellung bei Kindern mit und ohne Migrationshintergrund: Was man weiß, was man braucht, was man erwarten kann. In: Ehlich, K. u.a.: Anforderungen an Verfahren der regelmäßigen Sprachstandsfeststellung als Grundlage für die frühe und individuelle Förderung von Kindern mit und ohne Migrationshintergrund. – Bonn, Berlin, S. 11-63.

Gawlitzek-Maiwald, I./Tracy, R. (1996): Bilingual bootstrapping. In: Linguistics 34, S. 901-926.

Landesinstitut für Lehrerbildung und Schulentwicklung (Hrsg.) (2005): Frühkindliche Sprachförderung. – Hamburg.

Maas, U./Mehlem, U. (2003): Schriftkulturelle Ressourcen und Barrieren bei marokkanischen Kindern in Deutschland. Abschlussbericht des von der Stiftung Volkswagenwerk am Institut für Migrationsforschung und Interkulturelle Studien (IMIS) der Universität Osnabrück geförderten Forschungsprojekts (= Materialien zur Migrationsforschung, Band I). – Osnabrück.

Meisel, J. (2004): The Bilingual Child. In: Bhatia, T. K./Ritchie, W. C. (eds.): The Handbook of Bilingualism. – Malden u.a., S. 91-113.

Meyer-Ingwersen, J./Neumann, R./Kummer, M. (1977): Zur Sprachentwicklung türkischer Schüler in der Bundesrepublik, 2 Bde. – Kronberg/Ts.

Programmträger BLK-FörMig (2007): Modellprogramm Förderung von Kindern und Jugendlichen mit Migrationshintergrund. Jahresbericht 2007. Universität Hamburg, Institut für International und Interkulturell Vergleichende Erziehungswissenschaft. (unveröffentlicht)

Reich, H. H./Roth, H.-J. (2007): HAVAS 5 – das Hamburger Verfahren zur Analyse des Sprachstands bei Fünfjährigen. In: Reich, H. H./Roth, H.-J./Neumann, U. (Hrsg.): Sprachdiagnostik im Lernprozess. Verfahren zur Analyse von Sprachständen im Kontext von Zweisprachigkeit. – Münster, S. 71-94.

Schulte-Bunert, E. (2000): Alles noch einmal von vorn? Zweitschrifterwerb für Seiteneinsteiger in der Sekundarstufe I. – Hohengehren.

Verhoeven, L. (1994): Transfer in bilingual development: The linguistic interdependence hypothesis revisited. In: Language Learning 44, S. 381-415.

Werkstatt Deutsch als Zweitsprache (2003): 4 Hefte. – Hannover.

Viv Edwards

Linguistic diversity in the UK: from pathology to promotion

Introduction

This paper looks at the evolution in attitudes towards linguistic diversity in the UK, tracing developments from the 1970s to the present. It considers the nature and extent of diversity during this period and the changing response on the part of both politicians and educationalists to the 'new minority' languages brought to the UK by immigrants in recent decades. It also draws parallels with developments in attitudes towards the Celtic languages, based on the example of the Twf project which promotes the benefits of bilingualism to parents of young children in Wales.

The nature and extent of diversity in the UK

While linguistic diversity has been a defining feature of the British Isles for centuries, this diversity has assumed new proportions in the second half of the twentieth century and beyond. In the first of two large waves of migration, between the mid-1950s and the late 1960s, British citizens came from India, Pakistan, the Caribbean and from other former colonies in response to labour shortages. Increasingly stringent legislation meant that immigration had reduced to a trickle by the early 1970s, after which time most new arrivals were the dependents of those already in the country or refugees. The second wave of migration around the new millennium can be attributed to a number of factors, the most important of which are globalization and the enlargement of the European Union.

Precise numbers of speakers of new minority languages are difficult to establish in the UK, where the only language data collected in population censuses relate to Welsh in Wales, Gaelic in Scotland, and Irish in Northern Ireland. Data on ethnicity offer some indications of the extent of diversity. It is not possible, however, to extrapolate from census data to the size of different language groups: some ethnicities (e.g. Indian) are associated with many different languages; and ethnicity is not, in any case, an automatic guarantee that a respondent is bilingual.

Various school surveys offer further indications. BAKER and EVERSLEY (2000), for instance, report that more than 300 different home languages are spoken by some 850,000 schoolchildren in the Greater London area. Each of the top ten languages – Bengali, Punjabi, Gujarati, Hindi/ Urdu, Turkish, Arabic, English-based Creoles, Yoruba and Cantonese – is spoken by at least 40,000 school children. Extrapolating from the school survey data, they estimate that there are at least eighteen communities with more than 50,000 people; of these, French, Arabic, Spanish, Greek, Portuguese and Russian all have 200,000 or more speakers.

Information is also available on the languages spoken by children outside the capital. A survey of every local authority in England, Wales and Scotland (CILT 2006a) reports that at least 300 languages are spoken by 702,000 children in England; the corresponding statistics for Wales are 98 languages spoken by 8,000 children, and 104 languages spoken by 11,000 children in Scotland. The researchers, however, suggest that these figures may be underestimates and the more comprehensive data generated by a language question in the 2006 Schools Census for Scotland confirm their suspicions. SCOTTISH EXECUTIVE (2007) reports that children in Scottish schools speak 137 different languages in addition to English, the most common of which were Punjabi, Urdu, Cantonese, Polish and Arabic. Hopefully, the inclusion for the first time in the 2007 School Census in England of a 'Pupil First Language question' will lead to more accurate reporting of the languages spoken by children in this part of the UK, too.

An important feature of the recent surveys is the changing nature of diversity, both in terms of the languages most commonly spoken and the distribution of these languages. Whereas multilingualism was previously an urban phenomenon, there is now a greater presence of new minority language speakers in rural areas. CILT (2006a) draws attention, for instance, to the changing populations in two rural settings – the Scottish Borders where Portuguese and Russian-speaking families have moved to work in the fishing industry; and to Wrexham, a small town in North east Wales where at least 25 languages are now spoken in schools, including Portuguese, Polish, Tagalog and Shona. The most significant development, however, relates to the enlargement of the European Union from 15 to 25 member states in 2004. Of the previous EU countries, only the UK, Ireland and Sweden granted full work rights to nationals of the new accession countries. In the two years following enlargement some 427,000 East Europeans registered for work; with the addition of the self-employed, it is estimated that the total was in excess of 600,000 (ANSEAU 2006). Poles make up by far the largest proportion of these new arrivals (62 per cent), followed by Lithuanians (12 per cent) and Slovaks (10 per cent).

Policy developments

Historically, attitudes towards languages other than English in the UK have been very negative. Parents from other language backgrounds were encouraged to speak English to their children at home; children were discouraged from using other languages in the classroom and the playground. There was a clear hierarchy of languages: European languages, such as French and German, were seen as having greatest prestige than non-European languages, such as Punjabi and Bengali. These attitudes were reflected, for instance, in the influential Swann Report on *Education for all* in 1985 which recommended that responsibility for teaching minority languages should lie with minority communities and not the school.

Until the mid-1980s, new arrivals who did not speak English were educated separately in special reception centres or 'withdrawal' classes in mainstream schools for the first 18 months to two years. There was growing dissatisfaction with this provision. In separate classes, the only English-speaking model was the teacher; opportunities for real communication were limited; the children did not have access to the full curriculum; and no use was made of their home languages. From the mid-1980s onwards, children were placed in 'normal' mainstream classes, where there was no shortage of English speaking models; there were plenty of opportunities for real communication; and mathematics, science and other areas of the curriculum could offer support for language learning. Where practicable, however, children were offered 'bilingual support' from classroom assistants or teachers who spoke their language and helped them make the transition to English. Another small concession was the gradual introduction of non-European language as subjects to be taught, especially at the secondary level.

Deepening understandings of bilingualism – and particularly the work of Jim Cummins (see, for instance, CUMMINS 2001) – helped to challenge these widely held negative attitudes. As discussed in greater detail below, grassroots language activism in Wales, Scotland and Ireland also helped to move things forward. It is, of course, difficult to promote the benefits of Welsh-English, Gaelic-English or Irish-English bilingualism without recognizing the benefits of bilingualism for speakers of languages such as Punjabi, Chinese and Arabic.

The 2000 Nuffield Languages Inquiry – which argues that it is important to recognize the opportunities offered by a multilingual UK – was the first sign of a distinct shift in official attitudes to other languages. It makes a powerful case for approaching linguistic diversity as a resource rather than a problem:

The remarkable linguistic diversity of the UK, reflecting our complex history, includes speakers of the indigenous languages and also of the languages of our main Asian, European and Afro-Caribbean communities as well as hundreds of smaller groups of speakers of other languages. Yet the multilingual talents of UK citizens are under-recognised, under-used and all too often viewed with suspicion. Our aims must be to recognise the opportunities offered by this multilingual wealth, ensure that talent is nurtured in future generations and meet the linguistic and cultural needs of individuals and communities. (NUFFIELD LANGUAGE INQUIRY 2000, p. 36)

Acting on the recommendations contained in the final report (NUFFIELD FOUNDATION 2000), the Department for Education and Skills (DfES) launched a national strategy for language teaching in England in 2002 in which new minority languages are seen as an important element in cultural cohesion. The same positive approach is very much in evidence:

In the knowledge society of the 21st century, language competence and intercultural understanding are ... an essential part of being a citizen. Language skills are also vital in improving understanding between people here and in the wider world, and in supporting global citizenship by breaking down barriers of ignorance and suspicion between nations. Learning other languages gives us insight into the people, culture and traditions of other countries, and helps us to understand our own language and culture. Drawing on the skills and expertise of those who speak community languages will promote citizenship and complement the Government's broader work on the promotion of social cohesion (DfES 2002, p. 13).

Other developments underline this more positive approach to diversity. 2001, for instance, saw the arrival not of the Year of European Languages, but of the European Year of Languages, making it possible to celebrate all the languages of the UK and not just European languages. By the same token, from 2008 schools are free to offer any world language – European *and* non-European – as their statutory modern foreign language for pupils aged 11-14. According to CILT (2006), at least 35 different community languages are taught during the school day or on school premises after school hours. Interest in Chinese has been particularly strong: between ten and thirteen per cent of English secondary schools now provide some Mandarin teaching, although much of this provision takes place outside normal curriculum time.

CILT, the National Centre for Languages, is playing an important role in promoting diversity. *Positively plurilingual,* one of its recent publications (CILT, 2006b), highlights the contribution of other languages to UK education and society. In line with the Nuffield Inquiry and the national strategy for languages, it argues that the UK has a major linguistic asset in its multicultural population which has the potential to benefit society as a whole at the same time as improving the life chances of individual children, and outlines a range of initiatives taken at school level to capitalize on the language student skills. For instance, all children at Newbury Park Primary School learn some simple phrases of a 'Language of the Month' chosen from one of the 44 languages spoken by pupils. Parents and pupils are involved in producing ICT-based materials and teachers learn alongside the children. At the secondary level, St. John the Baptist High School is working with the Working Chinese Association to boost demand for classes from both the community and from other pupils. And the rural Dorset Local Authority is partnering the urban Tower Hamlets Local Authority in East London to provide distance learning for Bengali speakers.

Another notable National Centre for Languages initiative concerns the Languages Work website (www.languageswork.org.uk) which offers information on careers with languages and case studies of their use in business and public services. Publishers, too, are awakening to opportunities to produce resources which not only support children's English language learning, but which recognize the importance of the language of the home. Badger Publishing (www.badger-publishing.co.uk), for instance, produces collections of books aimed specifically at Polish children, while Mantra Publishing (www.mantralingua.com) specializes in dual language books in a wide range of languages.

It would be wrong, of course, to claim that everyone subscribes to this more positive view of bilingualism. Many people do not subscribe wholeheartedly to the new discourse of inclusion which surrounds discussion of new minority languages, including some members of the government responsible for framing this policy. David BLUNKETT, for instance, illustrated his limited understanding of the role of language in a speech delivered in 2002 as Home Secretary where he made reference to the 'schizophrenia [associated with bilingualism] which bedevils generational relationships'. Discussion of diversity is also taking place in an atmosphere of Islamophobia. There is, nonetheless unmistakable evidence of a shift in official attitudes.

Language promotion in Wales

As already mentioned, although the nature and extent of linguistic diversity in the UK has changed considerably in recent years, multilingualism is a very long-standing phenomenon. Of particular note are the Celtic languages – Welsh is spoken by around 22 per cent of the population of Wales, Gaelic by almost 2 per cent in Scotland and Irish by a very small proportion of the population of Northern Ireland. A pressing issue for these languages, therefore, is the rapid decline in the numbers of speakers and fears of immanent language death.

Activists have played an important role in helping to maintain these languages, particularly in Wales. Frustrated by official indifference to their arguments, they began from the 1970s to take more radical action, attacking TV transmitters, painting out English road signs and setting fire to the holiday homes of English incomers. The threat of Gwynfor Evans, a Welsh Nationalist Member of Parliament, to go on hunger strike finally led to the setting up of a Welsh language television channel in 1982. The publicity generated by these activities influenced the passing of legislation to strengthen the status of Welsh. The 1967 Welsh Language Act offered 'equal validity' for English and Welsh in Wales but had only limited impact. In contrast, a much stronger Act, passed in 1993, accorded Welsh and English equal status in public life and the administration of justice, and gave the Welsh Language Board responsibility for promoting the language. The devolution of power from the Westminster government in London to a Welsh National Assembly in 2000 also helped create a more favourable climate. Official attitudes in Scotland and Northern Ireland have also undergone change, influenced in part by the 1990 European Charter for Regional or Minority Languages. Other significant landmarks include official language status for Gaelic and the establishment of the Gaelic Language Board (Bòrd na Gàidhlig) in 2006; and the setting up of Foras na Gaeilge as an island of Ireland language body in 1998.

In Wales, various recent initiatives are aimed specifically at promoting bilingualism to both parents and children (EDWARDS/PRITCHARD-NEWCOMBE, 2006). The Twf project, for instance, works with health professionals and early childhood organizations to explain to the parents of children under five why two languages represent 'twice the choice'. Midwives are solely responsible for the care of all normal pregnancies and labours in the UK. Their contact with parents before the baby's birth means that they are ideally placed to discuss language choice. Two key questions included in patient-held records of pregnancy – *Which language/s do you intend intro-*

ducing to your baby? and *Have you received information about bilingualism from your midwife?* – serve as a reminder to raise the issue at an early stage.

The work of health visitors, who take over from midwives soon after birth, is even more relevant: child development is central to their interests and language development is a topic which parents are often keen to discuss. Language issues are routinely raised at the eight-month assessment and at other points as the opportunity arises.

Midwives and health visitors have access to families at critical times for influencing decisions about language. Most important, they are respected and enjoy a relationship of trust with parents. As a result, their involvement in the work of the project is likely to have a positive effect on perceptions of the Twf message. But at the same time, it is important to recognize that Twf is in competition with many other demands on health professionals' time and that commitment to promoting bilingualism is also influenced by personal experiences – both positive and negative – with the Welsh language.

Twf workers also cooperate with other organizations. They distribute information through signposting organizations such as Children's Information Bureaux and libraries. They give presentations to childbirth preparation classes and a wide range of pre-school groups. They also work with other Welsh language organizations in staging events to promote the language.

The project has developed a range of marketing materials likely to appeal to the widest possible audience. The leaflet, *6 good reasons for making sure your children can speak Welsh* neatly encapsulates the Twf message about the benefits of bilingualism (see Appendix). The leaflet is included in women's Record of Pregnancy and in the 'Bounty pack' of free samples and advertising literature distributed to every woman giving birth in hospitals in Wales.

Conclusion

Traditionally, linguistic diversity was regarded as a problem to be solved. Negative attitudes towards other languages, however, are increasingly giving way to a more positive discourse which sees linguistic diversity as a resource and a possible tool for social inclusion. The political gains of Celtic languages have played a significant role in this process of change: it is illogical to argue for the benefits of, say, Welsh-English bilingualism whilst limiting the opportunities for speakers of other languages to maintain the languages of the home. Although popular prejudice against linguistic diversity remains, the benefits of being able to speak other languages both for the wider society and the individual are now being actively promoted by government. In the move from pathology to promotion, everyone is a winner. It stands to reason that children whose ability to speak another language is applauded and rewarded will achieve more than children whose languages are denigrated and ignored; their contributions will also enrich society.

References

ANSEAU, J. (ed.) (2006): Social Indicators. House of Commons Research Paper 06/49, pp. iii–vii. Retrieved from: www.parliament.uk/commons/lib/research/rp2005/rp05-044.pdf.

BAKER, P./EVERSLEY, P. (eds.) (2000): Multilingual Capital: The languages of London schoolchildren and their relevance to economic, social and educational policies. – London.

CILT – THE NATIONAL CENTRE FOR LANGUAGES (2006a): Positively Plurilingual: the contribution of community languages to UK education and society. Retrieved from: www.cilt.org.uk/commlangs/curricul.htm.

CILT – THE NATIONAL CENTRE FOR LANGUAGES (2006b): Language Trends 2005: Community language learning in England, Wales and Scotland. – London. Retrieved from: www.cilt.org.uk/research/languagetrends/2005/trends2005_community.pdf.

CUMMINS, J. (2001): Negotiating Identities: Education for Empowerment in a Diverse Society. Second edition. California Association for Bilingual Education. – Ontario.

DEPARTMENT FOR EDUCATION AND SKILLS (DFES) (2002): Languages for All: Languages for Life: A strategy for England. Retrieved from: www.dfes.gov.uk/languagesstrategy.

EDWARDS, V./PRITCHARD-NEWCOMBE, L. (2006): Back to basics: Marketing the benefits of bilingualism to parents. In: GARCÍA, O./SKUTNABB-KANGAS, T./TORRES-GUZMAN, M. (eds.): Imagining Multilingual Schools. – Clevedon, pp. 137-149.

NUFFIELD LANGUAGE INQUIRY (2000): Languages: the Next Generation. – London.

SCOTTISH EXECUTIVE (2007): Pupils in Scotland. Statistical Bulletin 27 February. Retrieved from: www.scotland.gov.uk/Publications/2007/02/27083941/123.

SWANN, L. (1985): Education for All. Report of the Committee of Inquiry into the education of children from ethnic minority groups. – London.

Appendix

Er mwyn y plant

6 rheswm da dros roi cyfle i'ch plant ddysgu Cymraeg.

Dwy iaith - dwy waith y dewis.

Gall siarad dwy iaith roi eich plentyn ar y blaen.

For the sake of your children

6 good reasons for giving your children the chance to speak Welsh.

Two languages - twice the choice.

Speaking two languages can give your children a head start.

Yn y teulu

Mae dysgu dwy iaith yn haws i blant bach. O fewn dim, byddan nhw'n symud yn hwylus o un i'r llall. Fe fydd yr holl deulu wrth eu bodd.

In the family

Learning two languages is easier for young children. In no time at all they'll be switching easily from one to the other. The whole family will be proud.

Yn yr ysgol

Mae plant sy'n dysgu dwy iaith ar y blaen wrth ddarllen a chyfri. Maen nhw'n aml yn gwneud yn well mewn arholiadau yn nes ymlaen.

At school

Children who learn two languages have a head start when reading and counting. They often do better in exams later on.

Yn y byd

Mae'r rhan fwya o bobl y byd yn gallu siarad mwy nag un iaith. Ar ôl dysgu'r ail, mae'n haws dysgu rhagor wedyn. Mae Cymraeg yn rhoi dechrau da.

Around the world

Most people throughout the world can speak more than one language. After learning two, it's much easier to learn more. Welsh gives you a good start.

Yn y gymdeithas

Mae'n deimlad braf gallu symud yn hawdd o un iaith i'r llall. Fe fydd siarad y ddwy iaith yn agor y drws i wneud ffrindiau newydd.

In the community

It gives you a buzz to be able to switch easily from one language to another. Speaking both languages opens doors to make new friends.

Yn y gwaith

Mae dwy iaith yn rhoi gwell dewis ym myd gwaith. Mae llawer o swyddi yng Nghymru angen sgiliau Cymraeg a Saesneg.

At work

Two languages offer a better choice of work. Many employers in Wales ask for Welsh and English skills.

Ramona Wenzel, Petra Schulz und Rosemarie Tracy

Herausforderungen und Potenzial der Sprachstandsdiagnostik – Überlegungen am Beispiel von LiSe-DaZ

1. Ein Gedankenexperiment zum Einstieg

Man stelle sich einen gemütlichen Abend mit Freunden vor, die sich nach längerer Zeit wieder sehen. Bevor sich alle in Gespräche vertiefen, ergreift die Gastgeberin Lilo die Gelegenheit, ihr Glas zu heben, und sagt: „Erstmal anstoßen! Herzlich willkommen, schön, dass ihr hier seid!" Später zeigt man Urlaubsbilder. Manfred, der Fotos aus Neuseeland mitgebracht hat, wird gefragt: „Und was machen die Kinder auf diesem Foto?" „Blätter sammeln", lautet seine Antwort. „Wie ich gestern", sagt Lilo und greift hinter sich nach einem Tablett, auf dem zehn Blätter verschiedener Bäume liegen, „mal sehen, von wie vielen ihr den Namen kennt." Außer Lilo selbst, die Biologielehrerin ist, kann niemand mit mehr als fünf Baumbezeichnungen aufwarten. „Dabei habe ich so einen Baum sogar vor der Haustür!" schmunzelt Frank und fischt ein Blatt heraus. „Auf den nassen Blättern bin ich schon oft ausgerutscht." Während die meisten noch über Bäume nachdenken, wirft Martha unvermittelt ein: „Ich war auch schon mal da, ist aber lange her." Auf die Nachfragen „Wo?" und „Vor Franks Haustür?", sagt sie: „Na, in Neuseeland natürlich!"

In dieser frei erfundenen Unterhaltung finden wir typische Merkmale gesprochener Sprache. Wohl niemand würde beanstanden, dass sich Erwachsene im informellen Gespräch nicht in ganzen Sätzen unterhalten und nur Fragmente mit Verben im Infinitiv (*Erstmal anstoßen, Blätter sammeln, Mal sehen.*) oder sogar verblose Ellipsen produzieren (*Wie ich gestern. Wo? Vor Franks Haustür? Na, in Neuseeland natürlich!*). Es leuchtet auch unmittelbar ein, dass wir nicht alle über identische lexikalische Repertoires verfügen: Lilo, die fiktive Biologielehrerin, kennt sich bestens mit Flora und Fauna aus, würde sich aber vielleicht bei einer Diskussion über Kampfsport oder moderne Musik wesentlich schwerer damit tun, passende Bezeichnungen zu verwenden. Und schließlich wissen wir aus eigener Erfahrung, dass auch Erwachsene gelegentlich – wie Martha mit ihrer Bemerkung *„Ich war auch schon mal da."* – ihre Gesprächspartner durch abrupte Themenwechsel überfordern (oder erheitern).

Pech hätten wir allerdings, wenn wir uns in dem Moment, in dem wir obige Äußerungen verwenden, nicht im Freundeskreis sondern in einer Testsituation befänden, in der die Befolgung anderer Spielregeln erwartet wird. Häufig liegt mündlichen Sprachtestsituationen eine Orientierung an Ausdrucksformen der geschriebenen Sprache zu Grunde. Es wird erwartet, dass man vollständige Sätze produziert und manche pragmatische Regel geradezu missachtet, indem man beispielsweise Bilderszenen auch dann möglichst vollständig beschreibt, wenn Gesprächspartner das gleiche Bild vor Augen haben. Auf die Frage, was die Kinder auf einem Foto machen, müsste man folglich nicht nur antworten *Blätter sammeln*, sondern vielmehr *Die Kinder sammeln Blätter*.

Unser einleitendes Gedankenexperiment sollte auf Probleme und Herausforderungen einstimmen, mit denen sich alle konfrontiert sehen, die sich mit diagnostischen Instrumenten zur Erfassung sprachlicher Kompetenzen beschäftigen. Unser sprachliches Verhalten wird nicht nur durch die Beherrschung von Grammatik und Lexikon bestimmt, sondern unter anderem auch durch unsere Einschätzung des Wissensstands unserer Gesprächspartner und unsere Einschätzung der kontextuellen und sozialen Angemessenheit einer Struktur (Gilt es zu überzeugen, zu informieren, zu drohen, zu bitten, zu fragen? Darf man duzen, jemanden sehr direkt auffordern oder kritisieren?). Wie kann man sicherstellen, dass Kinder, die in ungelenkten Gesprächssituationen beispielsweise mühelos komplexe Sätze produzieren, dies auch in einer Testsituation tun und nicht allein deshalb vermeintlich schlechte Ergebnisse erzielen, weil sie die Aufgabenstellung und die Wahl des erforderten kommunikativen Stils anders interpretieren?

In unserem Beitrag gehen wir der Frage nach, welche Herausforderungen sich für die Konzeption wissenschaftlich fundierter Sprachstandsdiagnostikverfahren ergeben. In diesem Zusammenhang diskutieren wir insbesondere, wie sich die sprachlichen Fähigkeiten von Kindern mit nichtdeutscher Muttersprache adäquat erfassen lassen. Als Beispiel für ein Verfahren, das die unterschiedlichen Erwerbsbedingungen von Kindern mit Deutsch als Muttersprache (DaM) und Deutsch als Zweitsprache (DaZ) berücksichtigt und der Komplexität und Regelhaftigkeit des Sprachsystems Rechnung trägt, stellen wir im zweiten Teil des Beitrags das diagnostische Instrument LiSe-DaZ (Linguistische Sprachstandserhebung – Deutsch *als* Zweitsprache) vor, das in den letzten Jahren im Auftrag der LANDESSTIFTUNG Baden-Württemberg entwickelt und pilotiert wurde. Das Verfahren ging im Jahr 2008 in die Normierung und wird voraussichtlich 2010 erscheinen.[1]

---

1   Die Entwicklung erfolgte im Rahmen des Projekts „Sag' mal was! Sprachförderung für Vorschulkinder" (www.sagmalwas-bw.de, vgl. auch den Beitrag von Andreas Weber in diesem Band). Bedanken möchten wir uns bei den Mitgliedern

2. Herausforderung Sprachstandsdiagnostik

Voraussetzung für eine differenzierte und effektive Förderung ist eine spracherwerbstheoretisch fundierte und methodisch abgesicherte Erfassung des Sprachentwicklungsstands einzelner Kinder. Während für den Erwerb des Deutschen als Erstsprache mehrere normierte und standardisierte Diagnostikinstrumente existieren, gibt es nur wenige Verfahren, die den Sprachentwicklungsstand bei Kindern mit DaZ erfassen und damit die Grundlage für eine individuelle Förderung legen könnten (für einen Überblick vgl. FRIED 2004; EHLICH et al. 2005; KANY/SCHÖLER 2007; LÜDTKE/KALLMEYER 2007).

Verfahren, die für den Erwerb des Deutschen als Erstsprache konzipiert wurden, orientieren sich am monolingualen Erwerb und sind daher nicht ohne weiteres auf den frühen Zweitspracherwerb des Deutschen übertragbar. Auch Instrumente, die speziell der Diagnose von monolingual deutschsprachigen Kindern mit Sprachentwicklungsstörungen (SES) dienen (z.B. GRIMM/SCHÖLER 1991; GRIMM 2000a, 2001), sind für den Einsatz bei Kindern mit DaZ nicht unbedingt geeignet, da sich Kinder mit DaZ entgegen erster Vermutungen (vgl. PENNER 2003, 2004) zumindest in Kernbereichen des Grammatikerwerbs anders verhalten als Kinder mit Sprachentwicklungsstörungen (vgl. ROTHWEILER et al. 2004; ROTHWEILER 2006; SCHULZ/OSE 2007).

Die Konzeption einer Sprachstandsdiagnostik stellt die Forschung sowohl in methodischer als auch in spracherwerbstheoretischer Hinsicht vor grundlegende Herausforderungen, von denen wir folgende Aspekte exemplarisch betrachten: Erfassbarkeit der kindlichen Sprachkompetenz, die Berücksichtigung der Komplexität des Sprachsystems, die Frage der zu Grunde liegenden Sprachnorm, die Unterscheidung zwischen sprachlichem Wissen und nicht-sprachlichem Weltwissen und die Berücksichtigung der unterschiedlichen Erwerbstypen DaM und DaZ. Unser Ziel ist dabei nicht, einzelne Verfahren in ihrer Gesamtheit einer Bewertung zu unterziehen, sondern anhand von einzelnen Aufgaben in existierenden Verfahren zu illustrieren, inwiefern diese Aspekte für die Aussagekraft eines Verfahrens relevant sind.

Eine erste Schwierigkeit stellt die Frage dar, wie Erzieher und Erzieherinnen, Lehrer und Lehrerinnen, Ärzte und Ärztinnen überhaupt in verlässlicher Weise Einblick in die kindliche Sprachkompetenz erhalten können. Festeht, dass sich die sprachlichen bzw. kommunikativen Fähigkeiten von Lernenden und die spezifischen Eigenschaften ihres

---

des LiSe-DaZ Teams in Mannheim und Frankfurt (vor allem Carolyn Ludwig, Daniela Ofner und Julia Ose), den Tageseinrichtungen und Grundschulen, in denen wir die Pilotierungen durchführen konnten, allen Kindern, die an dem Verfahren teilgenommen haben, sowie ihren Eltern für ihr Einverständnis.

Sprachsystems nicht einfach messen lassen wie Gewicht oder Körpergrö-
ße oder auch der Puls. Dass sich die kindliche Sprachkompetenz ebenso
nicht durch Beobachtungen des Alltagsgeschehens erschließen lässt, illustriert das folgende Beispiel (1) aus dem informellen Fragebogen-Ver-
fahren SISMIK (ULICH/MAYR 2003, S. 8):

(1) Das Kind verwendet Artikel, z.B. „das ist ein Haus"; „ich gebe dir
     das Buch"

a) nein, Artikel werden meist ausge-   b) Artikel sind meist fehlerhaft
    lassen

c) Artikel sind manchmal fehlerhaft   d) Artikel sind meist korrekt

Hier sollen pädagogische Fachkräfte aufgrund informeller Beobachtungen beurteilen, ob und in welchem Ausmaß ein Kind zielsprachliche
Äußerungen eines bestimmten Typs produziert. Diese Aufgabe scheint
angesichts der Komplexität des Gegenstandes ohne Wissen über den linguistischen Hintergrund, über Methoden der Spontansprachanalyse und
nicht zuletzt ohne Quantifizierung relevanter Kontexte nicht lösbar. So
setzt die Beurteilung der zielsprachlichen Verwendung von Artikeln beispielsweise voraus, dass zwischen Nomen wie *Haus* (*Ich kaufe Haus),
die einen Artikel benötigen, und anderen, die keinen verlangen wie *Brot*
(Ich kaufe Brot), unterschieden wird. Auch reduzierte Artikelformen wie
bei *nen Apfel* oder *ne Banane* müssten als solche erkannt werden. Und
schließlich stellt sich bei der Aufgabe in (1) die Frage, wie oft eine Ar-
tikelform erwartet wurde, d.h. wie viele nominale Kontexte sich überhaupt ergeben.

Das menschliche Sprachsystem ist, wie bereits in dem Eingangs-
szenario deutlich wurde, sehr komplex: Neben der Unterscheidung der
verschiedenen Teilsysteme (Pragmatik, Semantik, Syntax, Morphologie,
Phonologie) gilt es jeweils zwischen produktiven Fähigkeiten und Verstehensfähigkeiten zu unterscheiden. Angesichts der Tatsache, dass oft
nur eine begrenzte Zeit zur Verfügung steht, um die Sprachkompetenz
eines Kindes zu bestimmen, stellt sich die Frage, wie sich unter diesen
Umständen die Komplexität des Sprachsystems adäquat erfassen lässt.
Der Fragebogen SISMIK (ULICH/MAYR 2003) beispielsweise erhebt in
zwei Fragen das Sprachverständnis des Kindes. Hier sollen die Erzieher
oder Erzieherinnen durch eine selbst herbeigeführte Situation einschätzen, ob das Kind, „einfache oder mehrschrittige Handlungsanweisungen/
Aufforderungen umsetzen kann, die es nur sprachlich (nicht aus dem
Zusammenhang/der Situation heraus) verstehen kann" (SISMIK Beob-
achtungsbogen, S. 7). Um dieser Aufgabenstellung gerecht zu werden,
müssten sie ein Kind mit einem unerwarteten Auftrag konfrontieren wie:

„Nimm deine Mütze und lege sie in der Küche unter den Obstkorb". Die Vorstellung dessen, was eine ‚einfache' oder ‚mehrschrittige' Anweisung ist oder was eine nicht aus der Situation heraus verstandene Äußerung – also eine dekontextualisierte Handlungsanweisung – sein könnte, dürfte sich von Person zu Person sehr unterscheiden. Da die Erhebung nicht gezielt und systematisch im Rahmen standardisierter Situationen stattfindet, bleibt die Einschätzung zudem letztlich vage und subjektiv. Ob sich mit diesem Vorgehen tatsächlich das Verstehen von Handlungsanweisungen und Aufforderungen erfassen lässt, scheint folglich fraglich. Zumal es außer der Frage bezüglich „einschrittiger" und „mehrschrittiger" Handlungsanweisungen keine weiteren Items gibt, die der Erfassung des Sprachverstehens gewidmet sind.

Eine dritte Herausforderung stellt die Frage dar, welche Sprachnorm der Konzeption der Aufgaben zu Grunde liegt, d.h. welche Antworten als richtig oder – sprachwissenschaftlich formuliert – als zielsprachlich beurteilt werden. Häufig wird eine Bewertung mündlicher Sprachfähigkeiten auf der Grundlage schriftsprachlicher Normen vorgenommen. Dieses Problem der Verwechslung von schriftsprachlichen und mündlichen Normen lässt sich am Beispiel des Marburger Sprachscreenings für 4-6-jährige Kinder (HOLLER-ZITTLAU/DUX/BERGER 2003) verdeutlichen. In einem Testteil, der die Subjekt-Verb-Kongruenz hinsichtlich der 3. Person Singular erfasst, schauen sich Versuchsleiter und Kind ein Bild an, auf dem Kinder auf einem Spielplatz spielen. Der Versuchsleiter zeigt auf einen rutschenden Jungen und stellt dem Kind die Frage *„Und was macht der Junge da?"*. Als Antwort wird eine flektierte Struktur wie *„rutscht"* oder *„sitzt"* erwartet und entsprechend als korrekt bewertet. Für die Verwendung des in der mündlichen Sprache auch bei Erwachsenen angemessenen Infinitivs „rutschen" oder „sitzen" (etwa im Sinne unseres einleitenden Gedankenexperiments) erhält das Kind keinen Punkt. Die von vier- bis sechsjährigen Kindern erwartete Leistung orientiert sich hier an der Norm der Schriftsprache und nicht an der mündlichen Sprache. Auch in anderen informellen Verfahren wie Bärenstark (BERLINER SENATSVERWALTUNG BJS 2003) oder SISMIK (ULICH/MAYR 2003) verdeckt die Orientierung an schriftsprachlichen Normen häufig die pragmatische Angemessenheit kindlicher Äußerungen.

Eine weitere Herausforderung stellt die Unterscheidung zwischen sprachlichem Wissen und nicht-sprachlichem Weltwissen dar. Um die sprachliche Kompetenz eines Kindes erfassen zu können, muss sicher gestellt sein, dass bei der Konstruktion der Aufgaben außersprachliche Faktoren wie Weltwissen kontrolliert werden. Insbesondere für Tests, die den Wortschatz eines Kindes überprüfen, ist es wichtig, die Items so zu wählen, dass sie für eindeutige Aussagen über die sprachlichen/lexikalischen Fähigkeiten des Kindes geeignet sind und möglichst un-

abhängig von der konkreten Umwelterfahrung des Kindes bleiben. An
der Sprachstandsüberprüfung und Förderdiagnostik für Ausländer- und
Aussiedlerkinder (SFD, Hobusch/Lutz/Wiest 2002) lassen sich die Probleme illustrieren, die entstehen, wenn zwischen sprachlichem und nicht-
sprachlichem Wissen nicht hinreichend differenziert wird. Im Untertest
„Wortschatz" soll anhand einer Vorlage mit Abbildungen von verschiedenen Gegenständen und Tieren überprüft werden, ob das Kind die Wörter für die abgebildeten Dinge kennt. Es wird u.a. aufgefordert, auf einen *Pfau* zu zeigen. Um das sprachliche Wissen des Kindes – hier den
Wortschatz – zu erfassen, sind Items wie diese wenig geeignet, da hier
weniger der Wortschatz als vielmehr die mit dem Begriff ‚*Pfau*' einher-
gehenden Umwelterfahrungen überprüft werden. Einem Kind, das noch
keine Gelegenheit hatte, einen Pfau im Zoo/Tierpark oder auch in einem
entsprechenden Bilderbuch zu sehen, wird die Zuordnung von Wort
und Referent nicht gelingen. Bei diesem Kind liegt jedoch keine gravierende lexikalische Lücke vor, sondern es fehlt ihm vielmehr an ausreichendem Weltwissen. Sofern es in einem Verfahren nicht gezielt um das
Feststellen lexikalischer Lücken in ausgewählten semantischen Feldern
geht, sondern um die Erfassung des Sprachstandes bzw. Wortschatzes
von Kindern anhand einiger weniger exemplarischer Aufgaben, sollte bei
der Auswahl der Items die Alltagswelt des Kindes hinreichend berücksichtigt werden. Nur so ließe sich sicherstellen, dass die Kategorisierung
als sprachförderbedürftig entsprechend der tatsächlichen sprachlichen
Leistungen und nicht aufgrund der außersprachlichen Umwelterfahrung
erfolgt.

Eine fünfte zentrale Herausforderung stellt die Frage dar, wie ein- und
zwei(t)sprachige Kinder in der Konzeption der Sprachstandsfeststellungsverfahren und insbesondere in der Datenauswertung adäquat berücksichtigt werden können (vgl. auch Lüdtke/Kallmeyer 2007). Unstrittig ist in
der Spracherwerbsforschung, dass die zu erwartenden Erwerbsschritte
und sprachlichen Fähigkeiten von der tatsächlichen Erwerbsgelegenheit,
d.h. von der Dauer des Kontakts mit der deutschen Sprache, abhängen.
Während für Kinder mit DaM eine Vielzahl empirischer Studien vorliegt,
die eine Basis für das abhängig vom chronologischen Alter des Kindes in
einem Test erwartbare Sprachverhalten darstellen, existieren im Bereich
des frühen Zweitspracherwerbs des Deutschen nur wenige Studien. Diese weisen übereinstimmend darauf hin, dass die Kontaktdauer eine für
die Erwerbsschritte und die erwartbaren sprachlichen Fähigkeiten zentrale Variable darstellt (vgl. Rothweiler 2006, 2007; Thoma/Tracy 2006).
Eine Konsequenz ist, dass sich Kinder mit DaM und DaZ nicht einfach
nach ihrem Lebensalter vergleichen lassen. So verfügt beispielsweise ein
vierjähriges Kind, das seit einem Jahr Deutsch erwirbt, aufgrund seiner
kürzeren Sprachlernbiographie im Deutschen naturgemäß über weniger

fortgeschrittene sprachliche Fähigkeiten als ein vierjähriges monolinguales Kind.[2] Trotzdem wird in vielen Testverfahren nicht hinreichend zwischen den beiden Erwerbstypen DaM und DaZ unterschieden. Das Marburger Sprachscreening (MSS) (HOLLER-ZITTLAU et al. 2003) beispielsweise hat das Ziel, die Sprachentwicklung von Kindern mit deutscher und anderer Muttersprache zu überprüfen. Im Handbuch wird auf die Problematik des Spracherwerbs bei Kindern mit Migrationshintergrund explizit hingewiesen. Es heißt, dass „für Kinder mit Zweitspracherwerb eine kompetenzbezogene qualitative Auswertung des Sprach-Screenings erfolgen muss" (HOLLER-ZITTLAU et al. 2003, S. 23). In den Auswertungsbögen jedoch wird zwischen ein- und mehrsprachigen Kindern nicht mehr unterschieden. Offen bleibt daher, wie die Ergebnisse der DaZ-Kinder ausgewertet werden, an welchen Normen sie gemessen werden und wie auf diese Weise die Ableitung individueller Förderziele und -schwerpunkte erfolgen kann.

Die in diesem Abschnitt exemplarisch genannten Herausforderungen, mit denen sich jede Sprachstandsdiagnostik konfrontiert sieht, lassen erkennen, dass eine adäquate Erfassung kindlicher Sprachfähigkeiten nur dann möglich ist, wenn sprachwissenschaftliche, spracherwerbstheoretische und testmethodische Aspekte berücksichtigt werden.

3. LiSe-DaZ

3.1 Ziele und theoretische Grundlagen

In diesem Abschnitt soll das Verfahren „Linguistische Sprachstandserhebung – Deutsch als Zweitsprache", kurz LiSe-DaZ (SCHULZ/TRACY in Vorb., vgl. auch SCHULZ/TRACY/WENZEL 2008) vorgestellt werden. Das Instrument überprüft Sprachproduktion und Sprachverstehen und berücksichtigt Erkenntnisse der Sprachwissenschaft sowie Forschungsergebnisse zum monolingualen und bilingualen Erstspracherwerb und zum frühen Zweitspracherwerb. Ziel des Verfahrens ist es, unter Berücksichtigung testmethodischer Aspekte den individuellen Sprachentwicklungsstand von Kindern (vor allem) nicht-deutscher Erstsprache einzuschätzen. Zur Zielgruppe gehören Kinder im Alter von drei bis sieben Jahren mit einer Kontaktdauer mit dem Deutschen zwischen drei und 60 Monaten. Daher bilden die bei unauffälligen Kindern in dieser Erwerbsphase

---

2 Nicht vergessen werden sollte, dass in Bezug auf die außersprachlichen kognitiven Fähigkeiten und das Weltwissen beide Vierjährigen prinzipiell über ähnliche Voraussetzungen verfügen. Folglich ist ein vierjähriges Kind nach 12 Monaten Kontaktdauer mit dem Deutschen genauso wenig mit einem 12 Monate alten monolingualen Kind vergleichbar wie mit einem gleichaltrigen monolingualen Kind.

vorhandenen Produktions- und Verstehensfähigkeiten im Deutschen und nicht die Erwachsenensprache oder gar die Schriftsprache die Norm. Auf der Grundlage der Erhebung können konkrete Förderentscheidungen abgeleitet werden; durch Wiederholungsmessungen lassen sich auch Entwicklungsfortschritte überprüfen.

LiSe-DaZ unterscheidet sich unter anderem dadurch von Test- und Screeningverfahren, die in den letzten Jahrzehnten für den Erwerb des Deutschen als Erstsprache und die Differenzierung von sprachunauffälligen und sprachentwicklungsgestörten Kindern entwickelt wurden, dass neben dem Lebensalter auch der Zeitpunkt des Erwerbsbeginns und die Dauer des Kontakts mit der Zweitsprache berücksichtigt werden. Nicht zuletzt dadurch wird es möglich, typische Zweitsprachphänomene von Sprachstörungen zu unterscheiden (vgl. Abschnitt 2).

Im Mittelpunkt des LiSe-DaZ-Verfahrens stehen morphosyntaktische, semantische und pragmatische Eigenschaften, die in der Spracherwerbsforschung, inklusive des frühen Zweitspracherwerbs im Vorschulalter, für das Deutsche hinreichend erforscht sind. Es handelt sich um Phänomene wie Verbstellung und w-Fragen, die im Input in der Regel in alltäglichen Kommunikationssituationen in ausreichendem Maße vorkommen und für die man in quasi-natürlichen Diskurssituationen ein gezieltes Förderangebot entwickeln kann. Insbesondere handelt es sich bei den überprüften Bereichen um Eigenschaften, deren Erwerb sich im späten Zweitspracherwerb (im Schul- und Erwachsenenalter) ohne Unterstützung durch gezielten Sprachunterricht als besonders schwierig erweist.

Überprüft werden durch LiSe-DaZ vorrangig Kernbereiche des Sprachsystems, für die Lerner konstruktionsübergreifende Regeln ausbilden müssen: für die Sprachproduktion beispielsweise die Wortstellung im Haupt- und Nebensatz, die Subjekt-Verb-Kongruenz und die Kasuszuweisung. Im Fokus der Verstehensmodule steht die Interpretation von Fragen, von Verben sowie von Negation. Bereiche sprachlichen Wissens, die sich durch Detailwissen und Unregelmäßigkeit auszeichnen und deren Beherrschung in hohem Maße von der Erwerbsgelegenheit abhängen, bleiben in den bisher entwickelten Kernmodulen des Verfahrens weitgehend ausgeblendet, da man hier a priori von erhöhtem Förderbedarf ausgehen kann. Dazu zählen im Deutschen vor allem die Genuszuweisung und die Pluralbildung bei Nomen sowie unregelmäßige Flexionsparadigmen im Verbsystem.

Des Weiteren werden in erster Linie sprachliche Kompetenzen im engeren Sinne überprüft. Der Einfluss außersprachlicher Faktoren wie Weltwissen und kultureller Hintergrund wurde bei der Konstruktion der Testitems besonders kontrolliert. Auf diese Art und Weise können auch für den Stand der Grammatikentwicklung irrelevante Unterschiede zwischen Kindern verschiedener Erstsprachen herausgefiltert werden. Auf eine separate Überprüfung des Wortschatzes wird verzichtet, da Umfang und Komposition des mentalen Lexikons in Abhängigkeit vom Wissen über die erfragten Objekte und Ereignisse erheblich variieren (wie das Wissen über den Pfau in Abschnitt 2). Anhand einer Bildbenennaufgabe wird jedoch sichergestellt, dass die Kinder den Nominalwortschatz beherrschen, der in den Testaufgaben verwendet wird. Auch ist die Gestaltung der Testitems und der Bildvorlagen von dem Anliegen bestimmt, der multikulturellen Lebenswelt der Kinder Rechnung zu tragen. Die Protagonisten der Bildergeschichte sind Kinder mit unterschiedlichem ethnischen Hintergrund, erkennbar nicht zuletzt an den Eigennamen. Kultur- oder schichtspezifische kindliche Alltagsroutinen wie die Pflege eines Haustiers, das Spielen im eigenen Garten oder vermeintlich typische Familienszenen wurden vermieden.

Das Verfahren ist im Rahmen von alltäglichen, Kindern vertrauten Kontexten in Kitas und Schulen einsetzbar und kann von geschulten Erziehern und Erzieherinnen, Lehrern und Lehrerinnen, medizinischen Fachkräften, Ärzten und Ärztinnen durchgeführt werden. Unsere bisherigen Pilotierungen mit insgesamt ca. 700 Kindern zwischen drei und sieben Jahren ergaben für die Durchführung sämtlicher Untertests pro Kind einen zeitlichen Umfang von 25 bis 30 Minuten.[3] Innerhalb der Untergruppe von 400 Kindern, bei denen eine detaillierte Datenanalyse vorgenommen wurde, waren lediglich vier Testabbrüche zu verzeichnen.

3.2 Erfassung der produktiven Fähigkeiten: Beispiel Satzklammer

3.2.1 Linguistischer und spracherwerbstheoretischer Hintergrund

Deutsch ist eine Verbzweitsprache. Im Hauptsatz stehen finite Verben in der zweiten Position (V2), der so genannten linken Satzklammer. Nichtfinite Verben und Verbteile (Infinitive, Partizipien und Verbpartikeln wie *weg* oder *ab*) treten am Satzende in der rechten Satzklammer auf (VE). In Nebensätzen, die durch eine subordinierende Konjunktion oder ein Relativpronomen eingeleitet werden, erscheint das finite Verb am Satzende. Das Schema in (2) fasst diese Generalisierungen zusammen (vgl. DUDEN 2006; TRACY 2007a, b).[4]

---

3   Für die Auswertung, die für den Produktionsteil das Anhören einer 7- bis 10-minütigen Tonaufnahme nötig macht, setzen wir bei eingearbeiteten Praxiskräften einen Zeitaufwand von ca. 30 Minuten an.
4   Dieses Schema lässt das „Nachfeld" unberücksichtigt, in dem Relativsätze und andere, vor allem längere Konstituenten auftreten, vgl. *Der Hund hat den Mann ins Bein gebissen, der ihn getreten hatte. Der Mann schrie laut auf vor Schmerz.*

(2)

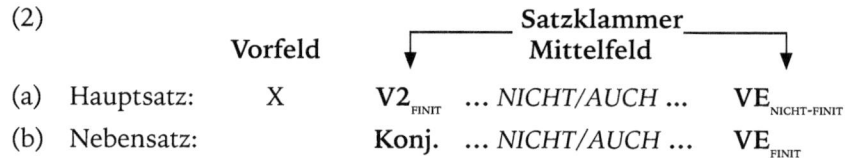

(a) Hauptsatz: X $V2_{FINIT}$ ... *NICHT/AUCH* ... $VE_{NICHT\text{-}FINIT}$
(b) Nebensatz: **Konj.** ... *NICHT/AUCH* ... VE_{FINIT}

In der Position vor dem finiten Verb, dem so genannten „Vorfeld" des
Hauptsatzes, kann eine (fast) beliebige Konstituente auftreten. Im Bereich zwischen den beiden Satzklammern, dem Mittelfeld, können sich
neben anderen Angaben und Ergänzungen auch Partikeln wie *nicht, auch,
nur* befinden. Beispiele für Hauptsätze finden sich in (3a, b) und Beispiele für Nebensätze in (3c).[5]

(3) (a) Der Junge hat den Hasen nicht gefüttert.
    (b) Den Hasen wollte der Junge nicht füttern.
    (c) ... ob der Junge den Hasen nicht gefüttert hat.

Die in (2) zusammenfassend dargestellten Satzstrukturen eignen sich
einsprachig deutsch aufwachsende Kinder im Laufe der ersten drei bis
vier Lebensjahre an (vgl. CLAHSEN 1982; CLAHSEN/PENKE 1992; MEISEL
1992; SCHULZ 2007a; TRACY 1991, 2007b; WEISSENBORN 2000). Die Übersicht in (4) fasst – notwendigerweise vereinfacht – die wichtigsten Meilensteine dieses Erwerbsprozesses zusammen, Meilenstein I entspricht
der Produktion einzelner Lexeme und wird daher im Folgenden nicht
weiter berücksichtigt.

(4)   SATZKLAMMER

Vorfeld	V2	Mittelfeld	VE	
(a)		Tür	auf	**Meilenstein**
(b)		Mama auch/nicht Bus	fahren	**II**
(c) Jetzt	geh	ich	hoch	**Meilenstein**
(d) Mama	hat	(den) Hund	(ge)füttert	**III**
	Konjunktion			
(e)	wenn	(die) Mama (den) Hund	füttert	**Meilenstein IV**

---

5 Anhand von Satzstrukturen wie in (3) kann man außer der Verbstellung und der
   Subjekt-Verb-Kongruenz auch überprüfen, welche Wortklassen (Nomen, verschiedene Verbtypen, Partikeln, Artikel, Präpositionen, Konjunktionen) und Kasusmar-
   kierungen (im obigen Fall der Nominativ und der Akkusativ) verfügbar sind.

Bereits im Alter von anderthalb bis zwei Jahren werden erste Zweiwort-
kombinationen wie (4a) produziert, in denen Verbpartikeln und Verben
in einer Position auftauchen, die sich als Vorläufer der rechten Satzklammer identifizieren lässt. Wie man Äußerungen wie (4b) *Mama auch
Bus fahren* entnehmen kann, treten Partikeln des Mittelfelds ebenfalls in
frühen Mehrwortkombinationen auf (vgl. PENNER/TRACY/WYMANN 1999;
PENNER/TRACY/WEISSENBORN 2000).

Im Alter von zwei bis zweieinhalb Jahren erscheinen finite, mit dem
Subjekt kongruierende Verben in der linken Satzklammer (= Meilenstein
III).[6] Ab etwa zweieinhalb Jahren lassen sich bereits Vorläuferstrukturen
von Nebensätzen nachweisen. Anfangs kann die Position der Konjunktion unbesetzt bleiben, auch wenn das finite Verb bereits in der Verbendstellung auftaucht (vgl. FRITZENSCHAFT ET AL. 1990; ROTHWEILER 1993).

Diese gesamte Entwicklung ist von Zwischenschritten und Übergangserscheinungen gekennzeichnet. So verfügen manche Lerner parallel
zu Meilenstein I und II über ein umfangreiches Repertoire an festen Formeln (vgl. *atomis* für *da komm ich*), die im Laufe der Entwicklung aufge-
brochen werden (KALTENBACHER 1990; TRACY 1991, 2007b).[7]

Erste Fallstudien zum Erwerb des Deutschen als frühe Zweitsprache,
d.h. bei einem Beginn im Alter von drei bis vier Jahren, haben gezeigt,
dass der Erwerbsprozess im Wesentlichen gleich verläuft. Nach einer
ersten Phase, in der Verben unflektiert in Endstellung produziert werden, erwerben frühe Zweitsprachlerner im Laufe von sechs bis zwölf
Monaten die V2-Position, und zwar wie die Erstsprachlerner gleichzeitig
mit der Finitheitsmarkierung am Verb (KROFFKE/ROTHWEILER 2006; ROTH-
WEILER 2006, 2007; THOMA/TRACY 2006; TRACY 2007a, b). Bei einigen Kindern treten nach einer Kontaktdauer mit dem Deutschen von 12 bis 18
Monaten erste Nebensätze auf.

Im Gegensatz zum ungestörten Erstspracherwerb und zum frühen
Zweitspracherwerb des Deutschen zeigen sich bei Kindern mit spezifischer Spracherwerbsstörung (SSES) lang anhaltende Erwerbsprobleme.
Diese Kinder tendieren dazu, die Verbendstellung beizubehalten bzw.
unflektierte Verben in V2-Position zu verwenden (GRIMM 1983, 2000b;
CLAHSEN 1991) und zeigen ebenso Auffälligkeiten im morphologischen
Bereich, vor allem bei der Flexionsmarkierung des Verbs, der Kasusmar-
kierung und bei der Verwendung der Partikeln des Mittelfelds *auch* und
nicht (PENNER et al. 1999).

---

6 Vgl. TRACY (1991, 2007a, b) für Vorläuferstrukturen von Hilfs- und Modalverben
   und ihre allmähliche Integration in das System.
7 Aus diesem Grund werden in LiSe-DaZ relevante Strukturen mindestens zweimal
   in unterschiedlicher Form elizitiert, um eine Verwechslung mit ganzheitlich abge-
   speicherten Ausdrücken auszuschließen.

3.2.2 Erfassung der Sprachproduktion (Satzklammer) im Rahmen von LiSe-DaZ

Im Produktionsteil des Verfahrens werden Kinder dazu angeregt, Äußerungen zu produzieren, die das zu untersuchende sprachliche Merkmal mit hoher Wahrscheinlichkeit enthalten. Dies wird dadurch erreicht, dass anders als bei spontansprachlichen Äußerungen ein Stimulus vorgegeben wird, der bestimmte sprachliche Reaktionen nahelegt. Diese Methode der elizitierten Produktion lehnt sich einem Kindern in der Regel vertrauten Diskurstyp an und hat sich sowohl in der Spracherwerbsforschung als auch in verschiedenen Diagnostikverfahren bewährt (vgl. MCDANIEL/McKEE/CAIRNS 1996; GRIMM 2001). Elizitiert werden in LiSe-DaZ verschiedene Haupt- und Nebensätze, in denen die Satzklammern durch unterschiedliche Verben bzw. – im Fall der linken Satzklammer – durch Konjunktionen besetzt werden können.

Insgesamt werden in der aktuellen Pilotversion acht Hauptsatzstrukturen mit dem finiten Verb in der linken Satzklammer elizitiert: vier Aussagesätze und vier Fragen (zwei w-Fragen, zwei Ja/Nein-Fragen). In den Aussagesätzen beschreiben die Kinder, angeregt durch den Stimulus „Guck mal, was passiert denn hier?", eine abgebildete Situation, oder sie werden durch gezielte Fragen dazu motiviert, mit einer V2-Struktur zu antworten (vgl. passend zur Abbildung 1 das Beispielitem in [5]).

Abbildung 1: Beispielitem für den Untertest Sprachproduktion (Hauptsätze)

(5) Beispielitem Hauptsatz

Testleiterin:	Der Hund hat sich den Luftballon geschnappt. Er fliegt weg und winkt. Schau mal, die Jungen winken zurück.
Testfrage:	Und was macht Lise?
Typische Antwort:	(Die) winkt auch.

Die Antwort (*Die*) *winkt auch* (mit und ohne Subjekt) ist ein Beleg für Meilenstein III, da hier ein finites Verb zielsprachlich angemessen links von der Partikel verwendet wird. Die Äußerung *auch winken*, mit einem nicht-finiten Verb in der rechten Satzklammer, wäre ebenfalls eine angemessene Antwort und würde aufgrund der syntaktischen Struktur als Beleg für Meilenstein II gelten.

Zusätzlich werden in der hier beschriebenen Pilotversion sechs Nebensätze elizitiert, eingeleitet durch die Konjunktionen *weil, dass* und *wenn*. Ein Beispiel für *weil*, das beim Betrachten vom Bild in Abbildung 2 elizitiert wird, findet sich in (6).

Abbildung 2: Beispielitem für den Untertest Sprachproduktion (Nebensätze)

(6) Beispielitem Nebensatz

Situation:	Die Kinder finden im Park einen Hund, der in einer Mülltonne feststeckt.
Testleiterin:	Oh, da steckt tatsächlich ein kleiner Hund drin.
Testfrage:	Warum macht der Hund so ein trauriges Gesicht?
Typische Antworten:	(a) weil der da eingesperrt ist.
	(b) weil der nicht raus kann.
	(c) Angst hat.

Während Kinder, die Äußerungen wie (6a) oder (6b) produzieren, Meilenstein IV erreicht haben, entsprechen Äußerungen wie (6c) Meilenstein II.[8]

3.2.3 Sprachproduktion (Satzklammer): Erste LiSe-DaZ-Pilotergebnisse

In der beschriebenen Pilotphase wurden in Mannheim und Frankfurt 74 Kinder mit Deutsch als Erstsprache und 91 Kinder mit Deutsch als Zweitsprache und u.a. Türkisch, Italienisch, Bosnisch und Russisch als Erstsprache im Alter zwischen drei und sieben Jahren jeweils einzeln getestet. Jedes Kind wurde einem syntaktischen Meilenstein zugeordnet, wenn es im Produktionsteil mindestens zweimal eine Äußerung des entsprechenden Satztyps produzierte. In den folgenden Diagrammen wird aus erwerbslogischen Gründen nur der höchste erreichte Meilenstein abgebildet. Die Fähigkeit, Nebensätze zu produzieren (Meilenstein IV), bedeutet schließlich nicht, dass andere Strukturtypen nicht mehr verwendet werden. Einfache Verb-End-Strukturen wie *Bitte alle mal herhören!* oder *Schuhe anziehen!* werden – wie im Gedankenexperiment illustriert – schließlich auch noch von Erwachsenen produziert.

Die Abbildungen 3 und 4 verdeutlichen, dass sowohl die Kinder mit Deutsch als Muttersprache als auch die Kinder mit Deutsch als Zweitsprache mit zunehmendem Alter bessere Leistungen zeigen. Abbildung 3 zeigt zunächst die Ergebnisse der Kinder, die einsprachig deutsch aufwachsen. Wie ihr zu entnehmen ist, haben 65% der Kinder mit DaM im Alter von drei Jahren Meilenstein IV erreicht, d.h. sie produzieren zielsprachliche Nebensätze. 24% der Kinder gehen über Meilenstein III nicht hinaus. Dagegen produzieren bereits im Alter von vier Jahren alle Kinder Strukturen, die sich dem fortschrittlichsten Meilenstein IV zuordnen lassen.[9]

---

8   Falls Kinder bei *weil* an Stelle einer Verbendstruktur eine Hauptsatzstruktur produzieren (z.B. *weil der hat Angst*), so ist dies durchaus eine zielsprachliche Option. In diesem Fall besetzt allerdings *weil* – analog zu *denn* – nicht die linke Satzklammer, die dadurch für das Verb verfügbar wird. Diese Äußerung würde als Beleg für Meilenstein III gelten.

9   Meilenstein I ist lediglich einem DaM-Kind zuzuordnen, da es aufgrund der Testsituation nur Einwortäußerungen produziert hat. Diese testbedingte Fehlanalyse entspricht einer Fehlerrate von 1,3%.

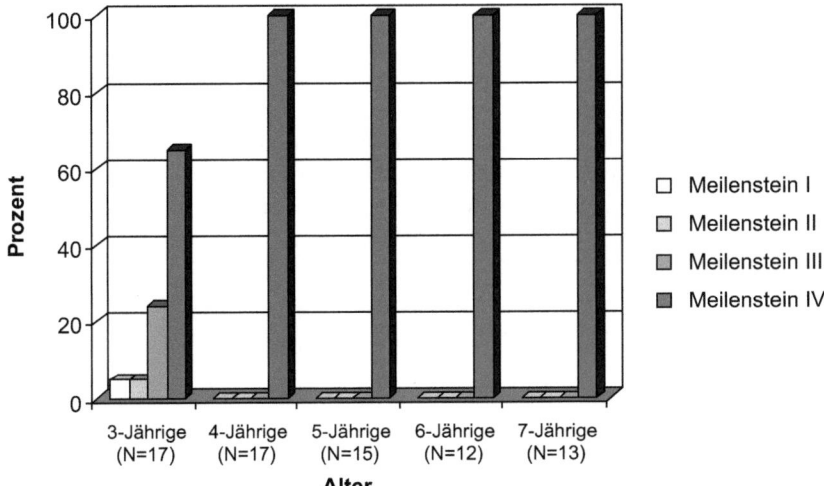

Abbildung 3: Untertest Satzklammer. Prozentualer Anteil der Kinder mit DaM je
Meilenstein, nach Alter (N=74)

Abbildung 4 illustriert die linear steigende syntaktische Kompetenz der
Kinder, die Deutsch als frühe Zweitsprache erwerben:

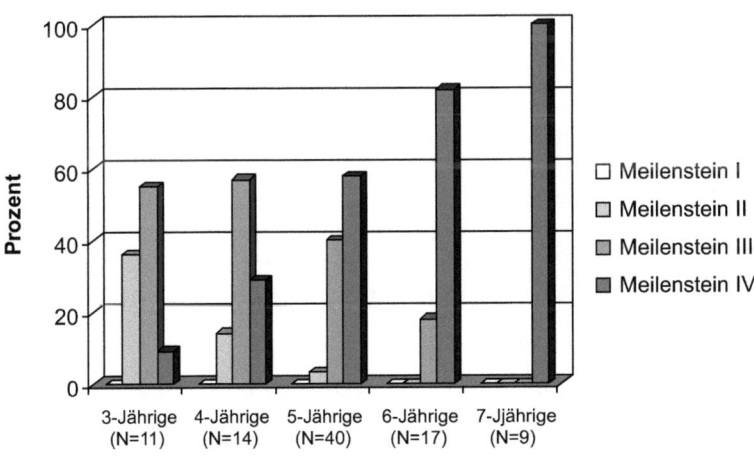

Abbildung 4: Untertest Satzklammer. Prozentualer Anteil der Kinder mit DaZ je
Meilenstein, nach Alter (N=91)

Während im Alter von drei Jahren fast ausschließlich Strukturen bis Meilenstein II und III produziert werden, haben die von uns untersuchten Siebenjährigen Meilenstein IV erreicht. Fast 60% der Kinder erreichen diesen Meilenstein sogar bereits im Alter von fünf Jahren.

Ein genauerer Blick auf die Entwicklung der Kinder mit Deutsch als Zweitsprache entsprechend ihrer Kontaktdauer mit dem Deutschen zeigt, wie zügig sich der Erwerb der Meilensteine vollzieht (vgl. Abbildung 5).

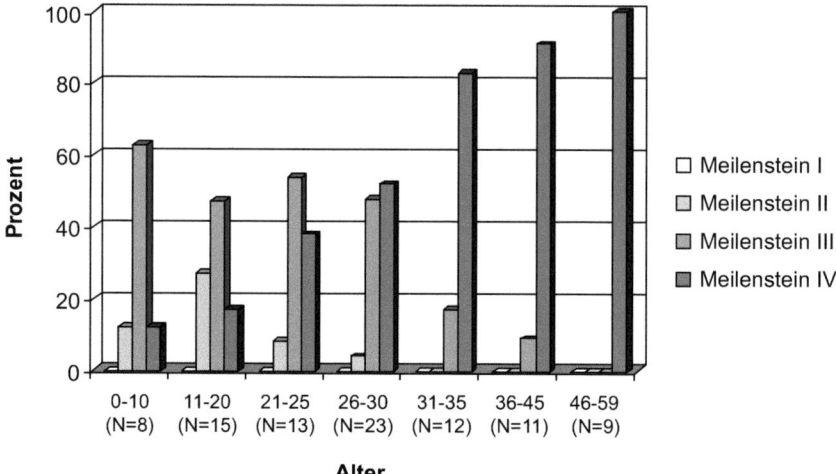

Abbildung 5: Untertest Satzklammer. Prozentualer Anteil der Kinder mit DaZ je Meilenstein, nach Kontaktmonaten (N=91)

Nach 26 bis 30 Kontaktmonaten erreichen 50% der Kinder bereits Meilenstein IV; die anderen 50% produzieren Strukturen des Meilensteins III. Danach ist ein weiterer linearer Anstieg der Strukturen von Meilenstein IV, zu erkennen, während der Anteil der Strukturen von Meilenstein III zurückgeht. Nach dem 31. Kontaktmonat produzieren die meisten Kinder die für Meilenstein IV typischen Nebensatzstrukturen.

3.3 Erfassung der Verstehensfähigkeiten: Beispiel *w*-Fragen

3.3.1 Linguistische und spracherwerbstheoretische Grundlagen

Erinnern wir uns noch einmal an unser einleitendes Gedankenexperiment: Freunde, die in geselliger Runde Urlaubsfotos betrachten. Wie „gut" die Gesprächsteilnehmer Deutsch sprechen, könnte man – zumindest als geschulter – Gesprächspartner hören. Wie könnte man jedoch beurteilen, was jede/jeder Einzelne am Tisch von der Unterhaltung versteht? Vielleicht dadurch, dass jemand an passender Stelle lacht, den Kopf schüttelt oder nickt? Es könnte aber auch jemand alles verstehen, ohne das durch gestische oder lautliche Äußerungen kundzutun. Anders gesagt: Ob und in welchem Maße das Gesagte verstanden oder nicht verstanden wird, ist nicht durch einfaches Beobachten festzustellen. Die Einschätzung des Sprachverständnisses kann mithin nur gezielt und systematisch und nicht im Rahmen alltäglicher Gesprächssituationen erfolgen. Dies gilt in besonderem Maße für Kinder, deren Sprachverständnis leicht unter- oder überschätzt wird. Verschiedene Studien deuten darauf hin, dass Kinder mit Deutsch als Zweitsprache häufig so genannte „verdeckte Sprachschwierigkeiten" (KNAPP 1999) aufweisen. Aufgrund von Vermeidungsstrategien wie Schweigen, Verwendung einfacher Wörter oder formelhafter Ausdrücke und Orientierung am Verhalten anderer Kinder erscheint das kindliche Verhalten im jeweiligen Kontext angemessen, wird also überschätzt. Andererseits kann es zu einer Unterschätzung kommen, wenn den Kindern beispielsweise aufgrund mangelnder kommunikativer Aktivität Probleme in der Sprachentwicklung unterstellt werden. Außersprachliche Probleme und Zurückhaltung infolge geringen Selbstbewusstseins werden so fälschlicherweise mit sprachlichen Defiziten verwechselt.

Um verdeckte Sprachschwierigkeiten erfassen zu können, wird in LiSe-DaZ der Überprüfung des Sprachverständnisses ein entscheidender Stellenwert eingeräumt. Untersucht werden *w*-Fragen (oft auch als Informationsfragen bezeichnet), zentrale Aspekte der Verbbedeutung und der Negation. Im Folgenden wird am Beispiel des Untertests „*w*-Fragen" illustriert, wie sich die Lernerkompetenz beim Sprachverstehen erfassen lässt. Der Untertest untersucht im Einzelnen, ob die Kinder die Bedeutung von *w*-Fragen verstehen und diese von Ja/Nein-Fragen abgrenzen können.

Aussagen wie *Max hilft dem Hund* drücken, semantisch betrachtet, eine Proposition aus, die dann wahr ist, wenn es eine entsprechende Situation gibt, in der Max dem Hund hilft. Entscheidungsfragen wie *Hilft Max dem Hund?* sind mit alternativen Situationen kompatibel, d.h. mit Situationen, in denen Max dem Hund hilft oder nicht hilft, und fordern als Antwort entweder *ja* oder *nein*. Bei so genannten *w*-Fragen (z.B. *Wem hilft Max?*) ergibt sich eine andere und größere Menge möglicher Antworten. So könnte Max einem Hund, einem anderen Tier, einem oder mehreren Menschen oder auch niemandem helfen. *W*-Fragen zeichnen sich im Deutschen dadurch aus, dass das *w*-Fragepronomen an den Anfang des Satzes, genauer in das Vorfeld, bewegt wird.[10] Außerdem lassen

---

10 Strukturen, in denen das *w*-Fragepronomen nicht in das Vorfeld bewegt wurde, sind keine echten Informationsfragen, sondern so genannte Echo-Fragen (*Max hilft WEM?*).

sich *w*-Fragen danach unterscheiden, ob die erfragte Konstituente ein Argument (Subjekt: *Wer liest das Buch?* oder Objekt: *Was liest er?*) oder ein Adjunkt (*Wie gefällt dir das Buch?*) ist.

Kinder produzieren zielsprachliche Fragen wie *Wo ist die Flöte?*, die durch ein *w*-Fragepronomen eingeleitet werden, schon im dritten Lebensjahr (vgl. PENNER 1994; TRACY 1994). Im Gegensatz dazu gelingt ihnen die zielsprachliche Interpretation verschiedener *w*-Fragen erst im Alter von ca. drei bis vier Jahren (vgl. PENNER/KÖLLIKER FUNK 1998; SCHULZ/WENZEL 2007; SCHULZ 2007a). Kinder müssen erkennen, dass nach einem im Satz nicht realisierten Satzglied gefragt wird und um welches Satzglied es sich handelt. So antworten jüngere Kinder auf *w*-Fragen anfangs wie auf Entscheidungsfragen mit *ja* oder *nein*. In einem nächsten Erwerbsschritt wird die *w*-Frage mit einer Konstituente beantwortet, die jedoch nicht immer dem erfragten Satzglied entspricht (vgl. SIEGMÜLLER/HERZOG/HERRMANN 2005; SCHULZ/WENZEL 2007). In experimentellen Studien zu verschiedenen Sprachen zeigte sich außerdem, dass die zielsprachliche Interpretation von Argumentfragen eher gelingt als die von Adjunktfragen und dass innerhalb der Argumentfragen Subjektfragen eher als Objektfragen korrekt verstanden werden (vgl. FRIEDMAN/NOVOGRODSKY 2004 und in press). Für Kinder mit SSES stellt die Semantik der *w*-Fragen sogar noch weit über das fünfte Lebensjahr hinaus ein beachtliches Problem dar (vgl. PENNER/KÖLLIKER FUNK 1998; SIEGMÜLLER/HERZOG/HERRMANN 2005).

3.3.2 Erfassung des Sprachverstehens (*w*-Fragen) im Rahmen von LiSe-DaZ

Um das Verstehen von *w*-Fragen zu erfassen und eine Konfundierung durch Kontexteffekte und Weltwissen des Kindes zu vermeiden, eignet sich die Methode *Fragen nach einer Geschichte* (Questions-after-story-task; vgl. DE VILLIERS/ROEPER 1996; SEYMOUR/ROEPER/DE VILLIERS 2003; PENNER 1996; KAUSCHKE/SIEGMÜLLER 2002). Kindern wird anhand eines Bildes eine kurze Geschichte erzählt bzw. es wird eine abgebildete Situation geschildert, die die erfragte Konstituente enthält. Danach stellt der Testleiter/die Testleiterin eine *w*-Frage, die sich auf ein Element des Bildes bzw. der Geschichte bezieht und die nur aufgrund der Entschlüsselung der Struktur der *w*-Frage korrekt beantwortet werden kann.

Der LiSe-DaZ-Untertest zum Frageverstehen besteht in der hier beschriebenen Pilotversion aus sechs Aufgaben. Drei erfassen das Verstehen von Argumentfragen und drei das von Adjunktfragen. Das Material besteht aus sechs Bildern, die verschiedene Szenen der bereits aus dem Teil „Sprachproduktion" bekannten Geschichte darstellen. Die sechs

Items testen unterschiedliche *w*-Fragepronomen (*wer, was, wen, wem, wo, mit wem*), die verschiedenen Konstituenten im Satz entsprechen: Subjekt, Objekt und Adjunkt. Der Testleiter/die Testleiterin beschreibt in einem Satz das jeweilige Bild und stellt dem Kind dann die Testfrage (vgl. Abbildung 6 und Beispiel [7]). Das Kind kann verbal mit der erfragten Konstituente oder nonverbal durch Zeigen auf das entsprechende Bildelement antworten.

Abbildung 6: Beispielitem für den Untertest w-Fragen

(7) Testleiterin:	Ibo hilft dem Hund aus der Tonne. Er ist eingesperrt und kann nicht allein raus.
Testfrage:	Wem hilft Ibo aus der Tonne?
Mögliche Antworten:	(a) Dem Hund.
	(b) Hund.
	(c) (Kind zeigt auf Hund)
	(d) Ibo.
	(e) Ja.

In obigem Beispiel würden die Antworten (7a-c) jeweils als korrekt gelten. Artikellose Antworten wie in (7b) sind hier als richtig zu werten, da es bei diesem Untertest nicht um die syntaktische Wohlgeformtheit der produzierten Antwort geht; die nonverbale Antwort (7c) ist richtig, da der Referent durch die Zeigegeste eindeutig bestimmbar ist. Neben der quantitativen Auswertung nach der Anzahl richtiger Antworten können die nicht-zielsprachlichen Antworten in einer zusätzlichen qualitativen Auswertung nach der Art ihrer Abweichung analysiert und wie folgt klassifiziert werden: *w*-Antwort mit einem anderen Satzglied (7d), Ja/Nein-Antwort (7e) oder keine Antwort.

3.3.3 Sprachverstehen (w-Fragen): Erste LiSe-DaZ-Pilotergebnisse

In der Pilotphase wurden 79 Kinder mit Deutsch als Erstsprache und 101 Kinder mit Deutsch als Zweitsprache (u.a. Türkisch, Italienisch, Bosnisch und Russisch als Erstsprache) im Alter zwischen drei und sieben Jahren getestet. Abbildung 7 zeigt, dass die Anzahl zielsprachlicher Antworten auf die w-Fragen mit dem Alter zunimmt.

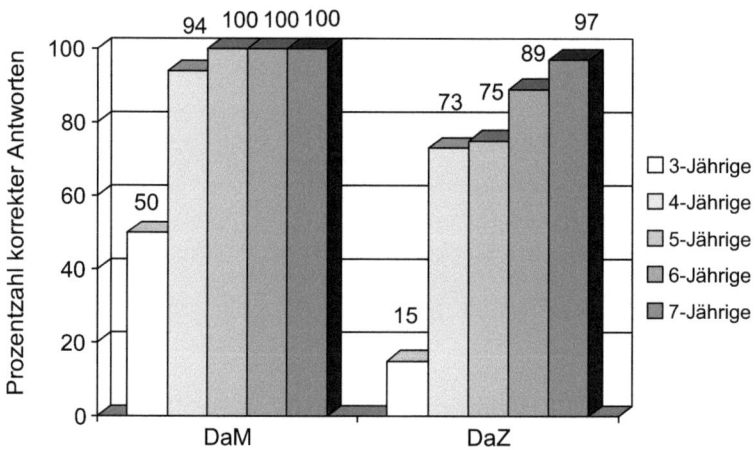

Abbildung 7: Untertest w-Fragen. Prozentsatz zielsprachlicher Antworten für Kinder mit DaZ und DaM nach Alter

Monolingual deutschsprachige Kinder verstehen im Alter von vier Jahren w-Fragen nahezu zielsprachlich. Während Kinder mit DaZ im Alter von drei Jahren w-Fragen noch nicht beherrschen, überschreiten sie mit vier Jahren das Verständnisniveau monolingual aufwachsender dreijähriger Kinder. Im Alter von sieben Jahren haben die frühen Zweitsprachlerner dann das zielsprachliche Niveau erreicht. Abbildung 8 illustriert die Entwicklung des w-Frage-Verstehens abhängig von der Dauer des Deutscherwerbs.

Die Anzahl zielsprachlicher Antworten steigt mit 11 bis 20 Kontaktmonaten stark an und entspricht nach ca. 26 bis 30 Kontaktmonaten mit 87% korrekter Antworten etwa der Leistung vierjähriger Kinder mit DaM.

Zusammenfassend lässt sich festhalten, dass die im Rahmen der Pilotierung untersuchten Kinder mit DaZ bis zum Alter von fünf Jahren noch Probleme damit haben, dem w-Fragepronomen die zielsprachliche Kons-

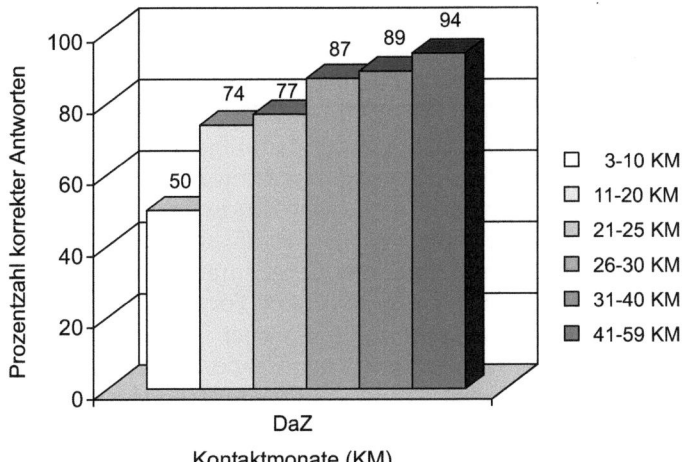

Abbildung 8: Untertest w-Fragen. Prozentsatz zielsprachlicher Antworten für die Kinder mit DaZ nach der Länge des Deutschkontakts

tituente zuzuordnen. Mit ca. sechs bis sieben Jahren bzw. nach etwa 26 Kontaktmonaten mit dem Deutschen haben die frühen Zweitsprachlerner ein zielsprachliches Verständnis für *w*-Fragen erworben (vgl. SCHULZ 2007b; SCHULZ/TRACY/WENZEL 2008).

4. Abschließende Überlegungen

Unabhängig vom Erwerbstyp stellt die Feststellung des sprachlichen Entwicklungsstands und der kommunikativen Kompetenz generell die Forschung und die Praxis vor große Herausforderungen. Obwohl es sehr zu begrüßen ist, dass verfügbare Verfahren die Sensibilität gegenüber Sprache bei denjenigen, die mit der Förderung von Lernenden betraut sind, erhöhen, lassen sich die spezifischen Eigenschaften von Lernersystemen (oder ihren kommunikativen Fähigkeiten) nicht durch einfache Beobachtung im Alltagsgeschehen ermitteln (vgl. Abschnitt 2). Daher ist eine systematische Erfassung der Sprachkompetenz und eine kritische Betrachtung der Konstruktion und Auswertung diagnostischer Instrumente unerlässlich.

Beim frühen Zweitspracherwerb des Deutschen handelt es sich um einen Erwerbstyp, zu dem im Vergleich mit anderen Erwerbstypen (monolingualer Erwerb, doppelter Erstspracherwerb, Deutscherwerb bei Erwachsenen) zurzeit noch immer wenige Studien vorliegen. Darüber hinaus kann man, wie in Abschnitt 2 erläutert, beim Testen von Kindern mit frühem Zweitspacherwerb nicht einfach auf rein altersbasierte

Normwerte zurückgreifen. Als wichtige weitere Variable kommt die Dauer der Kontaktzeit mit dem Deutschen ins Spiel.[11]

Auch die Frage, ob eine Auffälligkeit beim Zweitspracherwerb in den Rahmen einer normalen Entwicklung fällt oder auf eine (spezifische) Sprachentwicklungsstörung hindeutet, ist aufgrund der wenigen Studien im deutschsprachigen Raum zu mehrsprachigen Kindern mit einer SSES nicht einfach zu beantworten (vgl. aber ROTHWEILER 2006, 2007; SCHULZ/ OSE 2007). Als gesichert gilt, dass ein Verdacht auf eine SSES diagnostiziert werden kann, wenn ein früher Zweitsprachlerner trotz ausreichender Erwerbsgelegenheit nur sehr langsame Fortschritte in der Zweitsprache zeigt. Da Spracherwerbsstörungen immer in beiden Sprachen auftreten (vgl. PARADIS/GENESEE 1996; PARADIS/CRAGO/GENESEE/RICE 2003) sollte es sogar möglich sein, eine Störung in der Erstsprache aufgrund der Geschwindigkeit des Lernfortschritts in der Zweitsprache auszuschließen.

Die wenigen verfügbaren Fallstudien zum frühen Zweitspracherwerb und unsere bisherigen LiSe-DaZ-Pilotierungen konvergieren in nicht-trivialen Punkten. Vor allem die in den Abschnitt 3.2.3 und 3.3.3 vorgestellten Ergebnisse machen deutlich, dass sich eine Reihe von Erwerbsschritten, die für den Erstspracherwerb im Bereich von Produktion und Verstehen identifiziert wurden, auch als Messlatte für den frühen Zweitspracherwerb heranziehen lassen. Dies gibt unseres Erachtens, abgesehen von vielfältigen konzeptuellen und methodischen Herausforderungen, Grund zum Optimismus.

Literatur

BERLINER SENATSVERWALTUNG BJS (Hrsg.) (2003): Bärenstark. Berliner Sprachstandserhebung und Materialien zur Sprachförderung für Kinder in der Vorschul- und Schuleingangsphase. – Berlin.

CLAHSEN, H. (1982): Spracherwerb in der Kindheit. Eine Untersuchung zur Entwicklung der Syntax bei Kleinkindern. – Tübingen.

CLAHSEN, H. (1991): Child language and developmental dysphasia. Linguistic studies of the acquisition of German. – Amsterdam.

CLAHSEN, H./PENKE, M. (1992): The Acquisition of Agreement Morphology and its Syntactic Consequences: New Evidence on German Child Language from the Simone Corpus. In: MEISEL, J. (ed.): The Acquisition of Verb Placement: Functional Categories and V2-Phenomena in Language Development. – Dordrecht, S. 181-223.

---

11 Sicher spielen auch Intensität und Qualität des Kontakts eine Rolle, wobei sich zu letzterem nur in seltenen Fällen, z.B. in entsprechend kontrollierten Studien, tatsächlich etwas sagen ließe.

DE VILLIERS, J./ROEPER, T. (1996): Questions after stories: Supplying context and removing it as a variable. In: MCDANIEL, D./MCKEE, C./CAIRNS, H. (eds.): *Methods for assessing children's Syntax.* – Cambridge, S. 133-186.

DUDEN (2006): Grammatik der deutschen Gegenwartssprache. – Mannheim.

EHLICH, K. in Zusammenarbeit mit VAN DEN BERGH, H./BREDEL, U./GARME, B./ KOMOR, A./KRUMM, H.-J./MCNAMARA, T./REICH, H. H./SCHNIEDERS, G./ TEN THIJE, J. D. (2005): Anforderungen an Verfahren der regelmäßigen Sprachstandsfeststellung als Grundlage für die frühe und individuelle Sprachförderung von Kindern mit und ohne Migrationshintergrund. – Bonn.

FRIED, L. (2004): Expertise zu Sprachstandserhebungen für Kindergartenkinder und Schulanfänger. Eine kritische Betrachtung. – München.

FRIEDMAN, N./NOVOGRODSKY, R. (2004): The acquisition of relative clause comprehension in Hebrew: a study of SLI and normal development. In: Journal of Child Language 31, S. 661-681.

FRIEDMAN, N./NOVOGRODSKY, R. (in press): Subtypes of SLI and the comprehension of Wh questions. In: SCHULZ, P./FRIEDMANN, N. (eds.): Specific Language Impairment (SLI) across languages: Properties and possible loci. Special issue of Lingua.

FRITZENSCHAFT, A./GAWLITZEK-MAIWALD, I./TRACY, R./WINKLER, S. (1990): Wege zur komplexen Syntax. In: Zeitschrift für Sprachwissenschaft 9, S. 52-134.

GRIMM, H. (1983): Kognitions- und interaktionspsychologische Aspekte der Entwicklungsdysphasie. In: Sprache und Kognition 3, S. 169-186.

GRIMM, H. (2000a): SETK-2. Sprachentwicklungstest für zweijährige Kinder. Diagnose rezeptiver und produktiver Sprachverarbeitungsfähigkeiten. – Göttingen.

GRIMM, H. (2000b): Entwicklungsdysphasie: Kinder mit spezifischer Sprachstörung. In: GRIMM, H. (ed.): Enzyklopädie der Psychologie Band 3, Sprachentwicklung. – Göttingen, S. 603-640.

GRIMM, H. (2001): SETK-3-5. Sprachentwicklungstest für drei- bis fünfjährige Kinder. Diagnose von Sprachverarbeitungsfähigkeiten und auditiven Gedächtnisleistungen. – Göttingen.

GRIMM, H./SCHÖLER, H. (1991): HSET. Heidelberger Sprachentwicklungstest. 2. verbess. Auflage. – Göttingen.

HOBUSCH, A./LUTZ, N./WIEST, U. (2002): SFD. Sprachstandsüberprüfung und Förderdiagnostik für Ausländer- und Aussiedlerkinder. – Horneburg.

HOLLER-ZITTLAU, I./DUX, W./BERGER, R. (2003): MSS. Marburger Sprach-Screening für 4- bis 6-jährige Kinder. Ein Sprachprüfverfahren für Kindergarten und Schule. – Horneburg.

KALTENBACHER, E. (1990): Strategien beim frühkindlichen Syntaxerwerb: Eine Entwicklungsstudie. – Tübingen.

KANY, W./SCHÖLER, H. (2007): Fokus: Sprachdiagnostik. – Berlin.

KAUSCHKE, CH./SIEGMÜLLER, J. (2002): Patholinguistische Diagnostik bei Sprachentwicklungsstörungen. – München.

KNAPP, W. (1999): Verdeckte Sprachschwierigkeiten. In: Die Grundschule 5, 99, S. 30-33.

KROFFKE, S./ROTHWEILER, M. (2006): Variation im frühen Zweitspracherwerb des Deutschen durch Kinder mit türkischer Erstsprache. In: VLIEGEN, M. (Hrsg.): Variation in Sprachtheorie und Spracherwerb. – Frankfurt, S. 145-153.

LÜDTKE, U. M./KALLMEYER, K. (2007): Kritische Analyse ausgewählter Sprachstandserhebungsverfahren für Kinder vor Schuleintritt aus Sicht der Linguistik, Diagnostik und Mehrsprachigkeitsforschung. In: Die Sprachheilarbeit 52(6), S. 261-278.

McDANIEL, D./McKEE, C./CAIRNS, H. S. (1996) (eds.): Methods for Assessing Children's Syntax. – Cambridge.

MEISEL, J. (1992): The Acquisition of Verb Placement: Functional Categories and V2 Phenomena in Language Acquisition. – Dordrecht.

PARADIS, J./CRAGO, M./GENESEE, F./RICE, M. (2003): French-English Bilingual Children with SLI – How do they compare with their monolingual peers? In: Journal of Speech, Language, and Hearing Research 46, S. 113-127.

PARADIS, J./GENESEE, F. (1996): Syntactic acquisition in bilingual children: autonomous or independent? In: Studies in Second Language Acquisition 18, S. 1-25.

PENNER, Z. (1994): Asking Questions without CPs? On the Acquisition of Wh Questions in Bernese Swiss German and Standard German. In: HOEKSTRA, T./SCHWARTZ, B. (eds.): Language Acquisition Studies in Generative Grammar. – Amsterdam, S. 177-214.

PENNER, Z. (1996): Therapiematerial zur Förderung schweizerdeutsch-sprechender Kinder mit Grammatikerwerbsstörungen. Verein Berner Logopädinnen und Logopäden.

PENNER, Z. (2003): Neue Wege der sprachlichen Frühförderung bei Migrantenkindern. – Berg.

PENNER, Z. (2004): Forschung für die Praxis: Neue Wege der Intervention bei Kindern mit Spracherwerbsstörungen. In: Forum Logopädie 18, S. 6-13.

PENNER, Z./KÖLLIKER FUNK, M. (1998): Therapie und Diagnose von Grammatikerwerbsstörungen. Ein Arbeitsbuch. Schriften des Heilpädagogischen Seminars Zürich Band 14. – Luzern.

PENNER, Z./TRACY, R./WEISSENBORN, J. (2000): Where Scrambling Begins: Triggering Object Scrambling at the Early Stage in German and Bernese Swiss German. In: POWERS, S./HAMANN, C. (Hrsg.): The L1- and L2-Acquisition of Clause-Internal Rules. Scrambling and Cliticization. – Dordrecht, S. 127-164.

PENNER, Z./TRACY, R./WYMANN, K. (1999): Die Rolle der Fokuspartikel AUCH im frühen kindlichen Lexikon. In: MEIBAUER, J./ROTHWEILER, M. (Hrsg.): Das Lexikon im Spracherwerb. – Tübingen, S. 229-251.

ROTHWEILER, M. (1993): Nebensatzerwerb im Deutschen. – Tübingen.

ROTHWEILER, M. (2006): The Acquisition of V2 and subordinate clauses in early successive acquisition of German. In: LLÉO, C. (ed.): Interfaces in Multilingualism. – Amsterdam, S. 91-113.

ROTHWEILER, M. (2007): Bilingualer Spracherwerb und Zweitspracherwerb. In: STEINBACH, M./ALBERT, R./GIRNTH, H./HOHENBERGER, A./KÜMMERLING-

MEIBAUER, B./MEIBAUER, J./ROTHWEILER, M./SCHWARZ-FRIESEL, M. (Hrsg.): Schnittstellen der germanistischen Linguistik. – Stuttgart, S. 103-135.

ROTHWEILER, M./KROFFKE, S./BERNREUTER, M. (2004): Grammatikerwerb bei mehrsprachigen Kindern mit einer spezifischen Sprachentwicklungsstörung. Voraussetzungen und Fragen. Die Sprachheilarbeit 49 (1), S. 25-31.

SCHULZ, P. (2007a): Erstspracherwerb Deutsch: Sprachliche Fähigkeiten von Eins bis Zehn. In: GRAF, U./MOSER OPITZ, E. (Hrsg.): Diagnostik am Schulanfang. – Baltmannsweiler, S. 67-86.

SCHULZ, P. (2007b): Sprache verstehen – Herausforderungen für Kinder mit Deutsch als Zweitsprache. Plenarvortrag, Fachtagung Sprache, Mainz, auf Einladung des Ministeriums für Bildung, Wissenschaft, Jugend und Kultur Rheinland-Pfalz.

SCHULZ, P./OSE, J. (2007): What early successive learners of German know about telicity. Vortrag Generative Approaches to Language Acquisition (GALA), Barcelona, Spanien.

SCHULZ, P./TRACY, R. (in Vorb.): Linguistische Sprachstandserhebung – Deutsch als Zweitsprache (LiSe-DaZ).

SCHULZ, P./TRACY, R./WENZEL, R. (2008): Linguistische Sprachstandserhebung – Deutsch als Zweitsprache (LiSe-DaZ): Theoretische Grundlagen und erste Ergebnisse. In: AHRENHOLZ, B. (Hrsg.): Zweitspracherwerb – Diagnosen, Verläufe, Voraussetzungen. – Freiburg, S. 17-42.

SCHULZ, P./WENZEL, R. (2007): Comprehension and production of wh-questions in early L2 learners of German: Like or unlike SLI? Vortrag International Symposium on Bilingualism (isb6), Hamburg.

SEYMOUR, H. N./ROEPER, T./DE VILLIERS, J. (2003): DELV-CR (Diagnostic Evaluation of Language Variation) Criterion-Referenced Test. – San Antonio.

SIEGMÜLLER, J./HERZOG, C./HERRMAN, H. (2005): Syntaktische und lexikalische Aspekte beim Verstehen von Informationsfragen. In: LOGOS Interdisziplinär 13 (1), S. 29-35.

THOMA, D./TRACY, R. (2006): Deutsch als frühe Zweitsprache: zweite Erstsprache? In: AHRENHOLZ, B. (Hrsg.): Kinder mit Migrationshintergrund Spracherwerb und Fördermöglichkeiten. – Freiburg, S. 58-79.

TRACY, R. (1991): Sprachliche Strukturentwicklung: Linguistische und kognitionspsychologische Aspekte einer Theorie des Erstspracherwerbs. – Tübingen.

TRACY, R. (1994): Raising questions: Formal and functional aspects of the acquisition of wh-questions in German. In: TRACY, R./LATTEY, E. (eds.): How Tolerant is Universal Grammar: Essays on Language Learnability and Language Variation. – Tübingen, S. 1-34.

TRACY, R. (2007a): Wie viele Sprachen passen in einen Kopf? Mehrsprachigkeit als Herausforderung für Gesellschaft und Forschung. In: ANSTATT, T. (Hrsg.): Mehrsprachigkeit bei Kindern und Erwachsenen. – Tübingen, S. 69-92.

TRACY, R. (2007b): Wie Kinder Sprachen lernen. Und wie man sie dabei unterstützen kann. – Tübingen.

ULICH, M./MAYR, T. (2003): SISMIK. Sprachverhalten und Interesse an der Sprache bei Migrantenkindern in Kindertageseinrichtungen. – Freiburg.

WEISSENBORN, J. (2000): Der Erwerb von Morphologie und Syntax. In: GRIMM, H. (Hrsg.): Sprachentwicklung. Enzyklopädie der Psychologie. Themenbereich C Serie III Band 3. – Göttingen, S. 141-169.

Abbildungen 1,2,6: © Christopher Tracy und Landesstiftung Baden-Württemberg

Marion Döll, Hans-Joachim Roth, Jens Siemon

Computergestützte Analyse der gesprochenen Kindersprache? Entwicklung und Erprobung eines parsergestützten Sprachtools für das Hamburger Verfahren zur Analyse des Sprachstands Fünfjähriger (HAVAS 5)

1. Modellierung von Sprachkompetenz

Der Ausdruck Sprachkompetenz wird zurzeit häufig und in unterschiedlichen Bedeutungen verwendet. Dabei handelt es sich häufig um einen Dummy-Begriff, der genau genommen eine präzise und einheitliche Bestimmung seines Inhalts vermeidet. So lassen sich z.b. Verständnisse von Sprachkompetenz finden, die Rückschlüsse von der Lesekompetenz oder von phonologischer Bewusstheit auf Sprachkompetenz darstellen. Der Grund für die Vielfalt der Bedeutungen des Begriffs oder des Verzichts auf eine explizite inhaltliche Füllung liegt in der ‚Unsichtbarkeit‘ der Sprachkompetenz: Chomskys Unterscheidung von Kompetenz und Performanz fasst erstere als lediglich erschließbares Regelwissen (später: Prinzipien und Parameter); Performanz bezeichnet die konkrete und damit beobachtbare Sprachverwendung. Auch wenn die Trennlinie zwischen Kompetenz und Performanz nicht immer scharf ist und auch wenn Sprachkompetenz sich nicht nur auf das Regelwissen, sondern auf ein (pragmatisches) Anwendungswissen bezieht, bleibt die begriffliche Unterscheidung erhalten und insofern fruchtbar, weil sie erzwingt, eine Modellierung dessen vorzunehmen, was unter Sprache und Sprachkompetenz verstanden wird.

Gängige Verfahren der Sprachstandsmessung oder -feststellung geben in den seltensten Fällen an, auf welchem Verständnis von Sprachkompetenz sie aufbauen (vgl. ROTH 2008). In vielen Fällen handelt es sich um eine eher intuitive Auswahl von Aufgabenbereichen. Ein geläufiges Modell zur Sprachkompetenz ist die Orientierung an sprachdidaktischen Feldern: Das sind zum einen Wortschatz und Grammatik, sofern als Bezugspunkt die Sprache selbst genommen wird (objektiver Bezugspunkt), oder das didaktische Quartett Hörverstehen, Lesen, Sprechen, Schreiben, mit dem der Bezugspunkt beim Lerner verankert wird (subjektiver Bezugspunkt). Im Modell von Claudio NODARI (2002) z.B. sind diese Ebenen zusammengeführt; außerdem ist die spezifische Lerneraktivität

– Rezeption oder Produktion – berücksichtigt. Die Zusammenhänge im Modell bleiben offen, da Rezeption und Produktion auch immer in Kognitionen eingelagert sind wie auch Wortschatz und Grammatik für alle vier sprachdidaktischen Felder benötigt werden. Das Modell gewinnt an Stärke durch die Einbettung von Aspekten der Sprachverwendung als funktionale Kompetenzen der Sprachkompetenz.

Soziolinguistische Kompetenz		Strategische Kompetenz
Hörverstehen	Leseverstehen	rezeptiv
Sprechen	Schreiben	produktiv
Wortschatz	Grammatik	kognitiv
Sprachliche Kompetenz		Sprachlogische Kompetenz

Abbildung 1: Modell der Sprachkompetenz nach NODARI (2002)

Einen analytischen Bezugspunkt bietet das Modell der sprachlichen Basisqualifikationen von Konrad EHLICH, das er für das Gutachten zu „Anforderungen an Verfahren der regelmäßigen Sprachstandsfeststellung" (2005) entworfen hat. Auch diesem unterliegt letztlich ein objektiver Bezugspunkt, i.e. die Gliederung der Sprachwissenschaft in Teildisziplinen. Aufgrund der Analyse der vorliegenden Verfahren zur Sprachstandsmessung bzw. -analyse ist das Modell allerdings erweitert worden; das betrifft insbesondere die (prä)literalen Fähigkeiten von Kindern. EHLICH spricht von „Basisqualifikationen"; diese sind in den erläuternden Ausführungen allerdings unschwer als Kompetenzen erkennbar. Auf diese Weise wird im Übrigen der objektive Bezugspunkt in einen subjektiven überführt (s. Abb. 2).

Neben der Unterscheidung von Kompetenz und Performanz ist die in letzter Zeit stärker ins Bewusstsein gerückte Unterscheidung zwischen Kommunikationssprache und Bildungssprache hinsichtlich einer Kompetenzfeststellung im Rahmen von Bildungsprozessen zu berücksichtigen. Diese Unterscheidung wird z.B. von J. Cummins mit den Ausdrücken *basic interpersonal communicative skills* (BICS) und *cognitive academic language proficiency* (CALP) bezeichnet. M.A.K. Halliday und B. Bernstein

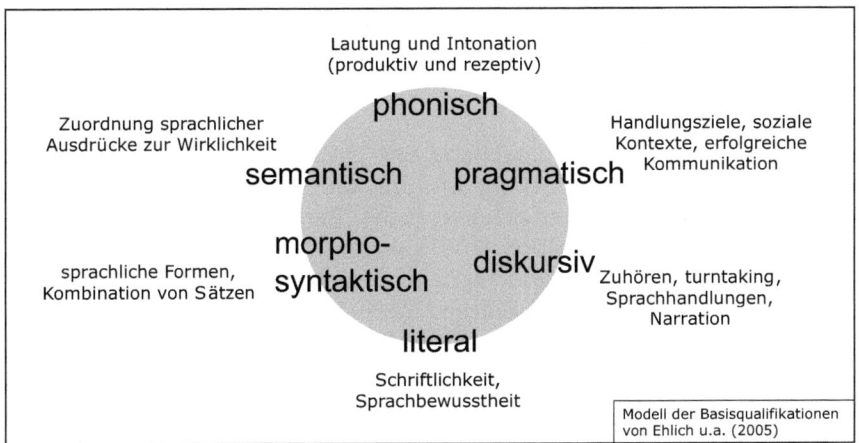

Abbildung 2: Basisqualifikationen nach EHLICH (2005)

sprechen von kontextgebundener und kontextreduzierter Sprache. In der (nicht spracherwerbsorientierten) Soziolinguistik ist auch die von Koch und Oesterreicher formulierte Unterscheidung von Nähesprache und Distanzsprache sowie von „konzeptioneller Mündlichkeit" und „konzeptioneller Schriftlichkeit" verbreitet.

Der Zusammenhang zwischen den beiden Ebenen wird zwar oft behauptet oder vorausgesetzt, eine tiefere empirisch abgesicherte Einsicht in ihre Zusammenhänge liegt allerdings nicht vor. Zurzeit wird angenommen, dass das Konstrukt Bildungssprachkompetenz eine stärkere Aussage über den Schulerfolg macht als die Kompetenz in der alltäglichen Kommunikationssprache. Bildungssprache ist durch Schriftlichkeit geprägt, aber nicht die Schriftsprache selbst. Für das Deutsche konnten inzwischen immerhin verschiedene Modi einer auf sachunterrichtliche Themen bezogenen mündlichen Sprache – ein umgangssprachlicher und ein akademischer Sprachmodus – extrahiert werden (GOGOLIN/NEUMANN/ ROTH 2007; GOGOLIN/ROTH 2007).

Für die Sprache von Kindern im Vorschulalter – einem Alter also, in dem auch die Erstsprachentwicklung noch nicht abgeschlossen ist – liegen bislang keine umfassenden Modelle vor. Für diese Altergruppe im Übergang in die Grundschule lässt sich außerdem eine Reihe von protogrammatischen Phänomenen beobachten, die man als lernersprachliche Übergangsphänomene kategorisieren kann. Diese halten sich bei Zweitspracherwerbern erkennbar länger als bei einsprachigen Kindern. Das einzige Verfahren, das diese Phänomene systematisch erfasst, ist das HAVAS 5.

2. Modellierung der Sprachkompetenz beim Hamburger Verfahren zur Analyse des Sprachstands Fünfjähriger (HAVAS 5)

Im Anschluss an eine Untersuchung zum Sprachstand deutsch-türkischer Schulanfänger (vgl. REICH 2000) und im Kontext der wissenschaftlichen Begleitung des Hamburger Schulversuchs ‚Bilinguale Grundschule' (vgl. GOGOLIN/NEUMANN/ROTH 2003, 2007) entstand im Auftrag der Hamburger Behörde für Bildung und Sport das Hamburger Verfahren zur Analyse des Sprachstandes Fünfjähriger (HAVAS 5; REICH/ROTH 2004), das Erziehern und Lehrern dabei helfen soll, bei Kindern am Übergang vom Elementarbereich in die Grundschule Sprachförderbedarf zu erkennen. Das profilanalytisch konzipierte Verfahren liegt nicht nur für das Deutsche, sondern auch für die in Deutschland hochfrequenten (Migranten-) Sprachen Türkisch, Russisch, Italienisch, Spanisch, Portugiesisch und Polnisch vor; für zweisprachige Kinder eignet sich das HAVAS 5 daher in besonderem Maße.

Anhand eines Bildimpulses und mittels der konkreten Aufforderung, die durch den Impuls vermittelte Geschichte zu erzählen, werden Kinder zum Sprechen animiert. Für die Analyse werden die Äußerungen der Kinder auf Ton- oder Datenträger aufgezeichnet und können später transkribiert werden. Die so festgehaltenen Sprechproben werden auf unterschiedliche sprachliche Teilqualifikationen abbildende Sprachstandsindikatoren hin untersucht. Neben pragmatischen Fähigkeiten stehen die Entwicklung von Lexikon und Morphosyntax im Fokus der Analyse.[1]

Für das HAVAS 5 ist ein Element typisch, das von Hans H. Reich als „Aufgabenbewältigung" entwickelt wurde. Genau genommen führt die Aufgabenbewältigung die Ebene Sprachpragmatik über die Erfassung kommunikativer Zielsetzungen und Strategien hinaus in den Bereich der (kognitiven) Leistung. Nach den ersten empirischen Erprobungen wurde für den Einsatz in FÖRMIG außerdem ein Element hinzugenommen, das einen kleinen Einblick in die literarischen Erfahrungen der Kinder zulässt („Orientierung in der Bildfolge").

Im Zentrum der Sprachkompetenz im engeren Sinne steht der Verbalkomplex, da das Verb im Deutschen wie auch in einer Reihe anderer Sprachen die organisierende Einheit einer sprachlichen Äußerung ist: Für den Wortschatz werden nur die (verschiedenen) Verben (types) gezählt; im morphosyntaktischen Bereich werden die Verbformen sowie

---

1 Eine detaillierte Beschreibung des Verfahrens findet sich u.a. in REICH u. ROTH 2007.

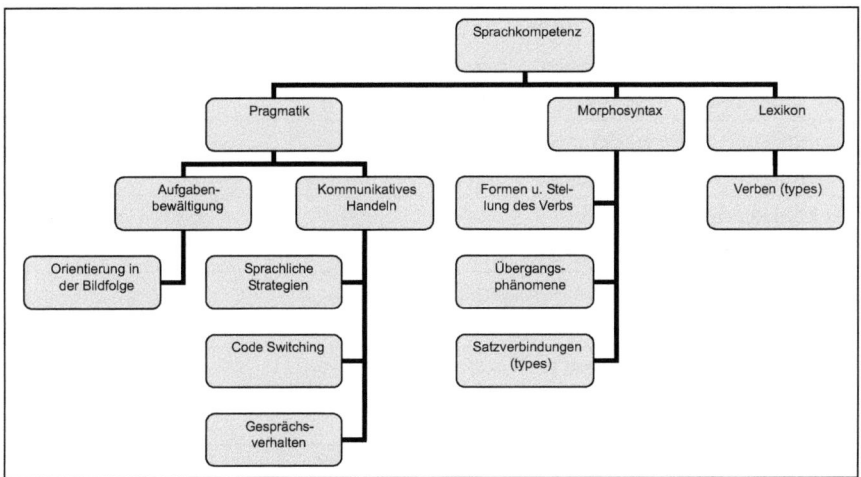

Abbildung 3: Modellierung von Sprachkompetenz beim HAVAS 5

die Stellung des Verbs im Satz und die Verbindungen von Sätzen berücksichtigt.

Das HAVAS umfasst einige – auf Konsistenz geprüfte – *Skalen*, die die jeweiligen Ergebnisse in Form von Erwerbsstufen angeben. HAVAS zielt also auf die Kompetenz, nicht auf die Performanz. Die Items sind daher dichotom angelegt (erworben/nicht erworben). Die Skalen sind als Inklusionsskalen konstruiert, d.h. dass – mit Ausnahme der Stufe 0 – die höheren Stufen jeweils die niedrigeren einschließen, auch wenn das sprachliche Phänomen in der Aufnahme vom Kind nicht verwendet wird.

Ein wichtiges Ergebnis zur Skala „Formen und Stellung des Verbs" ist der Nachweis, dass in der deutschen Sprache Morphologie und Syntax beim Verbalkomplex – im Sinne der Morphosyntax – zusammen gehören, d.h. eine gemeinsame Skala bilden und nicht etwa als getrennte Faktoren behandelt werden müssen.

Das Kind verwendet keine Verben.	
Die Äußerungen des Kindes enthalten keine Verbformen.	0
Das Kind verwendet Verben ...	
als einfache Verben an der zweiten Stelle im Satz	I
Das Kind verwendet zweiteilige Verbformen ...	
als Modalverben + Infinitiv	II
als Verben mit getrenntem Präfix	II
Das Kind verwendet Verben in folgenden Stellungen ...	
am Ende von Nebensätzen	III
vor dem Subjekt („Inversion")	III
Das Kind verwendet Verben in zusammengesetzten Vergangenheitsformen ...	
im Perfekt	IV
im Plusquamperfekt	IV
Das Kind verwendet Verben in einer der weiter entwickelten Formen ...	
im Passiv	V
im Zustandspassiv	V
im Futur	V
im Konjunktiv	V

Abbildung 4: Skala „Formen und Stellung des Verbs" (vgl. REICH/ROTH 2004, Auswertungsbogen zum HAVAS 5)

Weiterhin gibt es einige „vertiefende Beobachtungen", die sich nicht als Skalen konstruieren ließen. Hierbei sind insbesondere die o.g. Übergangsphänomene hervorzuheben, die zunächst aufgrund vorliegender linguistischer Untersuchungen in die Erwerbsfolge integriert waren, aus Konsistenzgründen jedoch herausgenommen und gesondert verzeichnet werden.

Die größten Schwierigkeiten bietet die obige Skala zu „Formen und Stellung des Verbs". Die erwerbsbezogene Modellierung der Übergangsformen, i.e. ihre Einordnung in die Stufenfolge ist bislang nicht gelungen (s.o.). Weiterhin liegen die Reliabilitätswerte der Skala in einem verbesserungsfähigen Bereich. Wir gehen davon aus, dass mit einer genaueren Erfassung und Klassifizierung dieser Phänomene und ihrer Einordnung in die Skala der grammatisch ‚wohlgeformten' Phänomene eine Präzisierung des Modells erreicht werden kann.

Die Beschränkung auf die Sprach*kompetenz* im Sinne Chomskys ist ebenfalls ein zu bearbeitendes Thema: Wir gehen davon aus, dass eine parallelisierte Erfassung von Kompetenzen und Performanzen bessere und präzisere Aussagen über ‚Sprachstände' zulassen wird. So sind Unterschiede in der Verwendung sprachlicher Mittel nicht einfach als Kompetenzunterschiede zu verstehen, sondern können auch auf sprachliche Stile zurückgeführt werden. Damit sind wir bei den Möglichkeiten des Parsings.

Die von EHLICH (2005) herausgearbeiteten sieben sprachlichen Basisqualifikationen können beim HAVAS 5 sowohl hinsichtlich der Rezeption als auch der Produktion als weitestgehend abgedeckt gesehen werden. Das an die alltägliche Gesprächssituation zwischen Erzieherin und Kind angelegte Setting – ein gemeinsames Betrachten einer Bildergeschichte – fordert dem Kind phonische, pragmatische und diskursive Fähigkeiten ab, die in der nachgängigen Auswertung z.T. explizit berücksichtigt und erfasst werden.[2] Kritik am HAVAS 5 kommt vor allem aus der Praxis: Anwender des Verfahrens werden zwar in einer umfassenden Schulung mit dem Instrument vertraut gemacht, dennoch deuten Praxisberichte darauf hin, dass der Gebrauch nicht immer problemlos vonstatten geht. So zeigt der Beitrag von BOSSELMANN (2005) die Überforderung einiger Lehrkräfte im Umgang mit dem HAVAS 5 auf: „(...) die Auswertung für die Bereiche 4 [*Formen und Stellung des Verbs; M.D.*] und 5 [*Satzverbindungen; M.D.*] ist sehr fachsprachlich orientiert und auch mit entsprechender Fortbildung nicht leicht zu bewältigen" (ebd., S. 135). Es ist davon auszugehen, dass unzureichende Qualifizierung von Lehrkräften im Bereich Grammatik bei Kontakt mit auf morphosyntaktische Fähigkeiten zielenden Analyseinstrumenten für Unbehagen sorgt und Ablehnung erzeugt. RISEL (1999) zeigte, dass ein Grammatik-Propädeutikum besuchende Studierende gravierende Mängel im Bereich Schulgrammatik-Kenntnisse aufweisen. BREMERICH-VOS (1999) berichtete, dass diese Mängel auch im Hauptstudium noch deutlich erkennbar seien. Ende der 1990er Jahre führte er eine kleine Untersuchung zur grammatischen Sozialisation von Lehramtstudierenden des Faches Deutsch durch und arbeitete heraus, dass der schulische Grammatikunterricht, den die befragten Studierenden erlebt hatten, inhaltlich isoliert und ohne Offenlegung seines Nut-

---

2   Der Synopse von SCHNIEDERS und KOMOR (2005) ist zu entnehmen, dass HAVAS 5 allein die literale Qualifikation nicht bedient. Dabei ist zu beachten, dass der Übersicht ein eher enges Literalitätsverständnis von EHLICH (2005, S. 12ff.) zu Grunde gelegt ist, das vor allem auf das Erkennen und Produzieren von Schriftzeichen abzielt. Die Zielgruppe des HAVAS 5 ist in aller Regel noch nicht alphabetisiert – Fähigkeiten in Lesen und Schreiben können hier noch nicht erwartet werden. Geht man von den für die Altersgruppe erwartbaren präliteralen Fähigkeiten aus, bedient HAVAS 5 diese Qualifikation inzwischen: Dazu ist das ursprüngliche Instrument für FörMig um eine Beobachtungskategorie erweitert worden, mittels der die Erfahrung eines Kindes im Umgang mit Bildergeschichten erfasst wird.

zens stattgefunden habe. Die Befragten erinnern im Zusammenhang mit Grammatikunterricht vor allem Langeweile und inkompetente, unmotivierte Lehrkräfte, die selber bemüht waren, das Thema schnellstmöglich hinter sich zu bringen (ebd.). Die gesammelten Erfahrungen der Studierenden sind vorwiegend negativ konnotiert, Grammatik hat ein schlechtes Image. ERIKSSON (1999) sieht auf Seiten der Studierenden eine defensive Haltung gegenüber Grammatik, die ihnen den Zugang zu dem für Lehrkräfte nötigen linguistischen Grundwissen versperre. RISEL (1999) bat seine Befragten um eine Selbsteinschätzung ihrer Grammatikkenntnisse und fand ein ausgeprägtes „Mängelbewusstsein" vor. Die „grammatischen Selbstkonzepte" der Studierenden beschreibt er als desolat (ebd., S. 57). Auch wenn die Untersuchungen von BREMERICH-VOS, RISEL und ERIKSSON auf kleinen Fallzahlen beruhen und somit eher explorativ-deskriptiven Charakter haben, so kann doch berechtigterweise angenommen werden, dass Lehramtsstudierende im Grund- und Hauptstudium in puncto Grammatik in vielen Fällen unzureichend qualifiziert sind.

Parallel zur Abwehrhaltung gegenüber ‚grammatiklastigen' Analysebereichen des HAVAS 5 sind für eben jene o.g. in der ersten Kontrolle des Instruments Reliabilitätsprobleme deutlich geworden, die durch Intensivierung der Auswerterschulung zwar verringert, über eine computergestützte Analyse jedoch stärker abgesichert werden können.

3. Computergestützte Sprachanalyse – das HAVAS-Sprachtool

Einen innovativen Ansatz zur Bewältigung der skizzierten Probleme stellt die im Projekt „Parsergestütztes Sprachtool zur Sprachstandsanalyse" auf den Arbeiten von SIEMON (1999, 2001, 2003) aufbauend entwickelte Software (Sprachtool) dar. Sie ist in der Lage, einen Teil der Auswertungsarbeit für die deutsche Version des HAVAS 5 maschinell durchzuführen. Es handelt sich um ein Parsingsystem zur Text- und Syntaxanalyse auf Grundlage der head-driven phrase structure grammar (HPSG; vgl. POLLARD/SAG 1994).

An der Analyse der Texte natürlicher Sprachen mittels EDV-Systemen wird schon seit mehreren Jahrzehnten gearbeitet; seit ihren Anfängen wurden beträchtliche Fortschritte erzielt. Vor allem für das Englische liegen weit entwickelte Analysesysteme vor, doch auch für das Deutsche wurden in den letzten Jahren etliche solide Systeme vorgestellt.[3] Grundlegend für den Gesamtanalyseprozess eines solchen Systems sind drei

---

3 Traditionelle Anwendungsbereiche derartiger Systeme sind Anwendungen zur Spracherkennung und Übersetzung.

Operationen: Tokenizing, Tagging und Parsing. Der primäre Prozess ist das *Tokenizing*. Aufgabe des Tokenizers ist es, eine Eingabekette (Text) zu sequenzieren. Für die weitere Verarbeitung müssen Wort- und Satzgrenzen erkannt sowie Abkürzungen identifiziert werden. Aktuell vorliegende regelbasierte und statistisch basierte Tokenizer arbeiten bereits sehr zuverlässig. Fehlerraten beispielsweise hinsichtlich Satzgrenzenerkennung liegen unter einem Prozent (vgl. KLATT/BOHNET 2004).

An das Tokenizing schließt sich das *Tagging* an. Dadurch werden die in Sequenzen zusammengebrachten Phrasen mit weiteren, zumeist grammatischen Informationen versehen. Es werden also zu jedem Token Metainformationen (z.B. Wortart, Numerus usw.) hinzugefügt. Für deutsche Texte wurden bislang vorwiegend statistisch basierte Tagger verwendet, in jüngerer Zeit werden jedoch auch gute Erfahrungen mit regelbasierten Tools gemacht. So stellte KLATT (2005) einen regelbasierten mehrstufigen PEP-Tagger vor, dessen Fehlerrate mit 0,11 Prozent die Korrektheitsrate bekannter statistischer Systeme übertrifft.

In der dritten Operation, dem *Parsing*, werden der syntaktische Aufbau eines eingegebenen Satzes und die morphologische Struktur seiner Elemente ermittelt. Dazu vergleicht der Parser den Aufbau der Eingabe mit der im Programm hinterlegten Grammatik. Dabei kommen wiederum zwei Verfahren zum Einsatz, die zumeist hybrid eingesetzt werden. Zunächst wird versucht, direkt auf die Struktur der zu analysierenden Einheit zu schließen. Typische Grammatikformalismen, die dazu herangezogen werden, sind dabei die lexical functional grammar (BRESNAN 1982, 2001) oder die head-driven phrase structural grammar (POLLARD/SAG 1994). Da natürliche Sprache zumeist Ambiguitäten aufweist, werden anschließend stochastische Verfahren hinzugezogen, um auf der Basis von Wahrscheinlichkeiten, Entscheidungen treffen zu können.

Im Hinblick auf Arbeitsweise und Leistungsfähigkeit unterscheiden sich die Systeme teilweise beträchtlich. Zum einen werden die Systeme fast immer nur auf bestimmte Kontexte angewendet, in denen nur eine Teilmenge der potenziell vorhandenen Analyseprobleme auftreten. KLATT (2005) weist zum anderen darauf hin, dass die in der Literatur dokumentierten Systembeschreibungen jedoch oft nur oberflächlich sind und dass Versuche, den aktuellen Forschungsstand auf diesem Gebiet darzustellen, durch die Unübersichtlichkeit der Situation beeinträchtigt werden. RULAND (2001) macht zudem auf die Problematik der uneinheitlich verwendeten Evaluierungsmaße aufmerksam, die einem Vergleich der Leistungsfähigkeit der Systeme im Wege stehen.

Allen Textanalysesystemen – unabhängig davon, ob sie regelgeleitet oder auf einer statistischen Grundlage basierend arbeiten und ganz gleich, welches Grammatikmodell ihnen zu Grunde liegt – sehen sich drei Problemen gegenüber, die dafür verantwortlich sind, dass bis heute kein einziges Parsingsystem vorliegt, das unrestricted text[4] mit komplett zufriedenstellenden Ergebnissen zu analysieren vermag: Zum einen muss der Rechenzeitbedarf in einem angemessenen und effizienten Verhältnis zum Ergebnis der Analyse stehen. Weiterhin muss dem System eine Grammatik implementiert werden, mit der eine hohe Abdeckung erreicht werden kann. Für die in natürlichen Sprachen vorkommenden Uneindeutigkeiten (Ambiguitäten) müssen darüber hinaus in den Analysevorgang Prozeduren zur Disambiguierung integriert werden (vgl. KLATT 2005; DORMEYER 2004).

Bei der dem Sprachtool zu Grunde liegenden HPSG handelt es sich um eine lexikonbasierte monostratale Theorie. Semantik und Syntax werden in einer Struktur repräsentiert. Ausgangspunkt für die Textanalyse auf Grundlage der HPSG bildet die Oberflächenstruktur einer Äußerung (MÜLLER 2007, S. 21). Ein umfassendes Lexikon ist das Fundament jedes HPSG-Systems. Jedem im Lexikon festgehaltenen Wort werden Merkmale wie z.B. Wortart, Flexionsformen u.a. zugewiesen; syntaktische Informationen werden in Form von kontextfreien Phrasenstrukturregeln hinterlegt. Für die Analyse eines Satzes durchsucht ein HPSG-Parser sein Lexikon nach übereinstimmenden Worten und seine „Phrasenbibliothek" nach verfügbaren (d.h. vorher definierten) übereinstimmenden Phrasen. Wird für jedes Element und den Gesamtsatz eine formale Entsprechung gefunden, wird eine Satzstruktur ermittelt und ausgegeben. In den Phrasenstrukturgrammatiken wird davon ausgegangen, dass Äußerungen aus strukturellen Einheiten bestehen: so genannten Phrasen oder Konstituenten. Mit nur einer auf Satzebene angesiedelten Phrasendefinition können im Prinzip unendlich viele Sätze beschrieben werden. Bei der Analyse durch einen Parser ist dabei zu beachten, dass abhängig davon, inwieweit die in das Lexikon eingetragenen Worte mit Merkmalen und Metainformationen versehen sind, auch für nicht wohlgeformte oder sinnfreie Äußerungen ein Ergebnis ausgegeben wird. Je nach verfolgter Anwendungsabsicht ist es nötig, mehr oder weniger Metainformationen zu berücksichtigen und während des Parsingvorgangs abzufragen.

Einsatz des Analysewerkzeugs

Zu Beginn des Projekts „Parsergestütztes Sprachtool zur Sprachstandsanalyse" im Jahr 2004 war außer dem Sprachtool für das HAVAS 5 kein Parser bekannt, der im Zusammenhang mit Sprachstandsfeststellung verwendet wurde. Das Projekt sollte in erster Linie dazu dienen zu er-

---

4   Unrestricted text ist thematisch und strukturell uneingeschränktes Textmaterial, wie es im Alltag normalerweise vorkommt; Beispiele für restricted texts sind Kochrezepte und Bedienungsanleitungen; hochrestriktive Texte sind Strickanleitungen.

gründen, ob eine maschinelle Auswertung von HAVAS 5-Daten prinzipiell möglich ist. Der Schwerpunkt lag dabei vor allem auf der Auswertung der *Formen und Stellung des Verbs* und den *Satzverbindungen*. Neben der generellen Herausforderung, im maschinellen Analyseprozess mit Mehrdeutigkeiten natürlicher Sprache umzugehen, galt als besondere Herausforderung des Projekts, Analyseprozeduren zu entwickeln, die den Besonderheiten gesprochener Kindersprache gerecht werden. Darüber hinaus schienen auch komplexe und umfassende Analysen des Wortschatzes sowie die Rekonstruktion semantischer Netzwerke als mögliche Erweiterungen.

Das vorliegende Sprachtool wurde in einer ersten Fassung – aufbauend auf den Entwicklungs- und Programmierarbeiten von Jens Siemon – von ihm und Hans-Joachim Roth entworfen; auf dieser Grundlage wurde die Weiterentwicklung anhand von 200 Kindertexten mit Unterstützung durch FörMig vorangetrieben; die Durchführung der Analysen lag bei Marion Döll (vgl. Döll 2007). Dabei stand nach ersten optimistischen Ergebnissen eine kritische Prüfung hinsichtlich Validität und Robustheit im Vordergrund, um das Tool für einen möglichen Praxiseinsatz entsprechend abzusichern.

Während der zwölfmonatigen Projektlaufzeit konnte nicht für alle Phänomene und Probleme eine Umsetzung oder Lösung gefunden werden. Es liegt daher im engeren Sinne kein fertiges Projekt-Produkt vor, es handelt sich beim Sprachtool vielmehr um einen noch nicht vollständig ausgearbeiteten und ausgereiften wissenschaftlichen Prototypen, der trotz seiner temporären Unvollkommenheit die Fähigkeiten und Möglichkeiten von Parsingsystemen im Rahmen von Sprachstandsanalyse aufzeigen kann.

Um das Siemonsche Tool für HAVAS 5-Analysen einsetzen zu können, waren einige Modifikationen in der Programmierung nötig. Zudem musste das schon weit ausgebaute Lexikon um etwa 3000 Einträge erweitert werden. Dabei handelte es sich vor allem um Verben und Nomen sowie deren Flexionsformen, die für gesprochene Sprache charakteristisch und thematisch stark an die HAVAS 5-Bildergeschichte „Katze und Vogel" gebunden sind, z.B. *„draufbeißen"*, *„gucken"* oder auch *„Pussi"* zur Benennung der Katze. Zum jetzigen Zeitpunkt umfasst das Lexikon etwa 550.000 Einträge. Jeder dieser Einträge ist einer Wortart zugeordnet und – wo möglich – mit Informationen hinsichtlich Kasus, Numerus und Genus beziehungsweise Person, Tempus und Modus versehen. Neben dem Lexikon verfügt das Tool über eine derzeit etwa 330 Definitionen umfassende Phrasenbibliothek, die anhand eines Korpus von Transkripten von 120 Kindern im Vor- und Grundschulalter zur Bildergeschichte „Katze und Vogel" erarbeitet wurde. Phrasendefinitionen auf Satzebene sind jeweils eine Information über die der Satzstruktur entsprechenden HAVAS 5-Sprachstandsstufe im Bereich *Formen und Stellung des Verbs* beigegeben.

Für die Ermittlung der Sprachstandsstufen ist nur eine leichte Differenzierung der Verbformen nötig. Es ist ausreichend, zwischen finiten Verben bzw. Hilfsverben und Verben im Infinitiv oder Partizip II zu unterscheiden. Tempus und Person des Verbs müssen im Rahmen der Phrasendefinition nicht berücksichtigt werden. Als Folge sind die Phrasendefinitionen für Perfekt und Plusquamperfekt, Zustands- und Vorgangspassiv sowie Futur und Konjunktiv formal gleich. Eine Unterscheidung der Formen ist jedoch an anderer Stelle durch Abfragen möglich. Bereits ermittelte Ergebnisse werden dort hinsichtlich weiterer Merkmale wie z.b. Tempus des Hilfsverbs zur Unterscheidung zwischen Perfekt und Plusquamperfekt, untersucht, um das Analyseergebnis zu ermitteln. Diese schrittweise Auswertung bietet zwei Vorteile: da so deutlich weniger Phrasen definiert werden, kann zum einen die Rechenzeit gering gehalten werden; darüber hinaus wird die Wahrscheinlichkeit für Fehlentscheidungen des Programms reduziert, die mit der Anzahl definierter Phrasen steigt (vgl. KLATT 2005).

Während der Projektlaufzeit konnten noch nicht für alle mehrdeutigen Formen Abfragen erstellt werden. Für Futur, Zustandspassiv und Konjunktiv liegen daher bislang keine Werkzeuge vor. Auch im Bereich der die Verbstellung betreffenden Übergangsphänomene besteht noch Entwicklungsbedarf. Bislang kann hier nur vermiedene Inversion erkannt werden. Das Erkennen der Übergangsformen des Partizips (z.b. *„gesingt"* statt *„gesungen"*) und Präteritums (*„singte"* statt *„sang"*) konnte teilweise umgesetzt werden. Die Realisierung der maschinellen Erfassung der weiteren im HAVAS 5 benannten Übergangsformen steht noch aus. Für den Auswertungsbereich *Satzverbindungen* steht die Möglichkeit zur Verfügung, die in allein stehenden Haupt- und Nebensätzen verwendeten Konjunktionen anzeigen zu lassen. Die Programmierung zur Ausgabe von in Satzgefügen Haupt- und Nebensatz verbindenden Konjunktionen steht noch aus, erscheint aber technisch wenig aufwändig.

Um die Erzählungen der Kinder mit dem Sprachtool analysieren zu können, müssen sie in Form von Transkripten vorliegen. Diese Texte werden in die Datenbank des Tools eingespeist und können anschließend analysiert werden. Dabei ist zu berücksichtigen: Der Aufbau des Sprachtools erlaubt bislang nur die Syntaxanalyse von vollständigen Sätzen. Als vollständig gelten Sätze (im Sinne des hier besprochenen Parsers) dann, wenn sie mindestens Subjekt und Prädikat enthalten. Analysierbar sind Hauptsätze, Satzreihen, Satzgefüge aus Haupt- und Nebensätzen sowie allein stehende Nebensätze. Damit das Sprachtool erkennt, wo ein Satz endet, müssen den gängigen Regeln der Interpunktion entsprechend Kommata und Punkte gesetzt werden. Angesichts des vorrangigen Einsatzgebiets der Erfassung von Kompetenzen im Bereich der Morphosyntax, speziell beim Verbalkomplex, scheint es sinnvoll, die Analyse auf satzförmige Äußerungen zu beschränken, da einzelne verblose Nominalphrasen keine darüber hinausgehende Aussage über die erreichte Kompetenz machen können und z.B. Nomen gesondert – und zusätzlich zu den im HAVAS 5 üblichen Auswertungskategorien – über Wortschatzabfragen erreicht werden.

Es ist nicht untypisch, dass Kinder mehrmals Anlauf nehmen, um einen vollständigen Satz zu produzieren, vor allem dann, wenn er etwas komplexer ausfällt. Diese Anläufe werden, sofern sie weder Subjekt noch Prädikat enthalten, ebenso wie abgebrochene Äußerungen ohne Subjekt und Prädikat und Wiederholungen, durch eine Markierung aus dem Analysevorgang ausgeschlossen. Ausgeschlossen werden aus analyseökonomischen Gründen weiterhin auch Partikeln, die vor oder nach einem Satz stehen. Im Gegensatz dazu bleiben Subjektdopplungen, die vor das Vorfeld oder hinter die rechte Klammer verschoben sind, erhalten. Dazu werden sie mittels eines Verschiebungsmarkers mit dem Satz verbunden. Die Verschiebung wird auf diese Weise registriert, beeinflusst jedoch nicht die Analyse der Merkmale des Verbs.

Einige Kinder verwenden in ihren Erzählungen lautmalerische Elemente. Vorwiegend werden Vogelgesang (*„piep-piep-piep“*, *„tschieptschiep“*), das Weinen der Katze (*„wäääh“*, *„wuaah“*) und der Angriff der Katze auf den Vogel (*„chchch“*) durch Lautmalereien ausgestaltet. Die Bandbreite verwendeter lautmalerischer Elemente ist sehr groß, und die Möglichkeiten sind daher im Prinzip unendlich – daher wurden in den Transkripten alle Lautmalereien, die die Katze betreffen, durch *Miau* und alle den Vogel betreffenden Lautmalereien durch *Piep* ersetzt. Das Lexikon des Sprachtools ist in der Lage, sowohl *Piep* als auch *Miau* zu verarbeiten, sodass für Sätze, die entsprechende Elemente enthalten, Analysen zurückgegeben werden können.

Wie oben bereits angesprochen, ist das Sprachtool in seinem jetzigen Zustand unvollendet. Damit gehen bei der Analyse einige Probleme einher. Zum einen ist das Sprachtool auf seinem derzeitigen Entwicklungsstand nicht robust genug gegenüber Fehlern in den Transkripten. Eine orthographisch korrekte und die Besonderheiten des Sprachtools wie z.B. die Verschiebungsmarker beachtende Transkription ist für einen erfolgreichen Verarbeitungsprozess zurzeit noch von entscheidender Bedeutung. Der hohen Sensibilität des Sprachtools gegenüber Eingabefehlern kann, um eine hohe Analyserate sicher zu stellen, im Zuge der Ausrichtung des Tools auf den Alltagseinsatz mit der Implementierung eines der Syntaxanalyse vorgeschalteten Lexikonabgleichs begegnet werden. Darüber werden Schreibfehler vor der eigentlichen Analyse erkannt und korrigiert.

Ambiguität

Natürliche Sprachen sind hinsichtlich ihrer bedeutungstragenden Elemente nie vollständig eindeutig, sondern weisen eine gewisse Ambiguität auf. Für die maschinelle Syntaxanalyse ergibt sich daraus, dass im Analyseprozess auch immer wieder Fehlentscheidungen möglich sind, für die eine Maschine nicht auf Kontextwissen zurückgreifen kann. Beim Einsatz eines Parsingsystems im Rahmen von HAVAS 5-Sprechprobenauswertungen resultiert jedoch nicht aus jeder vom System getroffenen Fehlentscheidung eine negative Auswirkung auf das ausgegebene Analyseergebnis. In der Entwicklung stellte vor allem der Umgang mit der für das Deutsche typischen Aufspaltung des Prädikats durch trennbare Präfixe (Verbalklammer) ein besonderes Problem dar. So ist die Differenzierung zwischen am Satzende stehendem Adverb und Verbpräfix – um ein Beispiel anzuführen – ein häufiges Phänomen. Für den Satz „Dann jagt die Katze den Vogel weg" z.B. sind – bei rein formaler regelgeleiteter Analyse – zwei Analyseergebnisse möglich:

	Dann	jagt	die Katze	den Vogel	weg.
(1)	Adverb	finites Verb	Nominalphrase	Nominalphrase	Präfix
(2)	Adverb	finites Verb	Nominalphrase	Nominalphrase	Adverb

In beiden Fällen wird im Sinne der HAVAS 5-Auswertung als Ergebnis ausgegeben, dass es sich beim geparsten Satz hinsichtlich Form und Stellung des Verbs um eine Inversion im Hauptsatz handelt. Die Zuordnung des Satzes zu einer Sprachstandsentwicklungsstufe würde auch im Falle einer fehlerhaften Analyse des abgetrennten Präfixes als Adverb nicht beeinflusst. Anders sieht es hingegen aus, wenn der Satz „Die Katze jagt den Vogel weg" lautet:

	Die Katze	jagt	den Vogel	weg.
(3)	Nominalphrase	finites Verb	Nominalphrase	Präfix
(4)	Nominalphrase	finites Verb	Nominalphrase	Adverb

Wird für den Satz die Struktur (3) ermittelt, wird als Ergebnis die Sprachstandsentwicklungsstufe II (Verb mit abgetrenntem Präfix) ausgegeben. Ermittelt der Parser Struktur (4), wird für den Satz Entwicklungsstufe I (Verbzweitstellung) ausgegeben. Um diesem Problem zu begegnen, könnte der Parsingalgorithmus so modifiziert werden, dass das Sprachtool im Zweifelsfall ein am Satzende stehendes Adverb, das zusammen mit dem finiten Verb des Satzes ein im Lexikon vorhandenes

Kompositum bildet, generell als Präfix kategorisiert. Doch auch dann sind fehlerhafte Analysen nicht auszuschließen: *„Der Vogel sitzt jetzt **da**"* würde dann fälschlicherweise als Satz mit Verb und abgetrenntem Präfix erkannt, obwohl es sich bei „da" um ein deiktisches Adverb handelt. Während der Arbeiten am Sprachtool trat dieses Problem hin und wieder auf, ohne dass sich daraus unkontrollierbare Schwierigkeiten ergeben hätten.

Die Ambiguitätsproblematik betrifft regelbasierte wie stochastische Parsingsysteme gleichermaßen. KLATT (2005) schlägt zur Lösung ein integriertes Modell vor, anstatt beide Herangehensweisen, wie sonst üblich, gegeneinander zu diskutieren: einen um stochastische Elemente erweiterten regelbasierten Parser. Die Implementierung einer Adverb-Präfix-Disambiguierungskomponente in Form stochastischer Prozeduren in das HAVAS-5-Sprachtool ist im Rahmen der weiteren Entwicklung durchaus vorstellbar und plausibel. Gerade auch weil es sich bei den zu analysierenden Texten nicht um unrestricted text, sondern um Äußerungen zu einem stark eingegrenzten Thema handelt, ist eine Realisierung mit überschaubarem Arbeitsaufwand möglich. Disambiguierung kann auch im Fall von Perfekt aktiv und Zustandspassiv nötig werden, die formal wie auch semantisch übereinstimmen. Eine rein formale Differenzierung ist durch das Sprachtool nicht möglich. Vor dem Hintergrund der formalen Gleichheit und häufigen semantischen Übereinstimmung von Perfekt aktiv und Zustandspassiv mag verwundern, dass das Zustandspassiv in HAVAS 5 Repräsentant der höchsten Sprachstandsentwicklungsstufe (V) im Bereich Formen und Stellung des Verbs ist, wohingegen Perfektformen Sprachstandsentwicklungsstufe IV entsprechen. Grund dafür ist die hochgradige Seltenheit des Zustandspassivs bei jungen Kindern – es kommt so gut wie nie vor; in nur zwei der 199 für die Zwischenevaluation herangezogenen Texte wurden von einem Expertenteam Zustandspassiva vorgefunden. Aus diesem Grund scheint die Entscheidung vertretbar, auf eine Programmierung dieser Differenzierung zu verzichten. Immerhin ist das Zustandspassiv an sich ja auch nicht unumstritten: So formuliert z.B. WEGENER (1998, S. 143): „Das sogenannte Zustandspassiv ist aber in semantischer wie in syntaktischer Hinsicht eher als Prädikativkonstruktion anzusehen und als solche Kopulakonstruktionen gleichzusetzen". Die Erarbeitung einer Disambiguierungskomponente würde somit zwar eine höhere Präzision des Sprachtools erbringen; allerdings bezöge sich der Ertrag auf einen selten vorkommenden Fall.

Evaluation

Für die Evaluierung von Parsern werden verschiedene Maße verwendet, die je nach Anwendungsbereich des Systems variieren. Für die Evalua-

tion anhand unannotierter Korpora[5] durchgeführter maschineller Syntax-
analysen stehen deutlich weniger Maße zur Verfügung als für annotierte
Korpora (vgl. CARROLL/BRISCOE/SANFILIPPO 1998; GRISHMAN/MACLEOD/STER-
LING 1992). Für die Beurteilung des Sprachtools kann die Abdeckungs-
rate (coverage) herangezogen werden (vgl. CARROLL/BRISCOE/SANFILIPPO
1998). Die Abdeckung ist der prozentuale Anteil der mit einem Parser
analysierbaren Sätze eines unannotierten Korpus. Die Aussagereichweite
des Maßes ist jedoch begrenzt:

> Calculation of the percentage of sentences from a given, un-
> annotated corpus that are assigned one or more analyses by a
> parser/grammar is a useful first step in evaluation (e.g. Black,
> Garside & Leech, 1993; Briscoe & Carroll, 1995). It can be
> computed for a large corpus (given an efficient enough parser)
> and does not require corpus annotation. However, in the cur-
> rent context it is a weak measure because it does not guarantee
> that any of the analyses found are correct, so there are an un-
> known number of false positives in the result which can only
> be found by manually checking the output. (CARROLL/BRISCOE/
> SANFILIPPO 1998, p. 447)

Das zur Evaluierung des Sprachtools geparste Korpus umfasst 3.573 Sätze. Für 2.945 von ihnen konnte ein Analyseergebnis ausgegeben werden,
was einer Abdeckung von 82,4 Prozent entspricht. Dieser Wert ist angesichts des kleinen Trainingskorpus unvermutet hoch, macht jedoch auch
den weiteren Entwicklungsbedarf des Tools deutlich. Für einen breiten
Einsatz des Sprachtools in der Praxis wird auf eine höhere Abdeckungs-
rate hingearbeitet.

Die Korrektheit der Analysen des Sprachtools konnte nicht Wort für
Wort oder Satz für Satz untersucht und beurteilt werden, da das ana-
lysierte Korpus nicht annotiert ist. Stattdessen wurden die Sprachtool-
ergebnisse hinsichtlich ihrer Übereinstimmung mit Ergebnissen eines
Expertenteams, das die Sprachproben im Rahmen des Modellprogramms
FÖRMIG zuvor manuell ausgewertet hatte, überprüft. Im Gegensatz zu
den Sprachtoolanalysen, die die Quantität der einzelnen Phänomene in
einem Text feststellen, wird das Vorkommen der Phänomene im Rahmen
manueller Auswertungen in dichotomisierter Form (vorhanden/nicht
vorhanden) festgestellt. Dies hat zur Folge, dass nicht jede fehlende oder
fehlerhafte Satzanalyse des Sprachtools zu einer Abweichung von den

---

5   Unannotierte Korpora sind Texte, zu denen keine syntaktischen Metainforma-
    tionen vorliegen, die also noch nicht analog auf ihre syntaktische Struktur hin
    analysiert wurden. Ist die Struktur der Texte nicht bekannt, kann die Korrektheit
    einer maschinellen Syntaxanalyse nicht ermittelt werden.

manuellen Ergebnissen führen muss und sich trotz einer Abdeckungs-
rate deutlich unter 100 Prozent bereits gute Analyseergebnisse mit dem
Parser erzielen lassen.

Für den – aufgrund der Schwierigkeiten in den Paper-Pencil-Auswer-
tungen bei nicht linguistisch ausgebildeten pädagogischen Fachkräften
im Zentrum des Unternehmens stehenden – Bereich *Formen und Stellung
des Verbs* und deren Übergangserscheinungen konnten mit der oben er-
läuterten Ausnahme (*Verb mit getrenntem Präfix*) durchgehend Übereinstimmungsraten zwischen 90,5 und 99 Prozent festgestellt werden, die
Interraterreliabilität bewegt sich für die Phänomene auf hohem Niveau
zwischen Cohens-κ = .808 und Cohens-κ = .904 (vgl. Döll 2007). Ebenfalls sehr hohe Übereinstimmungsraten (zwischen 94,5 und 98 Prozent,
.861 ≤ Cohens-κ ≤ .978) wurden für die koordinierenden Konnektoren
(*und, [und +] Adverb, aber*) ermittelt. Die Resultate für subordinierende
Konnektoren bleiben hinter diesen Werten deutlich zurück und erreichen
hinsichtlich der Interraterreliabilität ein gerade noch zufriedenstellendes
Niveau (.616 ≤ Cohens-κ ≤ .732). Zurückzuführen sind die Analysede-
fizite des Sprachtools zum einen auf die bislang nicht hinreichende Abdeckung des Parsers; sie sind auch dem Umstand geschuldet, dass sich
in der Entwicklungsarbeit zunächst auf den ungleich komplizierteren Bereich der Morphosyntax konzentriert wurde; die Programmierung für die
abhängigen Nebensätze muss noch verfeinert werden.

4. Schlussbetrachtung

Der Vergleich der Auswertungsergebnisse hat eine Reihe von Problemen
bei der Sprechprobenanalyse mit dem Sprachtool sichtbar gemacht, für
die jedoch Lösungen realisierbar sind. Der Vergleich von manueller und
maschineller Auswertung hat neben den am Sprachtool zu behebenden
Problemen auch gezeigt, dass selbst hoch spezialisierten menschlichen
Auswertern Fehler unterlaufen. Es ist daher anzunehmen, dass der Einsatz eines ausgereiften Systems für die Analyse von Sprechproben in
Schulen und Kindertagesstätten, wo in der Regel linguistisch wenig ge-
schultes Personal die Analysen durchführt, zu einer Steigerung der Qualität der Auswertungsergebnisse führt – selbst wenn durch die Software
aufgrund von Ambiguität oder Nichtanalysierbarkeit vereinzelt keine
oder unkorrekte Ergebnisse ausgegeben werden. Es ist deutlich geworden, dass die weitere Entwicklung von Parsingsystemen für den Einsatz
im Rahmen von Sprachstandsfeststellungsverfahren überaus lohnenswert
ist, da EDV-gestützte Analysen einerseits verlässliche Ergebnisse bieten
und andererseits differenzierte linguistisch fundierte Verfahren wie das
HAVAS 5 für „Grammatikscheue" attraktiver machen. Schließlich helfen

sie auch gut geschulten Auswerter(inne)n zur Überprüfung ihrer analogen Auswertungen.

Schulen und Kindertagesstätten klagen außerdem immer wieder über den Mangel an Fachkräften, die in der Lage sind, Sprechproben in den Familiensprachen der Kinder mit Migrationshintergrund zu analysieren (vgl. z.B. BOSSELMANN 2005). Den wenigen im deutschen Sprachraum zweisprachig aufgewachsenen oder selbst zugewanderten Lehrkräften fehlen dazu oftmals Kenntnisse über die Struktur ihrer Erstsprache, sofern sie diese nicht studiert haben – in dieser Hinsicht geht es ihnen genauso wie den einsprachig deutschen Kolleg(inn)en. Parsingsysteme liegen inzwischen für viele Sprachen vor; es bietet sich daher an, in Kooperation mit Computerlinguist(inn)en und Sprachwissenschaftler(inne)n an der Adaption solcher Systeme für den Einsatz als HAVAS-Sprachtool zu arbeiten. Diese Aussicht auf Erleichterung der überaus wünschenswerten Berücksichtigung der Mehrsprachigkeit ist ein weiterer Beitrag, den Parsingsysteme zur Optimierung von Sprachstandsfeststellung in Zukunft leisten könnten.

Literatur

BERNSTEIN, B. (1999): Vertical and horizontal discourse: an essay. In: British Journal of Sociology of Education 20, 2, S. 157-173.

BOSSELMANN, U. (2005): HAVAS: Hamburger Sprachstandserhebung am Schulanfang. In: BARTNITZKY, H./SPECK-HAMDAN, A. (Hrsg.): Deutsch als Zweitsprache lernen. Beiträge zur Reform der Grundschule. Band 120. – Frankfurt, S. 132-139.

BREMERICH-VOS, A. (1999): „Farbiger" Grammatikunterricht. Studierende und ihre „Grammatikbiografien". In: KLOTZ, P./PEYER, A. (Hrsg.): Wege und Irrwege sprachlich-grammatischer Sozialisation. Bestandsaufnahme – Reflexionen – Impulse. – Baltmannsweiler, S. 25-52.

BRESNAN, J. (1982): The mental representation of grammatical relations. – Cambridge, Mass. [u.a.].

BRESNAN, J. (2001): Lexical-functional syntax (16). – Malden, Mass. [u.a.].

CARROLL, J./BRISCOE, E./SANFILIPPO, A. (1998): Parser evaluation: a survey and a new proposal. In: Proceedings of the 1st International Conference on Language Resources and Evaluation. Granada, Spain, S. 447-454. Verfügbar unter: http://www.informatics.susx.ac.uk/research/groups/nlp/carroll/papers/lre98.pdf. (26. Juni 2007)

CHOMSKY, N. (1981): Lectures of government and binding. – Dordrecht.

DÖLL, M. (2007): Optimierung von Auswertungen von zur Sprachstandsfeststellung erhobenen deutschsprachigen Sprechproben von Kindern mit und ohne Migrationshintergrund durch ein parsergestütztes Sprachtool. Universität Hannover (Diplomarbeit).

DORMEYER, R. (2004): Syntaxanalyse auf Basis der Dependenzgrammatik. Studien zur Mustererkennung Bd. 17. – Berlin.

EHLICH, K. (2005): Sprachaneignung und deren Feststellung bei Kindern mit und ohne Migrationshintergrund. Was man weiß, was man braucht, was man erwarten kann. In: EHLICH, K. u.a. (2005): Anforderungen an Verfahren der regelmäßigen Sprachstandsfeststellung als Grundlage für die frühe und individuelle Förderung von Kindern mit und ohne Migrationshintergrund. – Berlin, Bonn, S. 11-75.

ERIKSON, B. (1999): Für Sprache sensibilisieren. Bericht aus einem Projekt in der Lehrer-Innenbildung. In: KLOTZ, P./PEYER, A. (Hrsg.): Wege und Irrwege sprachlich-grammatischer Sozialisation. Bestandsaufnahme – Reflexionen – Impulse. – Baltmannsweiler, S. 61-72.

GOGOLIN, I./ROTH, H.-J. (2007): Bilinguale Grundschule: Ein Beitrag zur Förderung der Mehrsprachigkeit. In: ANSTATT, T. (Hrsg.): Mehrsprachigkeit bei Kindern und Erwachsenen. Erwerb – Formen – Förderung. – Tübingen, S. 31-46.

GOGOLIN, I./NEUMANN, U./ROTH, H.-J. (2003): Bericht 2003. Schulversuch Bilinguale Grundschulklassen in Hamburg. Hamburg: Univ. Hamburg, Arbeitsstelle Interkulturelle Bildung (masch.).

GOGOLIN, I./NEUMANN, U./ROTH, H.-J. (2007): Bericht 2007. Abschlussbericht über die italienisch-deutschen, portugiesisch-deutschen und spanisch-deutschen Modellklassen. Unter Mitarbeit von Anette Grevé und Thorsten Klinger. Hamburg und Köln (masch.).

HALLIDAY, M.A.K. (1985): An Introduction to Functional Grammar. – London.

HALLIDAY, M.A.K. (1989): Spoken and written language. Oxford.

KLATT, S. (2005): Kombinierbare Textanalyseverfahren für die Korpusannotation und Informationsextraktion. – Aachen.

KLATT, S./BOHNET, B. (2004): You don't have to think twice if you carefully tokenize. In: 1st International Joint Conference on Natural Language Processing (IJCNLP-04), Hainan (China).

KOCH, P./OESTERREICHER, W. (1985): Sprache der Nähe – Sprache der Distanz. Mündlichkeit und Schriftlichkeit im Spannungsfeld von Sprachtheorie und Sprachgebrauch. In: Romanistisches Jahrbuch 36, S. 15-43.

KOCH, P./OESTERREICHER, W. (1990): Gesprochene Sprache in der Romania: Französisch, Italienisch, Spanisch. – Tübingen.

MÜLLER, S. (2007): Head-Driven Phrase Structure Grammar. Eine Einführung. – Tübingen.

NODARI, C. (2002): Was heisst eigentlich Sprachkompetenz? In: Barriere Sprachkompetenz. Dokumentation zur Impulstagung vom 2. Nov. 2001 im Volkshaus Zürich. (SIBP Schriftenreihe Nummer 18), S. 9-14.

POLLARD, C./SAG, I. A. (1994): Head-driven phrase structure grammar. – Stanford.

REICH, H. H. (2000): Hamburger Erhebung zum Sprachstand türkisch-deutscher Schulanfänger des Schuljahres 1999/2000. Bericht über die Erhebung mündlicher Sprachkenntnisse im Sommer 1999. – Landau (masch.).

REICH, H. H. (2005): Forschungsstand und Desideratenaufweis zu Migrationslinguistik und Migrationspädagogik für die Zwecke des „Anforderungsrahmens". In: EHLICH, K. u.a. (2005): Anforderungen an Verfahren der regelmäßigen Sprachstandsfeststellung als Grundlage für die frühe und individuelle Förderung von Kindern mit und ohne Migrationshintergrund. – Berlin, Bonn, S. 121-170.

REICH, H. H./ROTH, H.-J. (2004): HAVAS 5 – Hamburger Verfahren zur Sprachstandsanalyse Fünfjähriger. Auswertungsbogen und Auswertungshinweise. – Hamburg.

REICH, H. H./ROTH, H.-J. (2007): HAVAS 5 – das Hamburger Verfahren zur Analyse des Sprachstands bei Fünfjährigen. In: REICH, H. H./ROTH, H.-J./NEUMANN, U. (Hrsg.) (2007): Sprachdiagnostsik im Lernprozess. Verfahren zur Analyse von Sprachständen im Kontext von Zweisprachigkeit. FÖRMIG Edition Band 3. – Münster, S. 71-94.

RISEL, H. (1999): Schlaglichter auf Wissensbestände. Anmerkungen zu „Grammatikbiografien". In: KLOTZ, P./PEYER, A. (Hrsg.): Wege und Irrwege sprachlich-grammatischer Sozialisation. Bestandsaufnahme – Reflexionen – Impulse. – Baltmannsweiler, S. 53-60.

ROTH, H.-J. (2008): Verfahren zur Sprachstandserhebung – ein kritischer Überblick. In: BAINSKI, CH./KRÜGER-POTRATZ, M. (Hrsg.): Handbuch Sprachförderung. – Essen, S. 13-21.

RULAND, T.N. (2004): Ein hybrider Ansatz zur Strukturanalyse gesprochener Spontansprache. – Sankt Augustin.

SCHNIEDERS, G./KOMOR, A. (2005): Eine Synopse aktueller Verfahren der Sprachstandsfeststellung. In: EHLICH, K. u.a. (2005): Anforderungen an Verfahren der regelmäßigen Sprachstandsfeststellung als Grundlage für die frühe und individuelle Förderung von Kindern mit und ohne Migrationshintergrund. – Berlin, Bonn, S. 261-342.

SIEMON, J. (1999): Ein natürlichsprachlich-basierter Ansatz zur Wissensrepräsentation und -analyse. In: SLOANE, P./BADER, R./STRAKA, G. (Hrsg.): Lehren und Lernen in der beruflichen Aus- und Weiterbildung – Ergebnisse der Herbsttagung 1998. – Opladen, S. 19-27.

SIEMON, J. (2001): Eine multimediale Betriebserkundung und die inhaltsanalytische Messung resultierender Lerneffekte. In: HEID, H./MINNAMEIER, G./WUTTKE, E. (Hrsg.): Fortschritte in der Berufsbildung? – Stuttgart, S. 179-185.

SIEMON, J. (2003): Evaluation eines komplexen Lehr-Lern-Arrangements – Eine netzwerk- und inhaltsanalytische Studie am Beispiel der Einführung in ein Modellunternehmen. – Wiesbaden.

WEGENER, H. (1998): Das Passiv im DaZ-Erwerb von Grundschulkindern. In: WEGENER, H. (Hrsg.): Eine zweite Sprache lernen. Empirische Untersuchungen zum Zweitsprachenerwerb. – Tübingen, S. 143-172.

Agi Schründer-Lenzen und Dominik Henn

Entwicklung eines Computerprogramms zur Analyse der schriftlichen Erzählfähigkeit

1. Das Ausgangsproblem: Die Erfassung schriftsprachlicher Kompetenzen in der Altersstufe der 10- bis 16-Jährigen

Während die Anfänge des Zweitspracherwerbs relativ gut erforscht sind, gleicht die Sprachstandsanalyse für Schülerinnen und Schüler im Sekundarstufenalter einer tabula rasa (zum Stand der Instrumentenentwicklung für diese Altersgruppe vgl. EHLICH 2007, S. 46). Dies gilt in besonderem Maße für die Analyse von geschriebenen Texten, so dass mit den FöRMIG-Instrumenten *Tulpenbeet* und *Bumerang* praktisch Neuland betreten wird. Ein offensichtlich schwieriges Terrain, denn die ersten Auswertungsergebnisse des Gesamtdatensatzes aller in FöRMIG erhobenen narrativen Texte scheinen auf den ersten Blick innerhalb eines Schuljahres nur geringe Veränderungen in der Produktion von Texten zu zeigen (vgl. PROGRAMMTRÄGER BLK-FöRMIG 2007). Sollte die Schriftsprachentwicklung – trotz der eingeleiteten Fördermaßnahmen – stagnieren? Ist es hier zu Fossilierungen gekommen, die sich in Plateaubildungen struktureller Aspekte von Texten dokumentieren könnten, war die Testsituation bzw. -instruktion ungünstig oder sind vielleicht die bisher angewandten Auswertungskategorien nicht optimal auf die Erfassung der Entwicklung von Sprache abgestimmt? Klären lassen sich diese Fragen perspektivisch nur, indem in der Tat die Auswertungsprozeduren so geschärft werden, dass schriftsprachliche Progression detailliert sichtbar gemacht werden kann (vgl. GANTEFORT/ROTH 2008). Warum aber ist es eigentlich so schwer, diesen Anspruch zu erfüllen?

Textprodukte sind immer das Ergebnis sehr komplexer Prozesse. Sie stehen in Abhängigkeit von Welt- und Textmusterwissen, von Lexik und Syntax, von Planungs- und Überarbeitungstrategien und einer spezifischen literalen Kompetenz, die es einem Schreiber oder einer Schreiberin ermöglicht, einen Text als Ganzes kohärent zu gestalten. BÖTTCHER/ BECKER-MROTZEK (2003) sehen diese literale Kompetenz erst in der Adoleszenz vollständig entwickelt. Erst in dieser Altersphase sind Schüler in der Lage, den ständigen Balanceakt zwischen Leserorientierung, sachlicher Angemessenheit und eigenen Intentionen zu bewältigen (ebd.,

S. 45). Zudem sind Schreibprodukte aus qualitativer Perspektive über-
komplex, quantitativ betrachtet teilweise unterkomplex – zumindest
wenn es sich um Schülertexte handelt, sind sie für eine substantielle
Analyse häufig schlicht zu kurz. Die Durchführung von Sprachprofilana-
lysen auf der Basis von Schreibprodukten erscheint aus diesen Gründen
erst auf einer relativ weit entwickelten Stufe von Sprachkompetenz bzw.
in einem entsprechenden Schreibentwicklungsalter als sinnvoll, zumindest dann, wenn man die Entwicklung eines standardisierbaren Instruments im Auge hat.

Nach welchen Kriterien soll aber die Analyse dieser Texte erfolgen?
Welche theoretischen Bezugspunkte gibt es für die textuelle Dimension, wenn es nicht nur um die Analyse von Wortschatz und die Feststellung morphologisch-syntaktischer Progression gehen soll? Das vorliegende Auswertungsraster zum FÖRMIG-*Tulpenbeet* zeigt, dass gerade auch
die *Textpragmatik* ein bedeutsamer Analysefokus für die Einschätzung
der Sprachentwicklung von Schuljugendlichen sein sollte. Gleichzeitig
signalisiert die Breite der Analysekriterien aber auch, dass mit den Dimensionen der FÖRMIG-Auswertungsraster nicht nur die Beschreibung
der Schreibkompetenz von Migrantenkindern in den Blick genommen
wird, sondern generell eine sprachwissenschaftlich fundierte Analyse
von Schülertexten angestrebt wird. Es geht damit nicht ausschließlich
um die Identifikation unterschiedlicher sprachstruktureller Merkmale der
Textgestaltung von Kindern und Jugendlichen mit und ohne Migrationshintergrund, sondern um die Dokumentation einer schriftsprachlichen
Kompetenzentwicklung, die in hohem Maße auch durch die *gemeinsame*
institutionelle Schreiberfahrung und schulischen Anforderungsformate
geprägt ist: die schulische Bildungssprache.

Um zu einer differenzierten und für die Sprachförderung anschluss-
fähigen Beschreibung des Sprachstandes von ein- und mehrsprachig
aufwachsenden Kindern zu gelangen, kann damit auch nicht mehr ausschließlich auf Kriterien zurückgegriffen werden, die den Text nicht in
seiner Gesamtheit, sondern nur als Summe von Sätzen und Wörtern
begreifen. Dies bliebe hinter den Erwartungen an schulische Bildungssprache zurück, zumal auch davon ausgegangen werden kann, dass im
Sekundarstufenalter die Sprachentwicklung in diesen Bereichen – auch
bei Zweitsprachlernenden – weitgehend abgeschlossen ist. So erreichten bei der Analyse von 50 Texten zum Thema „Das Tulpenbeet", die
im Brandenburger FÖRMIG-Projekt in den Klassen 5/6 erhoben wurden,
alle Kinder, Migranten wie auch deutsche Kinder, die Endstufe der Syntaxprogression. Dies ist aufgrund der hohen Sprachkompetenz in der
Brandenburger Stichprobe nicht verwunderlich. Daraus kann aber auch
abgeleitet werden, dass das Kriterium der Verbstellung als kontrastives
Item bei der Analyse von Schriftsprachprodukten in dieser Altersgruppe

nicht hinreichend ist. Im Zentrum der Aufmerksamkeit sollte vielmehr die Art und Weise liegen, wie Kinder Kohärenz und Struktur in den von ihnen produzierten Texten herstellen. Allerdings steht auch dieses Votum vor Unwägbarkeiten: Es ist wahrscheinlich, dass die Entwicklung von konzeptioneller Schriftlichkeit einem wellenförmigen Verlauf folgt, oder zumindest *nicht linear progressiv* ist. FEILKE (1988, 1996) hat hierfür an einem großen Textkorpus von Schülern in einem Quasi-Längsschnitt der Entwicklung argumentativer Fähigkeiten von 13- bis 25-Jährigen einige Indizien geliefert: Der Textcharakter selbst verändert sich mit dem Alter der Schüler. Die lineare Reihung von Propositionen, die im siebten Schuljahr noch explizit, adversativ, kausal-subordinierend oder temporal-koordinierend erfolgt, weicht bis zum jungen Erwachsenenalter zunehmend einem durch integrative syntaktische Konstruktionen gestützten Propositionsgefüge, das den explizit-lexikalischen Ausdruck der Verknüpfungsrelation funktional ersetzen kann. Konjunktionen werden also zunehmend durch implizite Verknüpfungen ersetzt. Für eine empirische Analyse können daraus aber nicht unerhebliche Datenprobleme entstehen, da durch die zunehmende Kompetenz, textuelle Kohärenz mit anderen sprachlichen Mitteln herzustellen, Texte innerhalb einer längsschnittlichen Analyse sprachlich scheinbar ärmer werden. Textprodukte werden sozusagen *tiefer organisiert*, enthalten integrative Konstrukte, die den Umfang reduzieren und dennoch eine Progression der Textkompetenz bedeuten. Das kann zu einer kritischen Grenze führen, die den Textumfang für statistische Auswertungen einfach zu kurz und gleichzeitig anfällig für Fehlinterpretationen macht. Es ist also nötig, neue bzw. weitere Kriterien zu definieren, die diese Tendenz messbar bzw. kontrollierbar machen.

Im Folgenden wird daher in einem ersten Schritt nach theoretischen Bezugspunkten für ein Analyseraster von Schriftlichkeit gesucht, wobei insbesondere die didaktische und förderungsorientierte Anschlussfähigkeit der Sprachdiagnose interessiert. Gleichzeitig soll an einem institutionell geprägten Textbegriff angeknüpft werden, um bildungssprachlich relevante Kriterien zu fokussieren, die für *alle* Schülerinnen und Schüler unabhängig vom Migrationsstatus bedeutsam sind. Zielstellung ist dabei auch, Kriterien zu definieren, die in ein standardisiertes Auswertungsverfahren implementierbar sind, um die Analyse von schriftsprachlicher Kompetenz insgesamt zu objektivieren und auch für größere Textmengen leichter handhabbar zu machen.

2. Analysekriterien für narrative Texte

Folgt man den Ausführungen von Fix (2006, S. 94ff.) zur Schreibdidaktik im Rahmen des Deutschunterrichts, dann lassen sich vier grundlegende Textmuster unterscheiden: Erzählen, Berichten, Beschreiben und Argumentieren. Konkret bezogen auf das Narrative, benennt Fix die bildungssprachlich erwarteten Qualitätskriterien für das Textmuster „Erzählen":

*   **Schreibziel:** Ein erlebtes, rezipiertes oder fiktionales Geschehen mit überraschender Wende wird unterhaltend, betroffen machend, Erstaunen erzeugend, spannend etc. nahe gebracht.
*   **Modalität** der Themenentfaltung: Subjektbezogen, emotional, szenisch, perspektivisch, stimmungsvoll, narrativ.
*   **Textstruktur:** Orientierung mit Einleitung der Aktanten, Episoden mit Komplikation, Höhepunkt, Auflösung, Schluss evtl. mit Evaluation.

Die schulisch erwarteten sprachlichen Mittel in der Textrealisierung werden ebenfalls benannt:

*   *Präteritum* als vorherrschende Zeitform,
*   Packende *Einleitung* oder *Exposition* (wie z.B. im Märchen),
*   Informationen über *Aktanten* durch *Wiederaufnahme* aufrechterhalten,
*   Ausbauen der *Höhepunkte, Markieren der Plötzlichkeit,*
*   Einsatz spannungssteigernder Mittel wie *szenisches Sprechen* (wörtliche Rede),
*   kurze Sätze und *abwechslungsreiche* Satzmuster.

In diesen Ausführungen lässt sich eine Struktur erkennen, die auch dem Analyseschema der FörMig-Schreibaufgabe *Tulpenbeet* zu Grunde liegt, sofern es sich auf Aspekte der Textualität bezieht. Allerdings bleibt diese Beschreibung schulischer Bildungssprache noch sehr allgemein und muss für eine standardisierbare Auswertung noch weiter präzisiert werden. Diese Zielstellung ist mit dem Züricher Textanalyseraster von Nussbaumer/Sieber (1994) realisiert worden. Der von ihnen entwickelte Kriterienkatalog ist aktuell das wohl differenzierteste Modell, das neben der Einschätzung der Sprache auch theoriebasiert Aussagen über die Textqualität erlaubt (Nussbaumer/Sieber 1994, S. 141-186). Hier finden sich Dimensionen der Textgestaltung, die teilweise auch in dem FörMig-Auswertungsraster von *Tulpenbeet* berücksichtigt werden:

Charakterisierung des Wortschatzes und Aspekte der Sprachrichtigkeit:
• Textlänge;
• Mittlere Satzlänge;
• Type-Token-Relation.

Funktionale Angemessenheit:
• Gesamtidee, Aufbau, Gliederung des Textes (Textmakrostruktur);
• Verständlichkeit/Kohärenz: Textmakro- und -mikrostruktur;
• Thematische Entfaltung: globale und lokale Planung des Textes müssen adäquat sein, Logik der Textschrittfolge;
• Grad an Implizitheit/Explizitheit (so implizit wie möglich, so explizit wie nötig);
• Ausdrücke der Leserführung (metakommunikative Elemente, die den Leser anleiten, einen kohärenten Text in seiner Vorstellung zu entwickeln);
• Kohäsionsmittel (Pronomen, Konjunktionen …);
• Graphische Mittel (Unterstreichungen, Absätze …);
• Erfüllung von Textmusternormen (z.B. Briefanrede).

Ästhetische Angemessenheit:
• Stil;
• Wortwahl.

Inhaltliche Relevanz:
• Hat der Text zu seinem Thema etwas Bedeutsames zu sagen?
• Ist der Text inhaltlich attraktiv?

Auf der Basis dieses Kategoriensystems ist von MOSER (2006) eine Rasch-skalierte Beschreibung von Kompetenzstufen des Schreibens für Schuljugendliche des 9. Jahrgangs entwickelt worden:

Punkteintervall	Kompetenzbeschreibungen
200 bis 300 Punkte	Die Texte enthalten jeweils einen Inhalt pro Aufgabe und sind verständlich. Die Länge des Textes entspricht in der Regel einer halben Seite.
301 bis 400 Punkte	Die Texte enthalten jeweils mehrere Inhalte, sind verständlich und enthalten teilweise korrekte Sätze. Die Länge des Textes entspricht in der Regel einer Seite.
401 bis 500 Punkte	Die Texte sind gut verständlich und trotz Rechtschreibfehlern gut lesbar. Satzzeichen sind rudimentär vorhanden. Es werden verschiedene Inhalte oder Argumente angesprochen. Zum Teil werden die Texte im Ansatz als kreativ beurteilt. Die Texte umfassen in der Regel eineinhalb Seiten.
501 bis 600 Punkte	Die Texte sind sehr gut lesbar, gut verständlich, enthalten Satzzeichen und haben einen klaren Aufbau. Die Inhalte werden vollständig aufgezählt. Meinungen werden begründet, Argumente werden verknüpft und kommentiert. Die Texte umfassen in der Regel mehr als eineinhalb Seiten.
601 bis 700 Punkte	Die Texte sind inhaltlich vollständig, die Argumente sind verknüpft und folgen einem logischen Aufbau. Die Schülerinnen und Schüler sagen viel und benutzen einen adäquaten Wortschatz.
701 bis 800 Punkte	Die Texte überzeugen durch komplexe Sätze und eine adäquate Wortwahl. Die Texte sind ausgesprochen kreativ und bestechen durch unerwartete Ideen. Die Texte haben einen klaren Aufbau und sind in sich geschlossen.

Es gibt also offensichtlich Aufgabenformate und Analysesysteme, um zumindest für ältere *monolinguale* Schülerinnen und Schüler empirisch fundiert schriftliche Textkompetenz zu erheben. Allerdings lässt diese Lösungsvariante mindestens eine Frage offen:

Wie sollen konkrete Maßnahmen aussehen, um ggf. kompetenzstufenadäquat die Produktion von Texten zu fördern? Die Informationen, die dieses Kompetenzmodell enthält, sind zu allgemein, um eine praxisnahe didaktische Orientierung zu bieten. Benötigt wird ein Instrument, welches die geschriebene Sprache quantitativ, aber auch qualitativ, so detailliert beschreibt, dass die Kompetenz in spezifischen Bereichen der Textproduktion unterstützt werden kann und in ihren Effekten auch dimensionsspezifisch evaluierbar wird. Um diese Zielstellung realisieren zu können, müssen daher die schreibdidaktischen Anforderungen weiter konkretisiert werden, um die Struktur von Schreibkompetenz speziell für das Narrative stärker gewichten zu können.

3. Die didaktische Perspektive: Vernetzung von Analyse und Förderung schriftsprachlicher Kompetenzen

Aus schreibdidaktischer Sicht wird Schreiben vornehmlich als Prozess konzeptualisiert und kann sich damit auf das bereits in den 1980er Jahren entwickelte Schreibprozessmodell von HAYES/FLOWER (1981) mit den zentralen Phasen *Planen, Schreiben und Überarbeiten* beziehen.

Wenn der Förderung einer bewussten Gestaltung des Schreibprozesses und der leserorientierten Strukturierung von Texten aus didaktischer Perspektive hohe Bedeutung zukommt, dann sollte auch das diagnostische Instrumentarium diese Dimensionen erfassen können, um eine Verbindung von Diagnose und Förderung der Textkompetenz zu ermöglichen. Hierfür scheint es günstig, sich auf ein Textanalysemodell zu beziehen, das die Prozesshaftigkeit des Erzählens systematisiert hat. Es ist das Modell der *story grammars,* das von BOUECKE/SCHÜLEIN (1988, 1991a, b) auf Basis der Ausführungen von RUMELHART (1975), VAN DIJK (1980), LABOV/WALETZKY (1973) und QUASTHOFF (1980) zur Analyse von Kindererzählungen entwickelt wurde. Das Modell markiert idealtypisch eine narrative Abfolge von Eingangsorientierung – Episodeneröffnung – Geschehen – Komplikation – Auflösung – Schluss/Coda und verbindet zentrale inhaltliche Gestaltungselemente (Informationen über Ort, Zeit, Aktanten und ihre inneren und äußeren Reaktionen, ihre emotionale Involviertheit etc.) mit dieser Grundstruktur des Geschichtenablaufs (vgl. Abb. 1).

In den Untersuchungen von BOUEKE u.a. (1995) zur Entwicklung narrativer Fähigkeiten wurden in einem Quasi-Längsschnitt Bildergeschichten von Kindern im Kindergartenalter und in der zweiten und vierten Klasse erhoben und analysiert. Dabei zeigte sich, dass die Markierung von Episodengrenzen, die Herstellung der psychologischen Nähe durch direkte Rede, Höhepunktmarkierung und die metasprachliche Bewertung des Erzählten Kriterien sind, die zur Kontrastierung der Textprodukte in den verschiedenen Altersphasen geeignet sind.

In einer eigenen Studie zum schriftsprachlichen Erzählen plädiert KNAPP (1997) für eine Erweiterung dieses Modells um eine handlungstheoretisch begründete Perspektive, da die Bezugsgröße des Erzählens seiner Meinung nach nicht die Struktur, sondern die sprachliche Handlung ist. Die entscheidenden Zusammenhänge einer Erzählung sind inhaltlicher Natur, die Struktur unterstützt ihrem Charakter nach das inhaltliche Verständnis, sie ersetzt es aber nicht. Laufend zu vollziehende Erzählhandlungen wie das Darstellen innerer Zustände kommen in dem Mo-

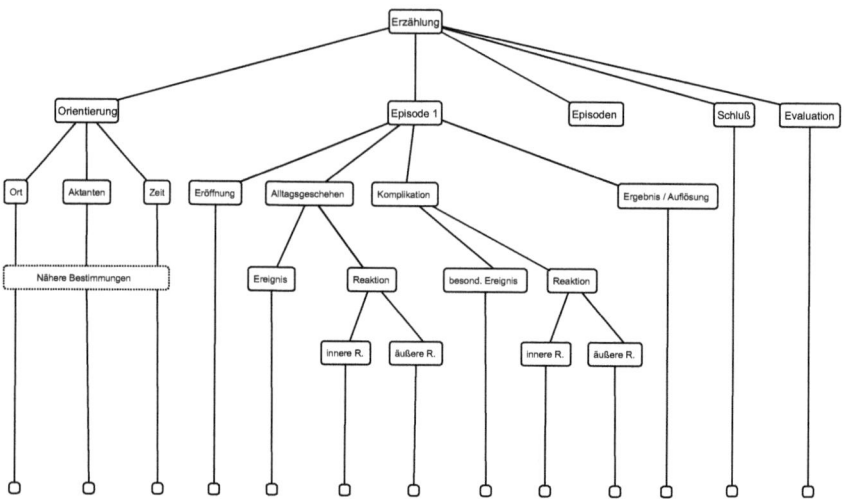

Abbildung 1: Schema einer story grammar nach BOUEKE/SCHÜLEIN (1988)

dell der *story grammars* nach seiner Einschätzung zu kurz. KNAPP (1997,
S. 82) räumt aber auch ein, dass die Strukturmodelle der *story grammars*
auf bestimmte Textmuster wie z.B. die Bildererzählung gut passen. Er
weist aber noch auf einen anderen wichtigen Aspekt hin, der auch in
textlinguistischer Perspektive z.b. von BRINKER (1993, 1997) betont wird:
Die Wiederaufnahme von Objekten (Referenzträgern) ist entscheidend
für eine Erzählung. Dies geschieht mit referenzidentischen Lexemen, die
auch Topiks genannt werden. Topiks in verschiedenen Sätzen bilden Topikketten oder eine Wiederaufnahmestruktur z.B. durch substantivische
Wortgruppen und Pronomen. Kohäsionsmittel wie Wiederaufnahme-
strukturen stehen in einem engen Zusammenhang mit der Textkohärenz;
um den inneren Aufbau eines Textes zu verdeutlichen, ist es sinnvoll
dem Leser so viele Informationen wie möglich zur Verfügung zu stellen
und gleichzeitig Redundanzen zu vermeiden. Will der Autor auf ein ein-
geführtes Diskursobjekt verweisen (z.b. die Prinzessin) kann er dies mittels Pronomen realisieren (z.b. sie). Um weitere Informationen und Objekte in den Diskurs einzuführen, ist es aber auch möglich Überbegriffe
(z.b. die junge Frau) oder weitere Attribute (z.b. die Tochter des Kö-
nigs) zur Wiederaufnahme der Referenz zu verwenden. Je nach Realisierung, Länge und Linearität der Topikketten variiert die Verständlichkeit
und Lesbarkeit eines Textes. Insofern sind diese Gestaltungsmittel der
Kohäsion wichtige analytische Kriterien und es wird angenommen, dass
Zweitsprachlernende gerade im Hinblick auf die Verwendung von so genannten Proformen Schwierigkeiten haben. Selbst einsprachig deutschen
Kindern der fünften bis siebten Klasse gelingt es noch nicht immer, die

Wiederaufnahme so zu gestalten, dass ein Text eindeutig verstehbar wird. Die Analyse dieser Strukturen stellt demnach ein geeignetes Instrumentarium für die Untersuchung von Schüleraufsätzen dar, da sie genau in dem Bereich differenzieren, in dem erwartete Unterschiede bzw. Probleme bei Topikketten entstehen. Gleichzeitig handelt es sich um ein in der Sprachförderung didaktisch gut bearbeitbares Phänomen, das für die Sprachentwicklung der Schülerinnen und Schüler, die Deutsch als Zweitsprache lernen, eine spezifische Relevanz hat.

4. Das Computerprogramm *TULPE L2*

TULPE L2[1] (vgl. Abb. 3) ist ein Programm, das die Analyse schriftsprachlicher Kompetenzentwicklung nicht nur für monolingual deutsche Schülerinnen und Schüler leistet, sondern gerade auch die Sprachentwicklung der L2-Lernenden standardisiert messbar macht. Die automatisierte Textanalyse kann Aussagen auf drei Ebenen sprachlicher Kompetenzentwicklung generieren, wobei die Trennschärfe der einzelnen Kriterien, die den drei Ebenen theoretisch zugeordnet wurden, anhand einer konfirmatorischen Faktorenanalyse bestätigt werden konnte:[2]
1. *Reichhaltigkeit des Wortschatzes,*
2. *grammatische Korrektheit sowie Satz- und Sprachkomplexität,*
3. *Fähigkeit, Geschichten bzw. Erzählungen textsortenspezifisch zu strukturieren.*

4.1 Reichhaltigkeit des Wortschatzes

Im Bereich des Wortschatzes wird vor allem auf die Varianz in der Wortwahl geachtet (vgl. Abb. 2). Dabei ist nicht entscheidend, wie viele Wörter einer Wortart bzw. eines Wortfeldes benutzt werden, sondern das Verhältnis zu unterschiedlichen Wörtern dieser Wortart bzw. dieses Wortfeldes. Auf diese Weise lassen sich Maßzahlen errechnen, die einen guten Einblick in die Verwendung und Größe des Wortschatzes eines

---

1 Mit der Abkürzung ist einerseits eine Referenz an das Instrumentarium der Tulpenbeet-Analyse intendiert, deren Kriterienraster am Ausgangspunkt der Entwicklung des automatisierten Verfahrens stand und andererseits ein Hinweis auf die spezifische Zielrichtung des Computerprogramms. Es ist ein System, mit dem gerade auch die Progression in der Zweitsprache (Language 2) differenziert erfasst werden soll.

2 Die Textanalyse basiert auf computerlinguistischen Verfahren zur Analyse von freiem Text. Neben Methoden, die in der algorithmischen Sprachverarbeitung inzwischen zum Standard gehören, wurden und werden auch neue Ansätze entwickelt, die speziell auf schulpädagogische Bedürfnisse abgestimmt sind.

Kindes erlauben. Bezeichnet werden diese Werte als Type-Token-Relatio-
nen. Zusätzlich werden gängige Parameter wie die Aufsatzlänge in Worten und die Satzanzahl automatisch ermittelt.

Zur Identifizierung der Verben, Nomen, Eigennamen und Adjektive
steht das Verfahren des sogenannten Wortartentagging zur Verfügung.
Die state-of-the-art Taggingalgorithmen arbeiten auf uneingeschränkten
Domänen bereits mit einer Präzision von ca. 97%. Die Präzision für die
relativ kleinen Domänen bzw. den relativ geringen zur Anwendung kom-
menden Wortschatz konnte durch vorhergehende Korpusanalysen in the-
menzentrierten Schülertexten noch deutlich verbessert werden.

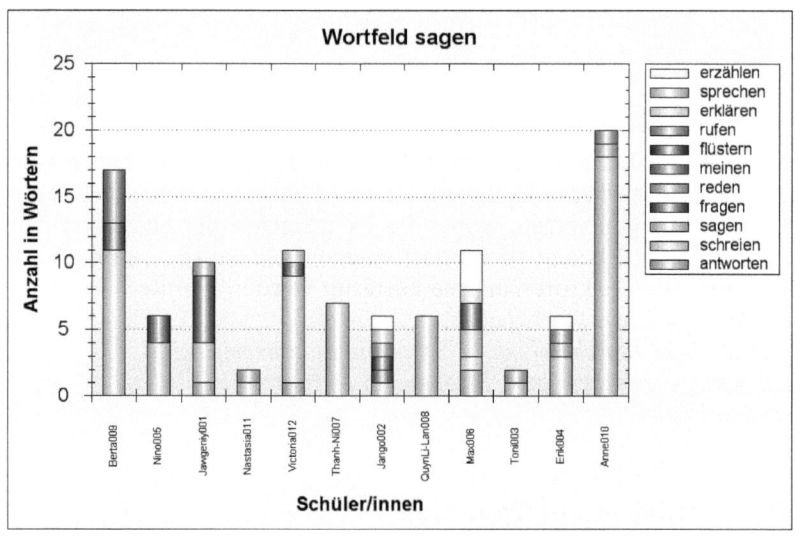

Abbildung 2: Beispiel für die automatische klassenbezogene Auswertung des Wortfeldes „sagen"

4.2 Grammatische Korrektheit sowie Satz- und Sprachkomplexität

Mit zunehmender Genauigkeit erkennt das System grammatische Fehler
auf der Ebene der Phrasen. Dabei wird die Übereinstimmung der einzelnen Bestandteile einer Phrase in Genus, Kasus und Numerus geprüft.
Ein *Chunkparser* sorgt für die Erkennung von Nominal- und Präpositionalphrasen, ein auf das im Hintergrund liegende Wörterbuch aufbauen-
der Algorithmus prüft, ob die Bedingungen für Kongruenz erfüllt sind.
In diesem Schritt der Analyse, werden auch die Konstituenten bestimmt,
die später beim Aufbau einer Aktantenstruktur innerhalb einer Geschichte benötigt werden.

Im Bereich der syntaktischen Richtigkeit bzw. des Sprachstandes in Bezug auf die syntaktische Progression, werden die psycholinguistischen Entwicklungs- bzw. Stufenmodelle von Clahsen (1985) und das von Grießhaber (2006) für den Erwerb von Deutsch als Zweitsprache vorgeschlagene Modell für die automatisierte Analyse zu Grunde gelegt. Sowohl Grießhaber als auch Clahsen verkürzen die Kriterien für die einzelnen Erwerbsstufen auf die Verbstellung im Satz und die Stellung von Adverbien und Objekten in Relation zum Verb.

Zum Einsatz kommt ein robuster Parser, der sowohl die syntaktische Struktur ganzer Sätze analysiert, bei nicht wohlgeformten Satzfragmenten aber auch in der Lage ist, partielle Phrasen richtig zu identifizieren, ohne den Analysevorgang vorzeitig abzubrechen. Nach der konkreten syntaktischen Analyse wird auch direkt eine Einstufung des Schülers in eine der Erwerbsstufen aus den Progressionsmodellen von Grießhaber bzw. Clahsen vorgenommen.

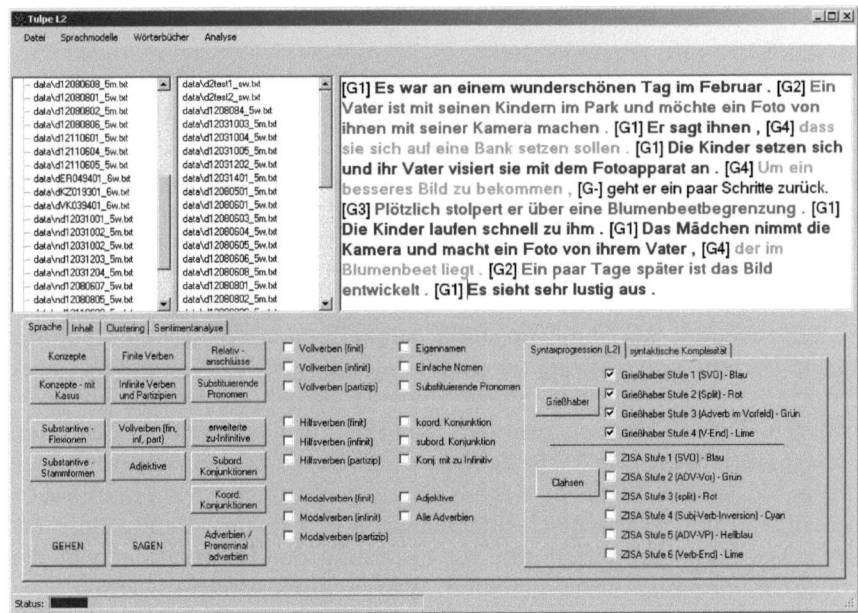

Abbildung 3: Screenshot von Tulpe L2 nach der automatischen Erkennung der Stufen der Syntaxprogression nach Grießhaber[3]

---

3   Die ermittelten Progressionsstufen der einzelnen Sätze sind in der Abbildung mit [G1] für Stufe 1 bis [G4] für Stufe 4 (Verbendstellung in Nebensätzen) markiert. Die Markierung [G-] zeigt an, dass keine Einstufung vorgenommen werden konnte. In diesem Beispiel liegt eine Subjekt-Verb-Inversion vor, die nur im Modell von Clahsen einer eigenen Stufe (ZISA Stufe 4) entspricht.

Neben der grammatischen Richtigkeit ist für eine Analyse der schriftsprachlichen Güte eines Textes die Bestimmung der Satz- bzw. Sprachkomplexität entscheidend. Eine erste Näherung an die Satzkomplexität
liefert das Verhältnis zwischen mittlerer Satzlänge zu mittlerer Teilsatz-
länge (vgl. Oevermann 1972, S. 190ff.). Dieser Wert lässt sich automatisch generieren.

Beim Schreiben von Texten ist es nicht hinreichend, richtige und
komplexe Sätze zu bilden oder passende Wörter zu wählen, sondern
es ist darüber hinaus erforderlich, Sätze so zueinander in Beziehung zu
setzen, dass ein kohärenter Text entsteht. Dies bedingt zum einen eine
sinnvolle inhaltliche Strukturierung, aber auch eine textimmanente, in-
haltsunabhängige Komponente, die mit dem Begriff der *Textkohäsion* bezeichnet wird. Dabei geht es um die Verbindungen der Sätze untereinander, z.B. durch Relativanschlüsse, erneutes Aufgreifen von Diskurs-
objekten, zeitliche und räumliche Strukturierung. Für die Analyse einer
Geschichte ist dabei vor allem die zeitliche Struktur relevant. Diese wird
mittels eines Koeffizienten charakterisiert, der für die temporale Kohäsion der Sätze untereinander steht.

Bei der automatischen Analyse mittels TULPE L2 werden verschiedene Kennzahlen ermittelt, die einen Eindruck der Kohäsivität des Textes
vermitteln. Neben der Gesamtkohäsion, also der Verdichtung aller analysierten Kriterien zur Kohäsion, kann noch genauer zwischen temporaler
und pronominaler Kohäsion differenziert werden. Die Analyse von satz-
übergreifenden Objektreferenzen, die nicht mittels Pronomen realisiert
werden, bleibt in dieser Programmversion allerdings noch unberücksichtigt.

Eine weitere Annahme über die Herstellung makrostruktureller *Kohärenz* bezieht sich auf die zunehmende Fähigkeit des Schreibers, stark
strukturierte bzw. hoch komplexe rekursiv eingebettete Sätze zu konstruieren. Diese Prämisse resultiert aus der vorherrschenden Definition
von geschriebenem Text als dekontextualisierter Kommunikation, nach
der geschriebene Texte im Gegensatz zu gesprochener Kommunikation
semantisch und pragmatisch unabhängig und selbsterklärend sein müssen. Dies kann nur durch eine Anreicherung der Informationen in der
von Schreiber und Leser geteilten Wissensbasis erreicht werden, was
eine Erhöhung der syntaktischen Komplexität der verwendeten Sprache
verlangt (Integration, Einbettung, Subordination höheren Grades, Nominalisierung und Partizipkonstruktionen etc.; vgl. Feilke 1996). Insofern
werden diese Textmerkmale für eine didaktisch anschlussfähige Analyse
von geschriebenen Texten in dem automatisierten Verfahren berücksichtigt.

4.3 Fähigkeit, Geschichten/Erzählungen textsortenspezifisch zu strukturieren

Um den Leser bzw. die Leserin eines Textes in die Lage zu versetzen, dem Verlauf der Handlung zu folgen, müssen Aktanten eingeführt werden, die als Handlungsträger innerhalb des Textes dienen können. Diese Einführung kann im Deutschen über indefinite Nominalphrasen (z.B. ein Hund kam ...), definite Nominalphrasen, Eigennamen (z.B. Peter sagte ...), Pro-Formen (nur kataphorisch) oder über die Beziehung zu schon bekannten Aktanten (z.B. *sein* Fahrrad) stattfinden. Die Einführung mittels indefiniter Nominalphrase ist für gewöhnlich die gewünschte Form. Unter bestimmten Voraussetzungen sind auch definite Einführungen möglich. Eine grammatische Form der definiten Einführung ist die Bestimmung der Nominalphrase durch Attribution (z.B. Das Auto, *das er schon immer haben wollte*...). Eher auf Weltwissen beruhend und damit schwer durch automatische Verfahren zu identifizieren sind Fälle, bei denen nur ein Objekt im Referenzbereich existiert, auf das die definite Nominalphrase referieren kann (z.B. der Dalai Lama, oder bei eingeschränktem Referenzbereich: Küche → Küchenchef). Dieser Rückgriff auf Weltwissen ist dann auch für die Aktanten von Bedeutung, die im Text mittels Eigennamen verfügbar gemacht werden.

In einem ersten Schritt prüft das Computerprogramm die Einführung der Aktanten innerhalb der Schülertexte und entscheidet, ob sie nach einem der oben genannten Kriterien als *richtig* klassifiziert werden können. Um später einen kohärenten und stilistisch guten Text zu produzieren, muss innerhalb der einzelnen Sätze auf die eingeführten Aktanten Bezug genommen werden. Dies wird im Allgemeinen mit den Begriffen der *Referenzfortsetzung* oder der *Referenzkette* bezeichnet. Die computerlinguistischen Methoden zur Identifizierung von Referenzen (z.B. Anaphernresolution) innerhalb eines Textes sind komplex und werden erst später in das System aufgenommen, wenn die grundlegenden Analysekriterien implementiert sind. Es ist davon auszugehen, dass die Erstellung von Aktantenstrukturen, aufgrund der eingeschränkten Problematik – Bezug genommen wird nur auf handelnde Diskursobjekte und nicht auf alle möglichen Referenzobjekte – im Falle dieser Analyse leichter zu lösen sein wird als eine generelle Anaphernresolution. Die Kategorisierung der Aktanten in eine der oben genannten Gruppen zur Einführung von Aktanten findet im Rahmen der bisher implementierten Module schon statt.

Eine Geschichte ist allerdings nicht nur auf syntaktischer Ebene und mittels Referenzen strukturiert. Der Aufbau kann auch strukturell erschlossen werden. In diesem Bereich orientiert sich TULPE L2 an den

story grammars, bei denen Erzählungen und Geschichten in Einzelepiso-
den aufgeteilt und anschließend in größere Sinnzusammenhänge gestellt
werden (Exposition, Konflikt, Klimax, Auflösung etc.). Für dieses Problem gibt es keine kanonischen Lösungen, die direkt aus der Computer-
linguistik übertragen werden können. Die Ausführungen von Boueke zu
story grammars und diverse Aufsätze zur automatischen Textgenerierung
aus dem Bereich der Informatik geben jedoch Hinweise, wie die interne
Struktur einer Geschichte automatisch erkannt und dargestellt werden
kann. Erste Ergebnisse sind im Rahmen des Projektes anhand der Texte
aus der Tulpenbeet-Erhebung entstanden. Auf dem gegenwärtigen Entwicklungsstand generiert das Programm Diagramme, die einen Text gra-
phisch in einzelne Episoden unterteilt darstellen. Die Aggregation dieser
Episoden auf die übergeordneten Kategorien ist Bestandteil der Weiterentwicklung des Verfahrens.

5. Zusammenfassung und Ausblick auf die Sprachförderung

Es wurde gezeigt, dass aus textlinguistischer, sprachentwicklungsbezo-
gener und sprachdidaktischer Perspektive bereits eine große Anzahl an
Kriterien zur Beurteilung der schriftsprachlichen Kompetenz in freien
Schreibprodukten zur Verfügung steht. Das Analyseraster, das bei der
FÖRMIG-Auswertung der Bildergeschichte *Tulpenbeet* zur Anwendung
kommt, greift viele dieser empirischen Sprachmerkmale auf, konzentriert
sich bei der Auswahl aber vor allem auf den Bereich des Wortschatzes
und die inhaltliche Vollständigkeit. Weitere Kategorien, die die literale
Kompetenz beschreiben (Textstruktur, ästhetisches Wagnis/Kreativität),
finden über die Zählung verschiedener Satzanschlüsse und die Bestimmung der allgemeinen Textmusterspezifika (Gestaltung des Anfangs/
Schlusses) Eingang in die Auswertung. Satzkomplexität, Geschichten-
struktur und Topikketten bleiben hier weitgehend unberücksichtigt.
Diese Auswertungsstruktur von *Tulpenbeet* erklärt sich durch den spezifischen, vornehmlich in der sprachlichen Förderpraxis arbeitenden Adres-
satenkreis, an den sich das Instrument *Tulpenbeet* richtet.

TULPE L2 hat zwei klare Zielsetzungen: Zum einen können die Kriterien, die bereits im FÖRMIG-Analyseraster für *Tulpenbeet* enthalten sind,
stark automatisiert und damit zeiteffizient ausgewertet werden, zum anderen wurde der diagnostische Rahmen um die Ebenen Satzkomplexität
und Text- bzw. Aktantenstruktur erweitert. Die inhaltliche Komponente
bleibt dagegen zurzeit noch unberücksichtigt, da TULPE L2 nur Ergebnisse produzieren soll, die auf alle Texte vom Typ Narration übertragbar
sind. Diese Funktionsbestimmung erscheint sinnvoll, um ein standardi-

siertes Instrument für Textprodukte aller Klassen der Sekundarstufe zu haben, mit dem auch thematisch unterschiedliche Schreibimpulse analysiert werden können. Aus diesem Grund wurden nur Kriterien aufgenommen, die für die Analyse von Narrationen ohne Anpassung an den jeweiligen Inhalt des Schreibanlasses benutzt werden können. Der aktuelle Leistungsstand von TULPE L2 lässt sich der folgenden Übersicht entnehmen, die die Auswertungsdimensionen der unterschiedlichen Kriterienraster für die Beurteilung von Schülertexten benennt und jeweils den Stand ihrer Beachtung (+) bzw. Nicht-Beachtung (-) markiert:

Ebene	Züricher Textanalyseraster	FöRMig-Tulpenbeet	Tulpe L2
Wortschatz	+	+	+
L2-Syntaxprogression	-	+	+
Satzkomplexität	-	-	+
Text/Mikrostruktur (Kohäsion)	+	+	+
Text/Topikketten	+	-	+
Inhalt	+	+	-
Kreativität/ästhetische Angemessenheit	+	teilweise	-

Abbildung 4: Übersicht über die Analyseebenen der verschiedenen Auswertungsraster

Bei der weiteren Programmentwicklung wird der Fokus vor allem auf die Analyse makrostruktureller Phänomene und die weitere Standardisierung der bisherigen Kriterien gelegt.

In Korrespondenz zu den diagnostischen Kriterien von TULPE L2 ist ein Schreibförderprogramm entwickelt worden, das im laufenden Schuljahr erstmals in einem additivem Förderunterricht[4] eingesetzt und evaluiert wird. Entwickelt wurden insgesamt acht Module zur Förderung narrativer Kompetenzen von Schülerinnen und Schülern der Klassenstufe 5 und 6. Der jeweils zweistündige Förderunterricht setzt folgende schreibdidaktische Schwerpunkte: Aufbau und Struktur einer Bildergeschichte, Planen und Schreiben einer Geschichte, Spannungsaufbau und emotionale Involvierung, Textverflechtung durch Pronomen, temporale Adverbien und Konjunktionen, Texte überarbeiten.

---

4   Hierbei handelt es sich um den über die Stiftung Mercator finanzierten Förderunterricht für Kinder und Jugendliche mit Migrationshintergrund (vgl. http://www.uni-potsdam.de/agp/mercator_foerderunterricht.htm).

Literatur

AUGST, G./FAIGEL, P. (1986): Von der Reihung zur Gestaltung. Untersuchungen zur Ontogenese der schriftsprachlichen Fähigkeiten von 13–23 Jahren. – Frankfurt.

BITTER BÄTTIG, F. (1999): Die Entwicklung der schriftlichen Erzählfähigkeit vom 4. bis 6. Primarschuljahr. – Bern.

BMBF (2005): Anforderungen an Verfahren der regelmäßigen Sprachstandsfeststellung als Grundlage für die frühe und individuelle Förderung von Kindern mit und ohne Migrationshintergrund. – Berlin.

BÖTTCHER, I./BECKER-MROTZECK, M. (2003): Texte bearbeiten, bewerten, benoten. – Berlin.

BOUEKE, D. u.a. (1995): Wie Kinder erzählen. Untersuchungen zur Erzähltheorie und zur Entwicklung narrativer Fähigkeiten. – München.

BOUEKE, D./SCHÜLEIN, F. (1988): „Story Grammars". Zur Diskussion um ein erzählstrukturelles Konzept und seine Konsequenz für die Erzähldidaktik. In: Wirkendes Wort 1, S. 125-142.

BOUEKE, D./SCHÜLEIN, F. (1991a): Beobachtungen zum Verlauf der Entwicklung kindlicher Erzählfähigkeit. In: NEULAND, E. (Hrsg.): Stil, Stilistik, Stilisierung. – Frankfurt, S. 71-87.

BOUEKE, D./SCHÜLEIN, F. (1991b): Kindliches Erzählen als Realisierung eines narrativen Schemas. In: EWERS, H. (Hrsg.): Kindliches Erzählen – Erzählen für Kinder. – Weinheim, S. 13-41.

BRINKER, K. (1993): Textlinguistik. (= Studienbibliographie Sprachwissenschaft 7). – Heidelberg.

BRINKER, K. (1997): Linguistische Textanalyse. Eine Einführung in Grundbegriffe und Methoden. – Berlin.

CLAHSEN, H. (1985): Profiling second language development: A procedure for assessing L2 proficiency. In: HYLTENSTAM, K./PIENEMANN, M. (eds.): Modelling and Assessing Second Language Acquisition. – Clevedon, S. 283-331.

DIEHL, E. (2000): Grammatikunterricht: Alles für der Katz. – Tübingen.

EHLICH, K. (2007): Sprachaneignung und deren Feststellung bei Kindern mit und ohne Migrationshintergrund: Was man weiß, was man braucht, was man erwarten kann. In: EHLICH, K. u.a.: Anforderungen an Verfahren der regelmäßigen Sprachstandsfeststellung als Grundlage für die frühe und individuelle Förderung von Kindern mit und ohne Migrationshintergrund. (= Bildungsreform Band 11, hrsg. v. Bundesministerium für Bildung und Forschung). – Bonn, Berlin.

FEILKE, H. (1996): From syntactical to Textual Strategies of Argumentation. Syntactical Development in Written Argumentative Texts by Students aged 10 to 22. In: Argumentation 10/2, S. 197-212.

FEILKE, H. (1988): Ordnung und Unordnung in argumentativen Texten. Zur Entwicklung der Fähigkeit, Texte zu strukturieren. In: Der Deutschunterricht 3, S. 65-81.

FIX, M. (2006): Texte schreiben – Schreibprozesse im Unterricht. – Paderborn.

GANTEFORT, Ch./ROTH, H.-J. (2008): Ein Sturz und seine Folgen. Zur Evaluation von Textkompetenz im narrativen Schreiben mit dem FÖRMIG-Instrument ‚Tulpenbeet'. In: KLINGER, T./SCHWIPPERT, K./LEIBLEIN, B. (Hrsg.): Evaluation im Modellprogramm FÖRMIG. Planung und Realisierung eines Evaluationskonzepts. FÖRMIG Edition Band 4. – Münster, S. 29-50.

GRIESSHABER, W. (2006): Sprachstandsdiagnose im kindlichen Zweitspracherwerb: Funktional-pragmatische Fundierung der Profilanalyse. http:// spzwww.uni-münster.de/~griesha/ [07.08.2007].

KNAPP, W. (1997): Schriftsprachliches Erzählen in der Zweitsprache. – Tübingen.

LABOV W./WALETZKY J. (1973): Erzählanalyse: Mündliche Versionen persönlicher Erfahrung. In: IHWE, J. (Hrsg.): Literaturwissenschaft und Linguistik Bd. 2. – Frankfurt, S. 78-126.

MOSER, U. (2006): Wie werden die Ergebnisse in den Stellwerk-Tests interpretiert? Von den Testergebnissen zu einer professionellen Beurteilung der Kompetenzen der Schülerinnen und Schüler. http://www.stellwerk-check.ch [16.10.2007].

NUSSBAUMER, M. (1990): Was Texte sind und wie sie sein sollen. – Tübingen.

NUSSBAUMER, M./SIEBER, P. (1994): Texte analysieren mit dem Zürcher Textanalyseraster. In SIEBER, P. (Hrsg.): Sprachfähigkeiten – Besser als ihr Ruf und nötiger denn je! – Aarau u.a., S. 141-186.

OEVERMANN, U. (1972): Sprache und soziale Herkunft. – Frankfurt.

PROGRAMMTRÄGER BLK-FÖRMIG (2007): Jahresbericht Modellprogramm FÖRMIG 2007. Universität Hamburg: Institut für International und Interkulturell Vergleichende Erziehungswissenschaft. (unveröffentlicht)

QUASTHOFF, U. M. (1980): Erzählen in Gesprächen. – Tübingen.

RUMELHART, D. E. (1975): Notes on a Schema for Stories. In: BOBROW, D. G./ COLLINS, A. (eds.): Representation and Understanding. – New York.

VAN DIJK, T. A. (1980): Macrostructures. – Hillsdale, N.J.

Marion Döll

Beobachtung und Dokumentation von Kompetenz und Kompetenzzuwachs im Deutschen als Zweitsprache mit den Niveaubeschreibungen DaZ

Die *Niveaubeschreibungen DaZ* sind ein noch in der Entwicklung begriffenes Instrument zur strukturierten Beobachtung und Beschreibung von Kompetenzen im Deutschen als Zweitsprache. Die Entwicklung eines solchen Instruments war von Anfang an ein Ziel des Länderprojekts FörMig Sachsen, sie wurde im Jahr 2006 von FörMig Sachsen in Kooperation mit FörMig Schleswig-Holstein in Gang gesetzt. Das Instrument besteht aus einer Fassung für die Primarstufe und einer Fassung für die Sekundarstufe I. Die *Niveaubeschreibungen* für die Sekundarstufe I wurden im Schuljahr 2008/2009 von Lehrkräften an FörMig-Basiseinheiten in Sachsen und Schleswig-Holstein erprobt. Die gesammelten Erfahrungen wurden in Gruppendiskussionen und mithilfe von offenen Fragebögen erhoben, inhaltsanalytisch ausgewertet und in eine revidierte Fassung eingebracht, die 2009/2010 in die Dissemination geht. Die *Niveaubeschreibungen* für die Primarstufe folgen im Abstand eines Schuljahres.

Die beiden an der Entwicklung der *Niveaubeschreibungen DaZ* beteiligten Länder arbeiten schon seit längerer Zeit an Konzepten, wie neu einwandernde Kinder und Jugendliche im schulpflichtigen Alter in den Regelunterricht zu integrieren und sprachlich auf dessen Anforderungen vorzubereiten sind. Gemeinsam ist ihnen dabei trotz mancher Unterschiede im Einzelnen, dass sich an eine Phase intensiver DaZ-Förderung eine im Laufe der Zeit zunehmende Teilnahme am regulären Unterricht anschließt. Während dieses mehrmonatigen schulischen Integrationsprozesses treffen DaZ- bzw. Betreuungslehrer[1] und Fachlehrkräfte mehrfach zu Fallbesprechungen zusammen; die sprachliche Entwicklung der begleiteten Schülerinnen und Schüler ist in diesen Gesprächen ein zentrales Thema. Die Wissensstände zum mehrdimensionalen Phänomen Sprache und zum Erwerb des Deutschen als Zweitsprache sind in den Kollegien erfahrungsgemäß äußerst heterogen – ein Umstand, der die Kommunikation zwischen den Gesprächspartnern erschweren und gemeinsamer

---

1 Betreuungslehrer sind Lehrkräfte des Freistaats Sachsen, die einerseits Deutsch als Zweitsprache unterrichten und andererseits schulische und außerschulische Integrationsprozesse betreuen (z.B. durch intensive Elternarbeit und Kooperation mit Vereinen).

gewinnbringender Förderplanung und Förderung im Wege stehen kann. Die *Niveaubeschreibungen DaZ* sollen hier unterstützend wirken, indem sie Möglichkeiten der Verständigung über die Sprachaneignung der Kinder und Jugendlichen in einer Form vorschlagen, die den Lehrkräften von den Bildungsstandards her vertraut ist, nur dass sie eben nicht nur das Endziel formulieren, sondern auch die Schritte, die dahin führen. Dies soll den systematischen und sachlichen Austausch über die Kompetenzen einzelner Schülerinnen und Schüler im Deutschen als Zweitsprache strukturieren und dadurch erleichtern.

Bei den *Niveaubeschreibungen DaZ* handelt es sich also *nicht* um ein Instrument zur Sprachstandsdiagnostik im Sinne eines Tests oder einer Profilanalyse, sondern um ein Beobachtungsverfahren, mit dem die Kompetenz der Schülerinnen und Schüler im kollegialen Gespräch, aber natürlich auch im Gespräch mit den Eltern und den Schülerinnen und Schülern selbst beschrieben werden kann.

Dem Instrument ist ein weites Verständnis von *Sprache* zu Grunde gelegt, das deutlich über eine klassische, vorwiegend Phonetik/Phonologie, Lexik, Morphologie und Syntax umfassende, Alltagsauffassung hinausgeht; entsprechend umfangreich ist der Katalog der Beobachtungsbereiche. Einen Teil davon haben die beteiligten Lehrkräfte (mit individuellen Schwerpunktsetzungen) sicher bereits vor Verwendung der *Niveaubeschreibungen* „im Blick" gehabt, aber sowohl Fach- als auch DaZ-Lehrkräfte berichteten von einer deutlichen Erweiterung ihres Beobachtungsspektrums durch das Instrument.

Die Arbeit mit den *Niveaubeschreibungen* soll die Lehrkräfte dabei unterstützen, ihre Beobachtungen knapp und detailliert beschreiben zu können und ihren ersten Eindruck von den sprachlichen Fähigkeiten ihrer Schülerinnen und Schüler dadurch zu prüfen (vgl. BECK/SCHOLZ 1995). Das verlangt ein gewisses Maß an Genauigkeit. Ausgegangen wird von den durch EHLICH (2005) benannten Basisqualifikationen und den Vorgaben der KMK-Bildungsstandards für das Fach Deutsch (KMK 2005a, 2005b), die für alle Schülerinnen und Schüler Bildungsziele im Bereich der deutschen Sprache ausweisen und für alle Kinder und Jugendlichen unabhängig von ihrer sprachlichen Herkunft Gültigkeit haben. Dies führt zu insgesamt 23 Beobachtungsbereichen, für die je vier Niveaustufen formuliert werden.

Die Beschreibungen der ersten Niveaustufe entsprechen einer Minimalqualifikation, die es einem Jugendlichen ermöglicht, im sozialen Nahraum mit seinen Mitschülern und Mitmenschen in einfacher, häufig noch floskelhafter Form in einen ersten sprachlichen Kontakt zu treten (z.B. sich vorzustellen, Wünsche zu äußern) sowie im Unterricht einfache sprachliche Handlungen und Aufgaben zu rezipieren und darauf mit einfachen sprachlichen Mitteln zu reagieren. Die Beschreibungen der vierten (und höchsten) Niveaustufe repräsentieren weitestgehend die Angaben der Bildungsstandards für die jeweilige Altersgruppe (4. bzw. 9. Klassenstufe). Die Stufen II und III stellen wichtige Zwischenetappen auf dem Weg von der Minimalqualifikation zum (Bildungs-)Ziel dar. Ihre Formulierung orientiert sich an empirischen und praktischen Erkenntnissen über Erwerbssequenzen und Lernetappen der Zweitsprachlernenden. Hauptbestandteil des Instruments ist ein Raster mit den Beschreibungen der Niveaustufen, die möglichst knapp gehalten sind, aber auch möglichst eindeutig und unmissverständlich sein müssen (ein nicht immer leicht zu vollbringender Balanceakt). Dazu gehört dann ein Dokumentationsformular, auf dem die Beobachtungen für die Schülerinnen und Schüler individuell durch Ankreuzen einer Niveaustufe festgehalten werden. Dabei kann es von Fall zu Fall durchaus sinnvoll sein, Kompetenzen „in der Entwicklung" von einer Niveaustufe zur anderen durch eine Verortung „zwischen" den Stufen zu markieren; so kann dem Prozesscharakter der Sprachaneignung auch im konkreten Detail Rechnung getragen werden. Impuls- oder Testmaterialien werden für die Arbeit mit den *Niveaubeschreibungen DaZ* nicht benötigt.

Als Ergebnis der Beobachtungsarbeit mit dem Instrument steht für alle Schülerinnen und Schüler ein individuelles DaZ-Profil zur Verfügung, das einen Überblick darüber gibt, wie weit sie bei der Aneignung des Deutschen als Zweitsprache bereits vorangekommen sind und sich den Vorgaben der Bildungsstandards für das Fach Deutsch genähert haben. Die Beobachtungen mit den *Niveaubeschreibungen* können prinzipiell von Lehrkräften aller Fachrichtungen durchgeführt werden und sind jederzeit einsetzbar und wiederholbar. Dadurch wird es möglich, Erwerbsfortschritte oder auch Stagnation systematisch aufzudecken.[2]

Die *Niveaubeschreibungen* sind in sieben Abschnitte gegliedert, die im Folgenden der Reihe nach vorgestellt werden.

Sprachliche Handlungs- und Verstehensfähigkeit. Der erste Abschnitt dient der Beschreibung der wahrgenommenen pragmatischen und diskursiven Kompetenzen. Da die Fähigkeit, mit anderen in kommunikativen Austausch zu treten, vor allem zu Beginn des DaZ-Erwerbs stark an persönliche und situative Faktoren gebunden ist, wird die sprachliche Handlungs- und Verstehensfähigkeit für verschiedene im Schulalltag vorkommende Gesprächssituationen wie Unterrichtsgespräche und private

---

2   Da es sich bei den *Niveaubeschreibungen DaZ* um ein grobanalytisches Instrument handelt, sollte jedoch auf ausreichend große Abstände zwischen den Beobachtungszeitpunkten geachtet werden. Die Lehrkräfte, die an der ersten Erprobung beteiligt waren, setzten das Instrument etwa zwei- bis dreimal pro Schuljahr und Schülerin bzw. Schüler ein.

Gespräche (z.B. in Pausen mit Mitschülern) getrennt erfasst. Darüber
hinaus werden im ersten Abschnitt von den Schülerinnen und Schülern
angewandte Strategien zur Überwindung von Ausdrucksnot und Verstehensproblemen dokumentiert: Dabei geht es darum zu verzeichnen, mit
welchen strategischen Aktivitäten die Schülerinnen und Schüler auf Situationen reagieren, in denen ihnen ein in einer Unterhaltung benötigter
Ausdruck ad hoc nicht verfügbar oder ein in einem Gespräch verwendeter Begriff unbekannt ist. Dieser Beobachtungspunkt zielt mehr auf strategische Kompetenz denn auf Sprachkompetenz im eigentlichen Sinne,
gibt aber wichtige Hinweise auf Ansatzpunkte für die Förderung. Die
genannten Strategien können nicht nur für die mündliche Kommunikation, sondern auch für literale Tätigkeiten relevant werden und werden
aus diesem Grund an anderer Stelle des Instruments auch für das Lesen
und Schreiben erfasst (s.u.).

Eng verknüpft mit der Weite der sprachlichen Handlungs- und Verstehensfähigkeit ist die Fülle des produktiven und rezeptiven *Wortschatzes* der Kinder und Jugendlichen. Für die Beschreibung des lexikalisch-
semantischen Entwicklungsstandes bietet das Instrument daher im zweiten Abschnitt Beschreibungsvorschläge zum Umfang des deutschen Vo-
kabulars an, das die Schülerinnen und Schüler zu verstehen und aktiv zu
verwenden vermögen. Schul- und Bildungswortschatz sind dabei explizit
berücksichtigt.

Aussprache. Um im (Schul-)Alltag zu Mitschülern und anderen Menschen verbal in Kontakt treten zu können, ist neben lexikalischen, pragmatischen und diskursiven Kompetenzen auch eine hinreichend deutliche, allgemein verständliche Artikulation von Lauten und Worten bedeutend. Der dritte Beobachtungsbereich umfasst daher Niveaustufenbe-
schreibungen für die Deutlichkeit und Flüssigkeit des Sprechens.

Die Abschnitte vier *Lesen* und fünf *Schreiben* widmen sich den für
schulischen Erfolg grundlegenden schriftbasierten Qualifikationen. Beide
Abschnitte konstituieren sich aus je vier Beobachtungsbereichen.

Der Abschnitt *Lesen* umfasst einerseits Deskriptoren zur Vorlesefähig-
keit der Schülerinnen und Schüler, die Hinweise darüber geben, inwieweit die Beobachteten in der Lage sind, geschriebene Texte auf Wort- und
Satzebene lautlich zu dekodieren. Im Bereich Leseverständnis werden die
Fähigkeiten der Jugendlichen, einen Text inhaltlich zu erschließen und
ihm gezielt Informationen zu entnehmen, erfasst. Beobachtet und registriert werden soll weiterhin, welche Strategien zur Texterschließung (z.B.
Schlüsselwortmethode) und zur Überwindung von Verstehensproblemen
(z.B. Verwendung von Nachschlagewerken) von den Schülerinnen und
Schülern aktiv verwendet werden, um Texte zu ‚knacken‘.

Schreiben. Im schulischen Kontext sind die schriftliche Wiedergabe
von Faktenwissen, die Darlegung von Erklärungen und Zusammenhän-

gen in Schriftform sowie die schriftförmige Diskussion von Argumenten in angemessener, standardsprachlich-normgerechter Form (um nur eine Auswahl schriftsprachlicher Tätigkeiten zu benennen) bekanntermaßen von hoher Relevanz. Der Abschnitt *Schreiben* umfasst daher neben Beschreibungsvorschlägen zur Übereinstimmung der von den Schülerinnen und Schülern produzierten Texte mit den gültigen Regeln der Rechtschreibung und Zeichensetzung auch Vorschläge zur Charakterisierung beobachteter schriftsprachlich-textpragmatischer Kompetenz. Darüber hinaus werden von den Schülerinnen und Schülern angewandte Strategien zur Überwindung von Ausdrucksnot beim Schreiben erfasst (s.o.).

Grammatik. Pragmatische, diskursive und literale Fähigkeiten sind in ihrer Entfaltung eng verknüpft mit der Entwicklung grammatischer Kompetenz, der Fähigkeit, eigene Äußerungen regelgeleitet und zielsprachlich akzeptabel zu produzieren sowie die „strukturellen Botschaften" in den Äußerungen anderer zu entschlüsseln. Die Beobachtung und Beschreibung der grammatischen Fähigkeiten der Schülerinnen und Schüler gibt daher nicht nur Hinweise auf eventuellen Förderbedarf, sondern zeigt auch auf, was im Unterricht und speziell auch in Klassenarbeiten sprachlich von ihnen erwartet werden kann. So werden beispielsweise Kinder und Jugendliche, die die Strukturen von Satzverbindungen und Satzgefügen im Deutschen noch nicht erworben haben, beim Formulieren von modalen, temporalen und kausalen Zusammenhängen sprachlich an Grenzen stoßen. Die Realisierung solcher Strukturen wiederum verlangt die Beherrschung von Regularitäten der Wortstellung (in Haupt- und Nebensätzen) und der Erweiterung von einfachen Sätzen durch Präpositionalkonstruktionen sowie die Beherrschung der erforderlichen Wortformen (Konjugation, Deklination der Nomen und Adjektive).

Persönlichkeitsmerkmale. Der siebte und letzte Abschnitt der *Niveaubeschreibungen* zielt auf die Skizzierung von Persönlichkeitsmerkmalen, die den DaZ-Erwerb beeinflussen. So wird registriert, inwieweit die Schülerinnen und Schüler Interesse und Freude am Sprechen und Lesen in Erst- und Zweitsprache zeigen, um einerseits feststellen zu können, ob in der Förderarbeit mit den Kindern und Jugendlichen ggf. an deren Neigungen angeknüpft werden kann, und andererseits eventuelle deutliche Diskrepanzen der sprachlichen Beteiligung in verschiedenen Unterrichtsfächern aufdecken und diesen gegebenenfalls nachgehen zu können.

Die Ersterprobung der *Niveaubeschreibungen* für die Sekundarstufe I hat gezeigt, dass die beteiligten Lehrkräfte das Instrument insgesamt sehr positiv und als hilfreich für den pädagogischen Alltag beurteilen. Durch die *Niveaubeschreibungen* werde der Blick stärker als zuvor auf einzelne Schülerinnen und Schüler gelenkt und ihre Sprache werde in detaillierterer Weise wahrgenommen. Der kollegiale Austausch über die einzel-

nen Schülerinnen und Schüler werde durch den Einsatz des Rasters verbessert. Zugleich sei ein Zugewinn an Erkenntnissen über den Erwerb
des Deutschen als Zweitsprache und die Bedeutung von Sprache für den
(Fach-)Unterricht eingetreten. Kritisiert wurde vor allem der mit der Reflexion, Einschätzung und Dokumentation der Beobachtungen verbundene Zeitaufwand, der nach der Einarbeitungsphase mit etwa 20 Minuten
je Schüler bzw. Schülerin angegeben wird. Im Rahmen von Gruppendiskussionen wurde von einigen Lehrkräften ohne sprachwissenschaftliche
Ausbildung auch die in den Stufenbeschreibungen verwendete linguistische Terminologie beanstandet. Durch Beifügung eines umfangreichen
Glossars wird diese Problematik entschärft werden. Insgesamt wurde
festgestellt, dass die Kommunikation über Kompetenzen einzelner Schülerinnen und Schüler im Deutschen als Zweitsprache durch das Beobach-
tungsraster strukturiert und optimiert werden kann. Die kollegiale Auseinandersetzung mit dem Instrument bietet darüber hinaus Potenzial,
Lehrkräfte sprachdiagnostisch zu qualifizieren. Die Erprobungsfassung
der *Niveaubeschreibungen* hat die in sie gesetzten Erwartungen damit mehr
als erfüllt. Dem nach diesen ersten zu verzeichnenden Erfolgen von einigen Lehrkräften artikulierten Wunsch, die *Niveaubeschreibungen DaZ* in
ihren Ländern flächendeckend zur Verfügung zu stellen, kann jedoch erst
nach der empirischen Sicherung des Instruments entsprochen werden.

Literatur

BECK, G./SCHOLZ, G. (1995): Beobachten im Schulalltag. Ein Studien- und
    Praxisbuch. – Frankfurt am Main.
EHLICH, K. (2005): Sprachaneignung und deren Feststellung bei Kindern mit
    und ohne Migrationshintergrund. Was man weiß, was man braucht, was
    man erwarten kann. In: EHLICH, K. u.a.: Anforderungen an Verfahren der
    regelmäßigen Sprachstandsfeststellung als Grundlage für die frühe und
    individuelle Förderung von Kindern mit und ohne Migrationshinter-
    grund. (= Bildungsreform Band 11, hrsg. vom Bundesministerium für
    Bildung und Forschung). – Bonn, Berlin, S. 11-75.
KMK (2005). Ständige Konferenz der Kultusminister der Länder in der Bun-
    desrepublik Deutschland (Hrsg.) (2005a): Beschlüsse der Kultusminis-
    terkonferenz. Bildungsstandards im Fach Deutsch für den Primarbe-
    reich. Beschluss vom 15.10.2004. – Bonn.
KMK (2005). Sekretariat der Ständigen Konferenz der Kultusminister der
    Länder in der Bundesrepublik Deutschland (Hrsg.) (2005b): Beschlüs-
    se der Kultusministerkonferenz. Bildungsstandards im Fach Deutsch für
    den Hauptschulabschluss. Beschluss vom 15.10.2004. – Bonn.

Rupprecht Baur und Melanie Spettmann

Der C-Test als Instrument der Sprachdiagnose und Sprachförderung

Die Entwicklung von C-Tests für die Klassenstufen vier bis sieben

Der C-Test ist vor allem als Instrument zur Feststellung des Sprachstandes von erwachsenen Fremdsprachen-Lernenden bekannt geworden (vgl. GROTJAHN 1992, 1994, 1996, 2002; COLEMAN/GROTJAHN/RAATZ 2002 sowie GROTJAHN 2006). In den vergangenen Jahren wurde er jedoch dahingehend weiterentwickelt, dass er auch in deutschen Schulen (bislang in den Klassenstufen vier bis sieben) eingesetzt werden kann, um den Sprachstand der Schüler in der Mutter- oder Zweitsprache Deutsch zu diagnostizieren und allgemeinsprachliche Förderbedarfe als auch Förderbedarfe in bestimmten sprachlichen Teilbereichen aufzudecken (vgl. BAUR/GROTJAHN/SPETTMANN 2006 sowie BAUR/SPETTMANN 2007a, 2007b, 2008).

Hinsichtlich der Testgütekriterien wurde der C-Test in den vergangenen drei Jahrzehnten zahlreichen Untersuchungen unterworfen (vgl. GROTJAHN: *Die C-Test Bibliografie*). Zusammenfassend lässt sich sagen, dass der C-Test valide Aussagen über die mit Lesen und Schreiben verbundene Sprachfähigkeit der Probanden liefert und durch eine Festlegung der Lösungen und Lösungsvarianten eine objektive Auswertung und somit im Vergleich zu vielen anderen schulischen Testverfahren (Klassenarbeiten, Diktate, Aufsätze usw.) wesentlich objektivere Ergebnisse hervorbringt. Zudem wurde gezeigt, dass der C-Test hohe Korrelationen mit weitaus aufwändigeren Testverfahren aufweist (vgl. GROTJAHN 1995; ARRAS/ECKES/GROTJAHN 2002; GROTJAHN/KLEIN-BRALEY/RAATZ 2002; GROTJAHN 2004 sowie ECKES/GROTJAHN 2006). Nicht zuletzt aus diesem Grund, lässt sich der C-Test als ein ökonomisches Testinstrument charakterisieren, bei welchem hinsichtlich der Testerstellung, Testdurchführung und -auswertung der Aufwand und das Ergebnis in einem äußerst ökonomischen Verhältnis zueinander stehen.

Da der C-Test, bestehend aus vier kurzen in sich geschlossenen, nach einem bestimmten Muster manipulierten Texten, ein schriftlicher Test ist, sollte er in der Regel erst nach Festigung einer grundlegenden Lese-

und Schreibkompetenz, also ab der Klassenstufe vier eingesetzt werden.[1]
Die Grundlagentexte stammen bei den von Baur und Spettmann in der
Schule eingesetzten C-Tests aus Schulbüchern der unter der Probanden-
gruppe liegenden Klassenstufe. So besteht ein Test z.b. für die Klassenstufe sechs aus Schulbuchtexten für die Klassenstufe fünf. Dadurch wird
sichergestellt, dass die Textinhalte dem Wissen der Adressatengruppe
entsprechen. Abbildung 1 gibt ein Beispiel für einen C-Teiltest für die
Klassenstufe sechs, in dem auch das Tilgungsschema sichtbar wird. In
jedem der vier Texte wird ab dem zweiten Satz die hintere Hälfte jedes
dritten Wortes gelöscht. Wenn der Text zwanzig Lücken enthält, folgt
ein abschließender, ungetilgter Satz. Dieser gibt zusammen mit der
Überschrift und dem einleitenden, tilgungsfreien Satz in jedem Teiltest
den kontextuellen Rahmen vor, der es den Schülern erleichtern soll, die
insgesamt achtzig Lücken eines C-Tests möglichst korrekt zu ergänzen
(zur Konstruktion von C-Tests für den Einsatz im schulischen Bereich
vgl. auch Baur/Spettmann 2007a, S. 114-118).

Was machen wir am Wochenende?

Marina wohnt in Duisburg. Zweimal im Ja_____   bekommt sie

Bes_____   von ihrem net_____   Cousin Kevin und

sei_____   Mutter aus München. F_____   das nächste

Wochenen_____   plant Marina mit ih_____   Eltern zusammen,

w_____   man gemeinsam untern_____   könnte. Sie

scha_____   sich die Freizeitangeb_____   der Stadt a_____ .

Marina überlegt, ob s_____   mit Kevin eine Bootsfa_____   auf

dem Fl_____   oder einen Ausfl_____   in den Z_____ , oder

einen Bum_____   durch die Innenst_____   machen soll.

Al_____   gefällt ihr. Sie kann sich einfach nicht entscheiden.

Abbildung 1: Beispiel für einen allgemeinsprachlichen C-Test (Teiltest) für die Klas-
            senstufe sechs

Wie bereits erwähnt, erhebt der C-Test die allgemeine Sprachfähigkeit
besonders hinsichtlich der Lese- und Schreibfertigkeit der Probanden.
Dabei werden der Grad des Textverständnisses sowie die orthografisch-
morphologischen Fertigkeiten im Sinne eines Screenings gemessen. Lehrer möchten aus den Fehlern in den C-Tests gerne bereits eine Diagnose
in Bezug auf Defizite und die darüber zu erkennenden Förderbedarfe der

---

1 Vereinzelte Versuche haben gezeigt, dass in der Klassenstufe drei die textgebun-
   denen Fertigkeiten der Schüler oft noch nicht ausreichend gefestigt sind, um den
   C-Test als gültiges Testinstrument einsetzen zu können.

Schüler ableiten. Dies sollte aber aus verschiedenen Gründen vermieden werden (vgl. ECKES 2006). Um präzisere diagnostische Schlussfolgerungen ziehen zu können, ist nach dem Screening in einem zweiten Schritt der Einsatz von so genannten Teilfertigkeitstests (TF-Test) notwendig. Bei TF-Tests handelt es sich um eine Abwandlung des C-Tests, bei der das klassische Tilgungsprinzip[2] durchbrochen wird. So lassen sich z.b. durch die bewusste Tilgung der vorderen Hälfte von jedem dritten Wort in einem allgemeinsprachlichen Text (klassische Stammtilgung), die Fähigkeiten hinsichtlich der Beherrschung des Allgemeinwortschatzes bestimmen. Da die Stammtilgung eine klare Unterscheidung zwischen Morphologie und Lexik ermöglicht, eignet sie sich ebenfalls zur Überprüfung der Fachwortschatzkenntnisse von Schülern. In Fachwortschatztests bilden, je nach gewünschter Ausrichtung, Sachtexte z.b. aus Biologie- oder Erdkundebüchern die Grundlage. Getilgt wird allerdings nicht mehr nach dem Dreier-Schema, sondern das in einem Text enthaltene Fachvokabular (vgl. Abbildung 2, TF-Test, Fachwortschatz Biologie Klassenstufe sechs).

Das Gebiss des Wolfes

Das Gebiss des Wolfes ist besonders gut zum Fleischfressen geeignet. Die dolchartigen _____kzähne dienen zum _____sthalten und Töten der _____te. Die meisten _____kenzähne sind _____ itz und haben _____rfe Kanten. Zum _____leinern großer _____schstücke oder zum _____cken von _____chen sind die _____eißzähne im _____erkiefer und _____terkiefer bestens _____bildet. Mit den hinteren _____kenzähnen kann der _____lf _____nzenkost zerquetschen. Mit den _____eidezähnen gelingt es den Tieren, auch das letzte Stückchen Fleisch von einem Knochen zu _____aben. Tiere, bei denen die Zähne so beschaffen sind, bezeichnet man auch als _____ubtiere. Das Fleischfressergebiss wird auch Raubtiergebiss genannt.

Abbildung 2: Beispiel für einen TF-Test Fachwortschatz Biologie Klassenstufe sechs

---

2 Aufgrund der Historie des C-Tests und seines ursprünglichen Einsatzes bei erwachsenen Fremdsprachen-Lernern wird in der Literatur unter der dem klassischen *Tilgungsprinzip* i.d.R. die Tilgung der hinteren Hälfte von jedem *zweiten* Wort verstanden. Hier ist jedoch die von Baur und Spettmann eingeführte, bei C-Tests für die Klassenstufen vier bis sieben typische und aufgrund der kontextuellen Erweiterung notwendige Tilgung der hinteren Hälfte von jedem dritten Wort zu verstehen.

Des Weiteren lassen sich durch die bewusste Tilgung ausschließlich morphologischer Indikatoren in einem Text TF-Tests kreieren, die Aussagen über die grammatischen Fähigkeiten der Probanden erlauben. Bei den morphologischen TF-Tests ist zu beachten, dass ein Teiltest grundsätzlich nur ein grammatikalisches Phänomen fokussieren sollte, z.B. Pronomina, Verbformen oder Nominalphrasen, wie in Abbildung 3 (zur Konstruktion von TF-Tests vgl. auch BAUR/SPETTMANN 2007a, S. 120-122).

Die Fernbedienung

Ich bin komplett durcheinander. Ich habe bei   mir   i_____

mei_____ Zimmer ferngeschaut und wollte v_____ d_____

ers_____ Programm, vom Tennis, auf das Zweite schalten. Da ist

plötzlich eine Biene u_____ mei_____ Kopf herumgeflogen.

Das Biest hat sich a_____ d_____ Fernbedienung gesetzt, direkt

n_____ mei_____ Daumen. Weil ich a_____ Bienengift

allergisch reagiere, war ich sehr erschrocken und habe d_____

grau_____ Fernbedienung weggeschleudert. Sie ist g_____

d_____ weiß_____ Wand gesaust und zu Boden gefallen. Ich

habe sie aufgenommen, weil ich wissen wollte, ob die Fernbedienung

noch funktioniert und habe den blauen Knopf üb_____ d_____

rot_____ Lautstärkeregler gedrückt. Sie funktionierte noch.

Abbildung 3: Beispiel für einen TF-Test Morphologie Nominalphrasen Klassenstufe sechs

Zur Durchführung und Auswertung der Tests

Nach der theoretischen Betrachtung des Testinstruments, soll im Folgenden kurz beschrieben werden, wie die Durchführung und die Auswertung des C-Tests in der Praxis funktioniert. Bevor der C-Test in einer Klasse durchgeführt wird, müssen die Probanden mit dem Testformat vertraut gemacht werden. Dies geschieht am besten durch das gemeinsame Ausfüllen eines Beispiel-Teiltests (der natürlich nicht Bestandteil des anschließend durchzuführenden Tests sein darf) am Overheadprojektor. Dabei können auftretende Fragen und Schwierigkeiten seitens der Schüler geklärt werden. Wenn alle Probanden verstanden haben, dass die fehlenden Wortteile in den Texten zu ergänzen sind, werden die Testbögen ausgeteilt. Nach dem gemeinsamen Ausfüllen des Deckblattes, auf dem

Schülerdaten[3] erhoben werden, beginnen alle Schüler gleichzeitig mit der Bearbeitung der Tests. Dabei haben die Schüler pro Teiltest fünf Minuten Zeit. Diese Zeiteinschränkung beruht auf Erfahrungswerten, die sich bei den Erprobungen in den letzten Jahren ergeben haben. Die Gesamtdurchführungsdauer endet dementsprechend nach zwanzig Minuten mit dem Einsammeln der Testbögen.

Bei der Auswertung eines C-Tests (vgl. hierzu auch BAUR/SPETTMANN 2007b, S. 77-82) werden pro Testperson zwei Ergebniswerte ermittelt. Der Richtig/Falsch-Wert (R/F-Wert), ermittelt durch die Menge der semantisch, orthografisch und grammatikalisch korrekt ergänzten Lücken, gibt Auskunft über den Grad der allgemeinen sprachlichen Kompetenz.[4] Dem gegenüber steht der Worterkennungswert (WE-Wert), welcher den Grad der rezeptiven sprachlichen Kompetenz anzeigt und aus der Menge der semantisch korrekt ergänzten Lücken ermittelt wird.[5] In einem C-Test mit achtzig Lücken können folglich maximal achtzig R/F-Punkte und achtzig WE-Punkte erreicht werden. Die Differenz zwischen diesen beiden nebeneinander stehenden Werten, sichtbar gemacht durch den so genannten Differenzwert (Dif-Wert), spiegelt das Verhältnis zwischen den produktiven und rezeptiven sprachlichen Fähigkeiten eines Schülers wider.

Zur Darstellung der Testergebnisse

Im Folgenden ist zu betrachten, was die C-Testergebnisse aussagen, wie sie zu interpretieren sind und welche Schlüsse Lehrkräfte daraus ziehen können. Die Testergebnisse einer Klasse werden tabellarisch dargestellt (vgl. Abb. 4a und Abb. 4b). Auf der Ebene der individuellen Diagnose lassen die Ergebnisse erkennen, wo ein bestimmter Schüler innerhalb des Klassen-Rankings verortet ist, wie seine Fähigkeiten hinsichtlich des Textverständnisses (WE-Wert) und der allgemeinen Sprachfähigkeit und Sprachrichtigkeit (R/F-Wert) ausgebildet sind, also in welchem Verhältnis seine rezeptiven und produktiven Sprachfertigkeiten zueinander

---

3 Auf dem Deckblatt werden die folgenden Schülerdaten erhoben: 1) eine zu vergebende *Schülernummer* 2) *Schule* 3) *Klasse* 4) *Stadt* 5) *Geschlecht* 6) *Alter* 7a) *Sprichst du mit deiner Familie noch eine andere Sprache als Deutsch? Wenn ja, welche?* 7b) *Welche Sprache sprichst du meistens mit deiner Mutter?* 7c) *Welche Sprache sprichst du meistens mit deinem Vater?*

4 Pro Lücke kann ein Punkt erzielt werden, wenn das Wort erkannt und die Ergänzung formalsprachlich korrekt umgesetzt wurde.

5 Pro Lücke kann ein Punkt erzielt werden, wenn das Wort erkannt, jedoch formalsprachlich nicht korrekt ergänzt wurde, also orthografische oder grammatikalische Fehler aufweist.

stehen (Dif-Wert) und schließlich, ob möglicherweise Förderbedarfe vorliegen (vgl. Abb. 5 und 6). Letzteres ist nur mit standardisierten C-Tests möglich, für die ein Referenz-Norm-Wert[6] ermittelt wurde. Bislang liegen derartige Referenzwerte für die Klassenstufen fünf bis sieben der Gesamtschulform vor.[7] Neben den Ergebnissen zeigt die Tabelle auch, ob es sich jeweils um einen monolingual deutschen (ML) oder bilingualen (BL) Schüler handelt.

Referenzwert	75,9 %	Durchschnittliche Lösungsquote (R / F) aller Deutsch-Monolingualen (ML), aller Klassen 5 aller Gesamtschulen (GS)	
Durchschnittliche Lösungsquote der ML der Klasse 5a der Schule x in Prozent	R / F 80,3	R / F 68,4	Durchschnittliche Lösungsquote aller Schüler der Klasse 5a der Schule x in Prozent
	WE 90,1	WE 80,8	

Abbildung 4a: Beispiel für die Darstellung von Referenzwert und Klassenergebnissen im Tabellenkopf für die Klasse 5a, Gesamtschule

---

6   Die Referenz-Norm-Werte werden ausschließlich aus der durchschnittlichen Lösungsquote (R/F) der monolingual deutschen Schülergruppen ermittelt, da es unserer Meinung nach ein Fehler wäre, „die Norm für Lesefähigkeit nicht an die altersgemäß ausgebildete Lesekompetenz monolingualer SchülerInnen zu koppeln, weil dadurch in Abhängigkeit von dem Anteil mehrsprachiger Kinder in einzelnen Schulen oder Kommunen sehr unterschiedliche Referenzwerte gebildet werden könnten. Eine Abkoppelung von einer anhand der Entwicklung Monolingualer definierten Norm würde die Anforderungen an Kenntnisse und Leistungen der SchülerInnen und damit das Anspruchsniveau im Leseverständnis (und wahrscheinlich auch in anderen Fertigkeitsbereichen) insgesamt absenken und im internationalen Kontext von PISA gesehen den Abstand zwischen den in Deutschland und in anderen Ländern erreichten Kompetenzen weiter vergrößern." (vgl. BAUR/GROTJAHN/SPETTMANN 2006, S. 394).
7   Für die Klassenstufen vier sowie fünf bis sieben der übrigen Schulformen liegen ebenfalls Ergebnisse vor. Aufgrund der Anzahl der getesteten Probanden, kann man in diesen Fällen allerdings noch nicht von einem Referenz-Norm-Wert sprechen.

Schüler	F-GR	R/F-Wert in %	WE-Wert in %	Dif-Wert	ML / BL	R-GR
15	A	93,8	97,5	3,7	ML	1
8	A	87,5	93,8	6,3	ML	1
1	A	86,3	88,8	2,5	ML	1
19	A	85,0	92,5	7,5	ML	1
3	B	81,3	92,5	11,3	ML	1
18	A	80,0	88,8	8,8	BL	1
16	B	78,8	90,0	11,2	ML	1
21	B	78,8	96,3	17,5	ML	1
25	A	78,8	85,0	6,3	BL	1
6	A	76,3	83,8	7,5	BL	1
4	B	75,0	86,3	11,3	BL	2
10	A	72,5	81,3	8,8	BL	2
13	B	71,3	87,5	16,2	ML	2
24	B	71,3	82,5	11,3	BL	2
5	C	68,8	90,0	21,3	BL	3
11	C	63,8	80,0	16,2	BL	3
22	C	60,0	72,5	12,5	ML	4
2	C	57,5	78,8	21,3	BL	4
12	E	57,5	68,8	11,3	BL	4
7	E	50,0	63,8	13,8	BL	4
14	E	46,3	67,5	21,3	BL	4
17	D	42,5	45,0	2,5	BL	4
9	C	41,3	72,5	31,3	BL	4
23	E	37,5	53,8	16,3	BL	5

Abbildung 4b: Beispiel für eine Rankingtabelle, Klasse 5a, Gesamtschule

Auf der Ebene des Klassenergebnisses bildet die Tabelle die durchschnittliche Lösungsquote der monolingual deutschen Schüler der Klasse (R/F: 80,3 %) im Vergleich zum Referenz-Norm-Wert (R/F: 75,9 %) ab. Darüber hinaus wird ebenso die durchschnittliche Lösungsquote aller Schüler der Klasse (R/F: 68,4 %) daneben gestellt, was wiederum Vergleiche zwischen Parallelklassen ermöglicht. Die WE-Werte werden lediglich dargestellt. Referenz-Norm-Werte wurden für die Worterkennung nicht berechnet. Abgesehen von den Referenzwerten für Schulformen und Klassenstufen ließen sich fernerhin standortspezifische Vergleichswerte (Stadtteile, Städte, Regionen, Land, Länder) erstellen.

Die Interpretation der Ergebnisse einzelner Schüler

Wie die C-Test-Ergebnisse zu interpretieren sind, wird in der Ranking-Tabelle mittels der Spalten *R-GR* (Ranking-Gruppe) und *F-GR* (Förder-gruppe) zum Ausdruck gebracht. Das Klassen-Ranking basiert auf den R/F-Werten der Schüler, welche durch die Zuordnung zu den Ranking-Gruppen 1 bis 5 im Verhältnis zu dem Referenznormwert (75,9 %) dar-gestellt werden (vgl. Abb. 5). Die R/F-Werte der Schüler sollten diesem Wert entsprechen oder maximal 5 Prozent darunter liegen. Aus diesem Grund werden Ergebnisse bis 70,9 % als klassenstufengemäße Leistung eingeordnet. Bei Ergebnissen bis 60,9 % liegt möglicherweise ein För-derbedarf, bis 40,9 % auf jeden Fall ein Förderbedarf und bei darunter liegenden Ergebnissen ein hoher Förderbedarf vor.

1	über dem Referenzwert (GS, Klasse 5)
2	unter dem Referenzwert – noch akzeptabel
3	möglicher Förderbedarf
4	Förderbedarf
5	hoher Förderbedarf

Abbildung 5: Legende zu den Ranking-Gruppen (R-GR) 1 bis 5

Um vorläufig näher bestimmen zu können, in welchen sprachlichen Be-reichen ein Schüler Förderbedarf aufweist, müssen die R/F-, WE- und Differenzwerte der einzelnen Schüler in ihrem Verhältnis zueinander ge-sehen werden. Dabei lassen sich die Ergebnisse in fünf Gruppen eintei-len (vgl. Abb. 6).

A	kein Förderbedarf
B	kein unmittelbarer Förderbedarf
C	Förderbedarf im formalsprachlichen Bereich
D	Förderbedarf im Lese- und Textverstehen
E	Förderbedarf im Lese- und Textverstehen als auch im formalsprachlichen Bereich

Abbildung 6: Legende zu den Förder-Gruppen (F-GR) A bis E

In welche dieser Gruppen ein Schüler einzuordnen ist, zeigt die Spalte *F-GR* der Rankingtabelle (vgl. Abb. 4b).

Im Folgenden werden die Ergebnisse von fünf Schülern der Klasse 5a herausgegriffen, um beispielhaft zu erläutern, wie die Zuordnung zu den Gruppen A bis E erfolgt und vor allem, wie in der Praxis auf die Ergebnisse zu reagieren wäre.

Schüler Nr. 15 ist ein typischer Vertreter der Gruppe A. Der Text wurde zu 97,5 % erschlossen und die Lücken zu 93,8 % korrekt ergänzt. Dementsprechend niedrig fällt der Differenzwert aus. *Orientierung:* Liegt der R/F-Wert über 70,9 % und der Differenzwert unter 10 (niedriger Dif-Wert im oberen Bereich), so besteht kein Förderbedarf (F-GR: A).

Schüler Nr. 16 erzielt ebenfalls einen sehr hohen WE-Wert von 90,0 %. Der Differenzwert hingegen fällt deutlich höher aus (11,2), da die Ergänzungen im Test einige orthografische und grammatikalische Fehler aufweisen (die sich teilweise auch als „Flüchtigkeitsfehler" interpretieren ließen) und der R/F-Wert damit „lediglich" 78,8 % beträgt. *Orientierung:* Liegt der R/F-Wert über 70,9 %, der WE-Wert über 80,9 % und der Differenzwert über 10 (hoher Dif-Wert im oberen Bereich), so besteht kein unmittelbarer Förderbedarf (F-GR: B).

Empfehlung für die Praxis: Schüler Nr. 16 sollte vom Lehrpersonal mündlich darauf aufmerksam gemacht werden, dass einige Rechtschreib- und Endungsfehler z.B. dadurch vermieden werden können, dass man das, was man schreibt, hinterher noch einmal sorgfältig durchliest und sich somit selbst überprüft. Dies bietet sich vor allem an, wenn in schulischen Alltagssituationen, der Hausaufgabenkontrolle oder beim Schreiben an der Tafel, derartige Fehler ins Auge fallen. In dieser Gruppe finden sich Schüler mit starken Leistungen, deren Leistungen aber durch Korrektur- und Strategiehinweise noch gesteigert werden können.

Die Lese- und Texterschließungskompetenz von *Schüler Nr. 11* ist mit einem WE-Wert von 80 % als gut zu beurteilen. Der hohe Differenzwert (16,2) zeigt jedoch, dass der R/F-Wert (63,8 %) die Marke von 70,9 % deutlich unterschreitet, was auf einen Förderbedarf im formalsprachlichen Bereich der Rechschreibung und/oder Grammatik hinweisen könnte. *Orientierung:* Liegt der R/F-Wert unter 70,9 %, der WE-Wert über 70,9 % und der Differenzwert über 10 (hoher Dif-Wert im unteren Bereich WE 70,9+), so besteht ggf. ein Förderbedarf im formalsprachlichen Bereich (F-GR: C). Hierbei gilt: Je höher der Differenzwert, umso höher ist die Wahrscheinlichkeit, dass eine ernst zu nehmende Schwäche besteht, die weiter diagnostiziert und durch eine entsprechende Förderung im Unterricht ausgeglichen werden sollte.

Empfehlung für die Praxis: Bei Schülern der Gruppe C ist also ein weiterer Testdurchlauf notwendig. In dieser zweiten Testphase sollten verschiedene TF-Texte eingesetzt werden, deren Ergebnisse erkennen lassen, ob sich die Schwierigkeiten der Schüler eher auf der orthografischen oder der morphologischen Ebene manifestieren. In Einzelfällen (zumeist bei Differenzwerten unter 12,5) können die Fehler auch auf Flüchtigkeit beruhen. Sollte dem so sein, ist wie bei Schülern der Gruppe B zu agieren. Stellt sich jedoch heraus, dass die Fehler orthografisch begründet sind, so ist dem mit Rechtschreibübungen entgegenzuwirken. Wenn sich bei mehreren Schülern Probleme mit bestimmten orthografischen Phänomenen zeigen, bietet es sich an, gemeinschaftliche Übungen, z.b. zur Unterscheidung und schriftlichen Umsetzung von Kurz- und Langvokalen, zu entwickeln. Auf der grammatikalischen Ebene lassen sich erfahrungsgemäß häufig Schwierigkeiten mit Artikeln und morphologischen Endungen in Nominalphrasen (insbesondere auch mit Präpositionalphrasen) ausmachen. Hier hat sich gezeigt, dass C-Tests und besonders auch TF-Tests als Förder- und Übungsmaterial eingesetzt werden können. Durch die Bearbeitung solcher Tests in Gruppen wird eine Sensibilisierung für den korrekten Sprachgebrauch erzielt. Für die Vermittlung des Gebrauchs von Präpositionen bzw. Präpositionalphrasen (vor allem bei den Wechselpräpositionen) hat sich erwiesen, dass schriftliche Übungen auf der Basis vorhergehender Bewegungsspiele besonders effektiv sind.

Schüler Nr. 17 weist mit 42,5 % einen sehr niedrigen R/F-Wert und einen fast ebenso niedrigen WE-Wert (45 %) auf (Dif-Wert: 2,5). Das Ergebnis lässt darauf schließen, dass bei diesem Schüler gravierende Schwierigkeiten hinsichtlich des Lese- und Textverständnisses vorliegen. Häufig handelt es sich bei Kindern, die solche Ergebnisse erbringen, um so genannte „Seiteneinsteiger", also Kinder mit Migrationshintergrund, die sich erst seit kurzer Zeit in Deutschland aufhalten. Die Deutschkenntnisse dieser Kinder sind folglich noch nicht weit entwickelt und es bestehen vor allem noch große Defizite hinsichtlich des Wortschatzes. Auf der anderen Seite wird jedoch bei Schüler Nr. 17 sichtbar, dass er die Wörter, die er bereits erworben hat und aus dem Textzusammenhang erschließen konnte, formal korrekt umsetzt. Der Erwerb ähnelt hier dem gesteuerten L2-Erwerb: Das was „gelernt" wurde, wird auch formalsprachlich abgespeichert.

Das Gesagte soll allerdings nicht bedeuten, dass monolingual deutsche Kinder niemals in dieser Gruppe vorkommen. Auch unter diesen kann es zu bedeutenden Leseschwächen und Problemen bei dem Erschließen von Texten kommen. Es ist deutlich darauf hinzuweisen, dass sich Differenzwerte nie ohne eine individuelle Betrachtung des einzelnen Schülers erklären lassen. *Orientierung:* Liegt sowohl der R/F-Wert als auch der WE-Wert unter 70,9 % und der Differenzwert unter 10 (niedriger Dif-Wert im unteren Bereich), so besteht ein Förderbedarf im Bereich der Lese- und Textkompetenz (F-GR: D). Die Praxis zeigt, dass der niedrige Differenzwert im unteren Bereich vor allem bei Ergebniswerten auftritt, die deutlich unter 60 % liegen.

Empfehlung für die Praxis: Bei Kindern der Gruppe D sollten mit TF-Tests die Fähigkeiten hinsichtlich des altersgemäßen Allgemein- und Fachwortschatzes überprüft werden. In der Regel muss der Wortschatz dieser Gruppe systematisch erweitert, trainiert und gefestigt werden. Durch den Einsatz von TF- Wortschatz-Tests als Übungsmaterial lässt sich beliebiges (Fach-) Vokabular spielerisch und kontextgebunden einführen und trainieren.

Sollte sich herausstellen, dass die niedrigen Ergebniswerte eines Kindes auf dem Unvermögen beruhen, Textzusammenhänge zu verstehen, so sind die allgemeinen Lesestrategien, welche zumeist unbewusst eingesetzt werden, zu erarbeiten und einzuüben. Dies kann ebenfalls mit Unterstützung von C-Test-Übungen (besonders gut auch in Partnerarbeit) erfolgen (vgl. hierzu auch BAUR/SPETTMANN 2007b, S. 86-89).

Schüler Nr. 14 weist, wie auch Schüler Nr. 11, einen hohen Differenzwert (21,3) im unteren Bereich auf. Der Unterschied liegt gleichwohl darin, dass nicht nur der R/F-Wert mit 46,3 % deutlich unter dem Normwert liegt, sondern auch der WE-Wert die Marke von 70,9 % unterschreitet. Somit lässt sich vermuten, dass bei diesem Schüler neben dem möglichen Förderbedarf im formalsprachlichen Bereich, der Rechtschreibung oder der Grammatik, Probleme im Lese- und Textverstehen hinzukommen. *Orientierung:* Liegt der R/F-Wert unter 60,9 %, der WE-Wert unter 70,9 % und der Differenzwert über 10 (hoher Dif-Wert im unteren Bereich WE 70,9-), so besteht ein Förderbedarf sowohl im formalsprachlichen als auch im Lese-Text-Kompetenz-Bereich (F-GR: E).

Empfehlung für die Praxis: Mit den Schülern der Gruppe E ist wie mit den Schülern der Gruppen C und D zu verfahren. Die ergänzenden Testverfahren müssen zeigen, wo genau die sprachlichen Schwächen herrühren, bevor die bereits oben beschriebenen Fördermaßnahmen ergriffen werden können.

Schlussbetrachtung

Abschließend lässt sich festhalten, dass sich der C-Test in der Schule nicht nur zur Sprachdiagnose als ein zuverlässiges Testinstrument erwiesen hat, sondern dass er in vielfältiger Weise auch als Übungsinstrument genutzt werden kann, da durch die Bearbeitung der Lücken – anders als bei anderen Leseübungen – die „Fehler" sofort sichtbar werden. Für die Zukunft sind weitere C-Testsets für die Klassenstufen vier bis sieben sowie die Klassenstufen neun bis zehn zu entwickeln und Normwerte für alle Schulformen zu ermitteln. Des Weiteren sollte auch ein Pool mit verschiedenen TF-Tests entwickelt und für die Praxis zur Verfügung gestellt werden, um die Fördermöglichkeiten anhand der C- und TF-Tests zu erweitern. Und schließlich sollten Fortbildungen für Lehrer angeboten werden, damit sie den selbstständigen Umgang mit diesem ökonomischen und praktischen Instrument erlernen können.

Literatur

ARRAS, U./ECKES, T./GROTJAHN, R. (2002): C-Tests im Rahmen des „Test Deutsch als Fremdsprache" (TestDaF): Erste Forschungsergebnisse. In: GROTJAHN, R. (Hrsg.): Der C-Test: Theoretische Grundlagen und praktische Anwendungen. – Bd. 4 – Bochum, S. 175-209.

BAUR, R. S./GROTJAHN, R./SPETTMANN, M. (2006): Der C-Test als Instrument der Sprachstandserhebung und Sprachförderung. In: TIMM, J.-P. (Hrsg.): Fremdsprachenlernen und Fremdsprachenforschung: Kompetenzen, Standards, Lernformen, Evaluation. – Tübingen, S. 389-406.

BAUR, R. S./SPETTMANN, M. (2007a): Kompetenzen testen – leicht gemacht. C-Tests für die Orientierungsstufe. In: BAINSKI, C./KRÜGER-POTRATZ, M. (Hrsg.): Handbuch Sprachförderung. – Essen, S. 123-131.

BAUR, R. S./SPETTMANN, M. (2007b): Screening – Diagnose – Förderung: Der C-Test im Bereich DaZ. In: AHRENHOLZ, B. (Hrsg.): Deutsch als Zweitsprache – Voraussetzungen und Konzepte für die Förderung von Kindern und Jugendlichen mit Migrationshintergrund. – Freiburg i. Br., S. 95-110.

BAUR, R. S./SPETTMANN, M. (2008): Sprachstandsmessung und Sprachförderung mit dem C-Test. In: AHRENHOLZ, B./OOMEN-WELKE, I. (Hrsg.): Deutsch als Zweitsprache. (= ULRICH, W. (Hrsg.): Deutschunterricht in Theorie und Praxis, Bd. VIII). – Baltmannsweiler, S. 430-441.

COLEMAN, J. A./GROTJAHN, R./RAATZ, U. (eds.) (2002): University Language Testing and the C-Test. – Bochum.

ECKES, T./GROTJAHN, R. (2006): A Closer Look at the Construct Validity of C-Tests. In: Language Testing 2006, Bd. 26 (3), S. 290-325.

GROTJAHN, R. (Hrsg.) (1992): Der C-Test. Theoretische Grundlagen und praktische Anwendungen. – Bd. 1 – Bochum.

GROTJAHN, R. (Hrsg.) (1994): Der C-Test. Theoretische Grundlagen und praktische Anwendungen. – Bd. 2 – Bochum.

GROTJAHN, R. (1995): Der C-Test: State of the Art. In: Zeitschrift für Fremdsprachenforschung, Bd. 6 (2), S. 37-60.

GROTJAHN, R. (Hrsg.) (1996): Der C-Test. Theoretische Grundlagen und praktische Anwendungen. – Bd. 3 – Bochum.

GROTJAHN, R. (Hrsg.) (2002): Der C-Test: Theoretische Grundlagen und praktische Anwendungen. – Bd. 4 – Bochum.

GROTJAHN, R. (2004): Der C-Test: Aktuelle Entwicklungen. In: WOLFF, A./ OSTERMANN, T./CHLOSTA, C. (Hrsg.): Integration durch Sprache: Beiträge der 31. Jahrestagung DaF 2003. – Regensburg, S. 535-550.

GROTJAHN, R. (Hrsg.) (2006): Der C-Test: Theorie, Empirie, Anwendungen. – Frankfurt am Main.

GROTJAHN, R. (Stand: Mai 2008): Die C-Test Bibliografie. Verfügbar unter: http://www.c-test.de/deutsch/index.php?lang=de&content=bibliografie &section=ctest.

GROTJAHN, R./KLEIN-BRALEY, C./RAATZ, U. (2002): C-Tests: An Overview. In: COLEMAN, J. A./GROTJAHN, R./RAATZ, U. (eds.): University Language Testing and the C-Test. – Bochum, S. 93-114.

Drorit Lengyel, Andreas Heintze, Hans H. Reich,
Hans-Joachim Roth und Heidi Scheinhardt-Stettner

Prozessbegleitende Diagnose zur Schreibentwicklung: Beobachtung schriftlicher Sprachhandlungen in der Sekundarstufe I

Vorbemerkung

Im Modellprogramm FÖRMIG gründete sich die länderübergreifende Arbeitsgruppe „Prozessbegleitende Sprachdiagnose in der Sekundarstufe I" (AG SEK I) mit dem Ziel, ein kompetenzorientiertes Sprachdiagnoseinstrument für die Sekundarstufe zu entwickeln. An der Arbeitsgruppe nahmen Vertreterinnen und Vertreter aus den Ländern Berlin, Mecklenburg-Vorpommern, Nordrhein-Westfalen, Rheinland-Pfalz, Sachsen, Schleswig-Holstein sowie Mitglieder des Programmträgers (Universität Hamburg) teil.[1] Ausgangspunkt der Entwicklungsarbeit war die Feststellung, dass im Sekundarbereich Instrumente fehlen, mit denen der Sprachstand festgestellt oder aber die Sprachentwicklung verfolgt werden kann (vgl. EHLICH 2005, S. 45). Als zentrale Zielperspektiven wurden von der AG SEK I der prozessbegleitende Charakter des Instruments (im Gegensatz zur einmaligen Messung) sowie die Verbindung zum (Fach-)Unterricht festgelegt. Im Fokus des Beobachtungsinstruments sollten schriftliche Sprachhandlungen stehen, mit denen die Schülerinnen und Schüler in der Sekundarstufe im (Fach-)Unterricht konfrontiert werden. Das Instrument sollte so angelegt werden, dass die Aneignung der zur Bewältigung der unterrichtlichen Lernanforderungen erforderlichen sprachlichen Fähigkeiten der Schülerinnen und Schüler im Verlauf des Lernprozesses verfolgt werden kann, um daraus Konsequenzen für sprachliche Bildung und Förderung abzuleiten.

---

1   Ulrike Cizek, Maria Greckl, Andreas Heintze, Jagoda Köditz, Heide Kröger, Drorit Lengyel, Margit Maronde-Heyl, Ingrid Raddatz, Hans H. Reich, Inga Riedemann, Hans-Joachim Roth, Sabine Rutten, Wiebke Saalmann, Heidi Scheinhardt-Stettner.

Instrumententwicklung

Im ersten Schritt wurden aus den Bildungsstandards und Lehrplänen die geforderten Sprachhandlungen zusammengetragen: *Argumentieren, Begründen, Berichten, Beschreiben, Beurteilen, Erklären* u.a. Anschließend bestand die primäre Aufgabe darin, die Entwicklung der jeweiligen Sprachhandlungen stufenförmig theoretisch zu beschreiben, d.h. die Charakteristika jeder Stufe auszuarbeiten. Zunächst wurden zwei Kompetenzraster für die Sprachhandlungen *Berichten* und *Erklären* entwickelt. Die Mitglieder sammelten dazu Texte von Schülerinnen und Schülern unterschiedlichen Alters aus verschiedenen Unterrichtsfächern, um eine empirische Überprüfung der vorgeschlagenen Stufen vornehmen zu können.

Ziel des vorliegenden Beitrags ist es, die Grundidee des Instruments und die Kompetenzraster *Berichten* und *Erklären* anhand von Beispielen aus Schülertexten detailliert vorzustellen.[2] Dabei muss berücksichtigt werden, dass es sich um ein „work in progress" handelt und Entwicklung, empirische Überprüfung sowie praktische Erprobung noch nicht abgeschlossen sind.

Die Sprachhandlungen Berichten und Erklären

Schriftliches Berichten ist Gegenstand vieler Unterrichtsfächer: z.B. als Bestandteil von Versuchsprotokollen im naturwissenschaftlichen Unterricht, als Erfahrungs- und Ereignisbericht im Deutschunterricht, im Sozialkunde- oder Arbeitslehreunterricht als Praktikums- oder als Untersuchungsbericht – alle diese Formen von Berichten setzen eigene Recherchen zu einem Sachverhalt voraus. Berichten gehört zu den informierenden Sprachhandlungen. „Wer berichtet, übernimmt eine Verantwortung für den Kenntnisstand anderer" (FEILKE 2005, S. 6). Kriterien gelungenen Berichtens sind damit Nachvollziehbarkeit sowie Glaubwürdigkeit und Zuverlässigkeit der Informationen.

Für die Nachvollziehbarkeit wesentlich sind die Berücksichtigung der so genannten „W-Fragen"[3] und – abgesehen von den Untersuchungsberichten – die Beachtung der zeitlichen Reihenfolge sowie Präzision und

---

2   Die Beispiele stammen überwiegend aus Texten von Schülerinnen und Schülern der Klasse 9 einer Berliner Gesamtschule, die im Chemieunterricht und im Fach Arbeitslehre entstanden sind, sowie von Schülerinnen und Schülern der 5. und 6. Klassen, die im August 2007 bei dem Ferienkurs ‚Ernährungsdetektive' einer FörMig-Schule in NRW teilnahmen. Hierbei handelte es sich um ein Kooperationsprojekt zwischen dem Deutschlehrer und der Biologie- und Chemielehrerin.

3   Wer? Was? Wann? Wo? Wie? Warum? Welche Folgen?

Konzentration auf das Wesentliche. Für Glaubwürdigkeit und Zuverlässigkeit sind Sachlichkeit sowie das Vermeiden oder alternativ die deutliche Kennzeichnung subjektiver Wertungen notwendig.

Der Begriff Erklären wird im Alltagswortschatz semantisch breit verwendet. Eine Erklärung ist ein kommunikativer Akt, der in einer zu klärenden Situation oder Fragestellung Aufschluss zu geben versucht. Das umfasst das Benennen von Ursachen, Gesetzmäßigkeiten und Bedingungen eines Phänomens. Als wissenschaftliche Erklärung schlechthin gilt seit POPPER (1994) die kausale Erklärung. Als Strukturmerkmal gilt die Herstellung eines Zusammenhangs über Anknüpfung an etwas Gegebenes, an einen übergeordneten, ‚gesetzmäßigen‘ Zusammenhang. Ganz allgemein kann man also sagen, dass eine Erklärung etwas Konkretes (explanandum) mit etwas Allgemeinem und Gesetzartigem (explanans) verbindet, wobei in der Regel Bedingungen angegeben werden, unter denen die Erklärung gilt (vgl. hierzu HEMPEL 1965; v. WRIGHT 1974; STEGMÜLLER 1983). Im schulischen Kontext kommt die Sprachhandlung Erklären in der Regel als Teil einer komplexen Aufgabe vor, z.b. beim Anfertigen von Versuchsprotokollen im naturwissenschaftlichen Unterricht. Der Arbeitsauftrag ‚Erklären‘ zielt darauf ab, Zusammenhänge zwischen wesentlichen Einzelheiten deutlich zu machen. Die stilistische Norm besteht in einer klar gegliederten und Zusammenhänge formulierenden Darstellung unter Verwendung der erwartbaren Fachsprache. Als sprachliche Mittel par excellence sind z.B. Konjunktionen wie *„wenn ..., dann/da ...; immer wenn ...; ob ..."* zu nennen, ebenso Kausal-, Konsekutiv- und Finalsätze.

Aufbau der Kompetenzraster

Die Beobachtungsbögen umfassen jeweils eine Seite. Bei allen Sprachhandlungen werden die *Ebenen Lexik/Semantik, Syntax und Text* unterschieden. Auf diese Weise kann die Entwicklung des Schreibens profilartig beobachtet und dokumentiert werden: Bei den Analysen der bislang erhobenen Texte konnten wir beobachten, dass diese Entwicklung sich nicht auf allen Kompetenzebenen parallel abbildet und somit die Einstufung eines Textes variieren kann. Gerade wenn es darum geht, „auf die Suche nach Textqualitäten zu gehen" und „Textproduktionsfähigkeiten zu erkennen und ihre Entfaltung zu ermöglichen" (BERKEMEIER 2007, S. 401f.), empfiehlt es sich, Texte getrennt für jede Ebene auszuwerten und sich den darüber differenzierten Blick nicht durch einen pauschalen Gesamteindruck verstellen zu lassen. Im Kompetenzraster Erklären wurde zusätzlich eine vierte Ebene eingefügt: die der *Kognition*, des Einfließens von Vor- und Weltwissen, da darüber der Bezug der auf den konkreten

Unterrichtsgegenstand bezogenen sprachlichen Äußerung auf das außerhalb liegende Explanans – z.b. ein physikalisches Gesetz, eine chemische Reaktion, eine soziale Typik u.a. – erfasst werden kann.

Für jede Ebene werden sechs Stufen fortschreitender Kompetenz beschrieben. Die unterste Stufe 1 beschreibt jeweils die einfachste Form der sprachlichen Äußerung; die Stufe 5 markiert stets die Erwartung an eine schriftsprachliche Kompetenz, wie sie sich am Ende der 10. Klasse unter optimalen Bedingungen entfaltet haben sollte. Damit wird das Instrument in Bildungsstandards und Lehrpläne der Bundesländer einpassbar. Die Stufe 6 weist darüber hinaus in den Bereich der gymnasialen Oberstufe und eines Studiums. Es ist darauf hinzuweisen, dass manche Übergänge fließend sind und die Zuordnung nicht immer ganz eindeutig sein wird. Die Kompetenzraster zu schärfen ist Aufgabe der genannten empirischen Überprüfung. Ebenso kann erst an einer breiteren Untersuchung von Schülertexten geprüft werden, ob die Entwicklung linear verläuft. Es ist durchaus zu erwarten, dass hier, wie in der Sprachentwicklung insgesamt, u-förmige Verläufe festzustellen sind (vgl. EHLICH 2005, S. 25).

Verstöße gegen die sprachliche Norm im Bereich der Orthographie, Morphologie und Syntax werden in den Kompetenzrastern nicht analysiert und sanktioniert – ggf. kann ein Blatt zur systematischen Fehleranalyse hinzugenommen werden.[4] Dieses aber ist eher eine originäre Aufgabe des Deutsch- bzw. Deutsch-als-Zweitsprache-Unterrichts. Für die Fachlehrkräfte gilt es dagegen primär, sichtbar zu machen, was eigentlich die Entwicklung eines fachlich adäquaten Textes ausmacht und wo eine durchgängige sprachliche Bildung im Kontext des Fachunterrichts demgemäß ansetzen kann und soll. Zu beachten ist beim Umgang mit den Kompetenzrastern auch, dass in vielen Texten nicht eine Sprachhandlung durchgehalten wird: Häufig muss die eigentliche Sprachhandlung, z.B. das Berichten, durch andere Sprachhandlungen ergänzt werden: durch eine Orientierung des Lesers zu Ziel und Zweck des Berichts, durch eine abschließende Bewertung oder auch durch erklärende Abschnitte. Sprachhandlungen sind keine Textsorten!

Das Kompetenzraster Berichten

Auf der *Ebene Lexik/Semantik* geht es um die Verwendung eines (fach-)sprachlich präzisen Wortschatzes und dessen Vorläufer:

---

4   In der AG wurde diese Möglichkeit diskutiert.

Die *Stufe 1* ist im Wesentlichen nur bei Zweitsprachlernenden mit noch geringen Kenntnissen der deutschen Sprache zu beobachten; Beispiele sind Jokerwörter als Platzhalter für differenziertere Bezeichnungen von Dingen und Vorgängen wie z.b. *„Hab was gemacht"*, *„Dings"*. Näherungsbegriffe auf *Stufe 2* gehen über reine Jokerwörter hinaus, indem sie Dinge oder Vorgänge andeutungsweise bezeichnen, ohne eine auch nur alltagssprachliche Präzision zu erreichen: *„Dann bin zu Post gegangen was zu werfen"* statt *„Briefe einzuwerfen"*; *„Wir haben in ein Glas Calciumkörner reingeschmissen"* statt *„hineingegeben"*). *Stufe 3* umfasst den geläufigen, eher alltagssprachlich geprägten Wortschatz (*„Im Eistee ist viel Glucose drin"*; *„dann haben wir etwas Spülmittel reingetan"*). Dazu gehören auch Umschreibungen für Dinge und Vorgänge anstelle ihrer genauen Bezeichnung.

Auch *Stufe 4* bleibt auf der Ebene des Alltagswortschatzes, der aber im Vergleich zu Stufe 3 deutlich anspruchsvoller und differenzierter ist. Darunter fallen auch allgemein gebräuchliche Fachbegriffe, die in den Alltagswortschatz eingegangen sind (*„...dass der Eistee Glucose enthält"*; *„wir verschlossen die Öffnung mit einem Stopfen"*). Auf *Stufe 5* werden die spezifischen fachsprachlichen Bezeichnungen und Begriffe der jeweiligen schulischen Unterrichtsfächer der Sekundarstufe I verwendet (*„die Atmosphäre im Betrieb war sehr harmonisch"*; *„... wurden einige Tropfen vom Phenolphtalein hinzugegeben, was keine sichtbare Reaktion zur Folge hatte"*). *Stufe 6* bezeichnet schließlich den Übergang zu einer wissenschaftlichen Fachsprache, die die Anforderungen an einen Schulabschluss der 10. Klasse übersteigt.

Die zweite *Ebene von Syntax* beschreibt Stufen der sprachlichen Komplexität und Ökonomie von Aussagen.

Auf der *Stufe 1*, auf der nur beginnende Zweitsprachlerner und -lernerinnen erfasst werden, kommt es zu nur verblosen Aussagen oder bloßen Benennungen. Auf *Stufe 2* lassen sich Aussagen mit infiniten Verbformen beobachten (*„ich Werkstatt sauber machen"*). Auch diese Stufe wird sich nur bei Lernenden auf elementarem Niveau finden lassen. *Stufe 3* umfasst einfache Hauptsätze bzw. die schematische Aneinanderreihung einfacher Hauptsätze, die gerade bei der Darstellung zeitlicher Abläufe typischerweise mit *„und dann"* verbunden werden:

*„Wir verschließen die Öffnung mit einem Stopfen. **Dann** haben wir es kräftig geschüttelt **und dann** haben wir ein Glucoseteststeifen in die Lösung getan..."*.

Stufe 4 ist dadurch gekennzeichnet, dass Aussagen über die einfache Reihung hinaus miteinander verbunden werden. Die sprachlichen Mittel hierzu sind vielfältig: zum Beispiel Verwendung von

- Konjunktionen: *„**Als** die Natriumstücke ins Wasser gelegt wurden, färbte es sich pink"*;
- Adverbien: *„**Danach** brachte mich mein Chef zu meinem Arbeitsplatz. **Dort** erklärte mir ..."*;
- Präpositionalausdrücken: *„**Nach meiner Ankunft** im Büro bat mich mein Chef zu einem kleinen Gespräch."*;
- Relativsätzen: *„Danach gab sie mir eine Vorlage, **die** ich am PC abzeichnen sollte."*

Auf *Stufe 5* kommt es zu einer weiteren Erhöhung der sprachlichen Komplexität, in naturwissenschaftlichen Zusammenhängen typischerweise durch Formen der Entpersonalisierung wie das Passiv oder die Verwendung unpersönlicher Ausdrücke (*„man"* oder *„es lassen sich"*) und durch die Nominalisierung von Verben (*„Durch das **Hinzugeben** von der Seife zu dem Wasser..."*). Bei der Darstellung von Abläufen wird ein einheitliches Ankertempus eingehalten, in der Regel Präteritum oder Perfekt. *Stufe 6* mit weiteren syntaktischen Verdichtungen bzw. sachangemessenen stilistischen Variationen bei sozialwissenschaftlichen Sachverhalten bietet wieder einen Ausblick über die Anforderungen zum Ende der mittleren Schulstufe hinaus.

Bei der Analyse der *Textebene* bilden die logische Strukturierung und die Kohärenz des Textes die entscheidenden Kriterien. Die Stufung, die wir in unserer Matrix vorgenommen haben, entspricht im Kern auch anderen Modellierungen von Entwicklungsstufen, wie sie z.B. Augst u.a. (2007) in ihrer Longitudinalstudie zur Entwicklung der Textkompetenz für das Berichten rekonstruiert haben. Auf der *Stufe 1* kommt es zu einer bloßen Aneinanderreihung von Benennungen oder unverbundener Einzelaussagen, so dass von einem Text im eigentlichen Sinn nicht gesprochen werden kann. Auf *Stufe 2* ist die Darstellung etwas zusammenhängender, aber noch so lückenhaft und ungenau, dass sogar das Globalverständnis gefährdet ist:

> *„Ich habe das Lauge gefiltert. Dann habe ich klares Wasser mit Strohhalm Bläschen rausgeholt. In einen anderen Glas habe ich gemacht."*

Im Gegensatz dazu wird auf *Stufe 3* der Gesamtzusammenhang erfasst, dennoch kommt es in Teilbereichen zu thematischen Sprüngen bzw. zu einer zu geringen Detaillierung, so dass die Darstellung nicht lückenlos nachvollziehbar ist:

> *„Wir haben die Calciumkörner auf die befeuchtete Hand raufgemacht und es wurde heiß. Dann haben wir die Körner in ein Glas mit Wasser und etwas Spülmittel reingetan. Dann ist Wasserstoff entstanden."*

Umgekehrt kann die Darstellung durch die mangelnde Unterscheidung von Wesentlichem und Unwesentlichem aufgebläht und die ökonomische Erfassung des Sachverhalts erschwert werden. Auf *Stufe 4* ist die Darstellung insgesamt sachangemessen und nachvollziehbar, Wesentliches wird von Unwesentlichem unterschieden:

> *„Wir haben den Eistee in ein Reagenzglas gefüllt und den Glucosetest-streifen hineingetan und nach kurzer Zeit färbte der Streifen sich mittel- bis dunkelgrün, das heißt, dass der Eistee ca. 150mg/dl Glucose enthält. Bei keiner Färbung hatten wir festgestellt, dass es keine Glucose enthält."*

Eine Qualitätssteigerung gegenüber der vierten Stufe zeigt sich auf *Stufe 5* darin, dass Zusammenhänge nunmehr umfassend und präzise dargestellt und in einen Gesamtzusammenhang eingeordnet werden, wodurch Adressaten das Verständnis erleichtert wird:

> *„Experimentbeschreibung (...) Durchführung: Zuerst wurde die Glasschale mit Wasser zur Hälfte gefüllt, dazu wurde ein wenig Seife gegeben und einige Tropfen Phenolphtalein. Anschließend wurde ein kleines Stück Natrium hinzugegeben. Beobachtung: In die zur Hälfte gefüllte Glasschale wurde ein wenig Seife hineingegeben, was zu einer leichten Schäumung an der Oberfläche führte. Dann wurden einige Tropfen vom Phenolphtalein (dazugegeben), die keine sichtbare Reaktion zur Folge hatte. (...) Auswertung: Durch das Hinzugeben von der Seife zu dem Wasser wurde die natürliche Haut vom Wasser zerstört ..."*

Bewusste Adressatenorientierung und Berücksichtigung unterschiedlicher Verwendungszusammenhänge des Berichtens kennzeichnet die von uns angenommene höchste *Stufe 6*.

Das Kompetenzraster Erklären

Als Zweites soll die stufenförmige Entwicklung des Erklärens herausgearbeitet werden; wir konzentrieren uns auf die Unterschiede zur Sprachhandlung Berichten. Auf der *Ebene Lexik/Semantik* sind die Raster Erklären und Berichten weitgehend identisch, so dass an dieser Stelle auf die Darstellung verzichtet werden kann. Weiterhin ist die spezifische Bedeutungsgebung eines Textes im Sinne von Berichten oder Erklären in der Regel erst mit einem über den elementaren Sprachstand hinausgehenden Repertoire sprachlicher Mittel möglich – daher stimmen die unteren Stufen der Kompetenzraster fast überein. In der Regel lässt sich erst auf *Stufe 3* eine spezifische Differenzierung erkennen.

Auf der *syntaktischen Ebene* ist für die Erklärung das Verwenden von finalen, kausalen und konsekutiven Nebensätzen typisch. Daher beginnt der für das Erklären bedeutsame Bereich auf *Stufe 4*. Hier geht es um konjunktional verbundene Satzgefüge, um unterordnende Nebensätze mit einleitenden Konjunktionen (*„damit ich testen kann, ob ...“*). Diese Stufe müsste gut besetzt sein, damit von der Erfüllung der Norm für das Erklären die Rede sein kann. Als weitere typische Konjunktionen sind hier zu nennen: *„... weil; dadurch, dass ...; wenn ..., dann ...“*. Auch Infinitiv- oder Partizipialkonstruktionen sind in *Stufe 4* einzuordnen. Für *Stufe 5* kennzeichnend ist eine Verdichtung der syntaktischen Struktur durch die für fachsprachliche Texte typischen Nominalisierungen (*„Umweltverschmutzung“*). Die *Stufe 6* bedeutet eine weitere syntaktische Verdichtung, die z.B. durch gezieltes Auslassen von Konjunktionen erreicht werden kann.

Auf der *Textebene* sind die *Stufe 1* und die *Stufe 2* Vorläufer des eigentlichen Erklärens, die in unseren Beispieltexten selten vorkommen. *Stufe 3* steht für die Formulierung einfacher und eindeutiger, jedoch nicht unbedingt vollständiger Zusammenhänge: *„Verfärbt sich der Teststreifen, so enthält das lebensmittel Glucose.“* Für dieses Beispiel käme ggf. auch eine Zuordnung zu *Stufe 4* in Frage, die die Formulierung funktional gekennzeichneter Zusammengänge erfordert. Hier wird deutlich, dass die Übergänge fließend sind und einen Ermessensspielraum für die Lehrkraft offen lassen, welcher auch durch den unterrichtlichen Zusammenhang bestimmt wird. Wie schon bei der Syntax angemerkt, entwickelt sich auf diesem Niveau die für die Sprachhandlung typische Kohärenz: *„Damit ich testen kann, ob Chips Glucose enthalten, muss ich...“*. Eine Weiterentwicklung hin zu einer ausführlichen Darstellung von Zusammenhängen unter Hinzuziehung externer Kontexte geschieht auf *Stufe 5*:

> *„Durch das Hinzugeben von Phenolphtalein zum Wasser ist eine Mischung entstanden, die dafür gesorgt hat, dass das Natrium reagierte, indem es zischte (...) wobei viel Gas freigesetzt wurde.“*

Diese Stufe ist das – idealtypische – Ziel für Schülerinnen und Schüler der Sekundarstufe I. Eine umfassende Darstellung von Zusammenhängen unter Einordnung in einen übergeordneten Gesamtzusammenhang – *Stufe 6* – wird systematisch erst im Laufe der gymnasialen Oberstufe oder im Studium zu erwarten sein.

Wie bereits erwähnt, umfasst das Kompetenzraster für Erklären eine vierte Ebene, die *Kognition*, die das Anknüpfen der Schreibenden an (Vor-)Wissen und externe Kontexte aufnimmt. Diese Ebene baut sich auf vom bloßen Benennen von Gegenständen und Vorgängen durch einzelne Nomen oder Verben (*Stufe 1: „Material und Geräte: 2 Reagenzgläser, 1 Reagenzglasständer, 1 Stopfen, das wasser, 1 Teelöffel, Traubenzucker, 2 Glucosestreifen, das lebensmittel.*"), zum Herstellen von Bezügen auf externe Zusammenhänge durch die Detaillierung einzelner Gegenstände und Vorgänge durch Possessiva und Adverbien (*Stufe 2*). Der nächste Schritt ist die Zusammenstellung nominaler und verbaler Bestandteile mit Zusammenhang (*Stufe 3: „Glucose ist eine art von Zucker also kohlenhydrat.*"), darauf folgt die Formulierung eindimensionaler Zusammenhänge oder kausaler Erklärungen (*Stufe 4: „... weil wir es anzündeten, gab es kleine Explosionen.*"). Ziel am Ende der Sekundarstufe I – die *Stufe 5* – stellt die Verknüpfung von Perspektiven und die Reziprozität in einem fachlichen Feld dar:

> *„Der Nahme Treibhauseffekt kommt daher, weil dieses Prinzip im Treibhaus genutzt wird die Sonnenstrahlen fallen ein und die wärme kann nicht entweichen. Die Folgen dadurch sind die veränderung der Temperatur und veränderung der Lebensräume, was zum aussterben vieler Tiere beiträgt.*"

Stufe 6 geht über die Anforderungen am Ende der Sekundarstufe I hinaus. Hier wird interdisziplinäres Denken gefordert, damit eine Verknüpfung mehrerer fachlicher Perspektiven erfolgen kann.

Ausblick

Die beiden Kompetenzraster zu den Sprachhandlungen *Berichten* und *Erklären* wurden zunächst getrennt entwickelt. Auf Basis der analysierten Texte entsteht jedoch der Eindruck, dass die Stufen 1 bis 3 der drei sprachlichen Ebenen, vor allem aber auf der Ebene von Lexik und Semantik, identisch zu modellieren sind. Erst ab einer höheren Entwicklungsstufe der kognitiven und sprachlichen Fähigkeiten des Schreibers bzw. der Schreiberin scheinen die Sprachhandlungen in ihrer jeweiligen Spezifik deutlich zu werden. Anhand weiterer Sprachhandlungen wäre daher die nahe liegende Hypothese zu prüfen, ob diese Übereinstimmungen auch für sie zutreffen, also allgemeiner Art sind. Dies könnte zur Klärung beitragen, ob für jede Sprachhandlung ein eigenes Raster zu Grunde gelegt oder eine Art „zusammenfassendes Grundraster" für alle Sprachhandlungen mit Differenzierungen auf den höheren Stufen der Syntax- und Textebene erstellt werden sollte.

Im Zuge unserer Analysen zeigte sich auch, dass viele Texte insgesamt nicht immer eindeutig eingestuft werden können. Es lassen sich im Text zum einen unterschiedliche Stufenzuordnungen zwischen den Ebenen erkennen, zum anderen kann auch auf den Ebenen ein Spektrum mehrerer Stufen abgedeckt sein – insbesondere im Bereich des Wortschatzes (Lexik/Semantik) ist das nicht nur häufig zu beobachten, sondern liegt in der Natur von Texten: sprich, für ihre Verständlichkeit ist eine gewisse Variabilität im Wortschatz notwendig. In einem Text kann also beispielsweise die Ebene Lexik/Semantik auf den Stufen 3 bis 5 abgedeckt sein, die Ebene Syntax auf Stufe 3 bis 4 und die Textebene auf Stufe 3. Das Spektrum kann auch Hinweise darauf bieten, dass sich die jeweilige Schülerin oder der jeweilige Schüler im Übergang zu einer höheren Stufe bewegt, ohne dass diese schon sicher erreicht wäre. Die Unterstützung der sprachlichen Weiterentwicklung der Schülerin bzw. des Schülers sollte damit sinnvollerweise am oberen Ende des Spektrums ansetzen.

Literatur

AUGST, G./DISSELHOFF, K./HENRICH, A./POHL, T./VÖLZING, P. (2007): Text – Sorten – Kompetenz. Eine echte Longitudinalstudie zur Entwicklung der Textkompetenz im Grundschulalter. – Frankfurt.

BERKEMEIER, A. (2007): Perspektiven der Weiterentwicklung einer DaZ-spezifischen Schreibdidaktik. In: REDDER, A. (Hrsg.): Diskurse und Texte: Festschrift für Konrad Ehlich zum 65. Geburtstag. – Tübingen., S. 401-410.

EHLICH, K. u.a. (2005): Anforderungen an Verfahren der regelmäßigen Sprachstandsfeststellung als Grundlage für die frühe und individuelle Förderung von Kindern mit und ohne Migrationshintergrund. (= Bildungsreform Band 11, hrsg. v. Bundesministerium für Bildung und Forschung). – Bonn, Berlin.

FEILKE, H. (2005): „Der Stand der Dinge" – Berichten und Berichte. In: Praxis Deutsch 195, S. 6-15.

HEMPEL, C. G. (1965): Aspects of scientific explanation. And other essays in the philosophy of science. – New York.

POPPER, K. (1994): Logik der Forschung. – Tübingen.

STEGMÜLLER, W. (1983): Probleme und Resultate der Wissenschaftstheorie und analytischen Philosophie. Bd. 1: Erklärung – Begründung – Kausalität. Teil A. Das dritte Dogma des Empirismus; Das ABC der modernen Logik und Semantik; Der Begriff der Erklärung und seiner Spielarten. 2. verb. u. erw. Auflage. – Heidelberg.

WRIGHT, G. H. VON (1974): Erklärung und Verstehen. Aus dem Englischen von Günter Grewendorf und Georg Meggle. – Frankfurt.

İnci Dirim und Marion Döll

,Bumerang' – Erfassung der Sprachkompetenzen im Übergang von der Schule in den Beruf – vergleichende Beobachtungen zum Türkischen und Deutschen am Beispiel einer Schülerin

1. ,Bumerang'

Die Entwicklung des sprachstandsdiagnostischen Instruments ,Bumerang'[1] erfolgte im Rahmen des BLK-Modellversuchsprogramms FÖRMIG. Anlass für die Erarbeitung des Verfahrens war der Bedarf, an der Schnittstelle Schule – Beruf spezifische fach- und bildungssprachliche Kompetenzen Jugendlicher zu erfassen.[2] Entsprechend der Logik des HAVAS 5 (REICH/ROTH 2007) und des ebenfalls im Rahmen von FÖRMIG für die Schnittstelle Primarstufe – Sekundarstufe I entwickelten Instruments (,Tulpenbeet'; vgl. GANTEFORT/ROTH 2008) ist das Verfahren ,Bumerang' förderdiagnostisch und mehrsprachig ausgelegt. Es liegt für die Erfassung und Bewertung der Sprachen Deutsch, Türkisch und Russisch vor. Ziel des Verfahrens ist es, den Stand der Entwicklung von sprachlichen Kompetenzen, die während einer Berufsausbildung im Mittelpunkt stehen, mit Hilfe einer Profilanalyse zu ermitteln (vgl. Manual zum Verfahren in diesem Band). Mit dem vorliegenden Beitrag soll ein allgemeiner und praxisnaher Überblick über die Aussageart und -kraft des Instruments ,Bumerang' gegeben werden.

Mit den ,Bumerang'-Schreibimpulsen (vgl. Abbildung 1) werden zwei Textsorten in Form von Schreibproben erhoben, die verschiedene Zugriffsweisen auf die fokussierten Register Fach- und Bildungssprache ermöglichen. Die Texte werden gesondert und nach zum Teil unterschiedlichen Kategorien ausgewertet.

Die erste Schreibaufgabe besteht darin, eine Bewerbung um einen Praktikumsplatz in der Redaktion eines fiktiven Jugendsportmagazins zu formulieren. Hierbei werden einerseits allgemeine bildungssprachliche Fähigkeiten der Schülerinnen und Schüler angesprochen, andererseits

---

1 An der Entwicklung des Instruments waren İnci Dirim, Marion Döll, Wesselin Mihalyov, Natalia Pütz, Hans H. Reich und Hans-Joachim Roth beteiligt.

2 Der Sprachgebrauch in bildungsbezogenen Kontexten zeichnet sich durch Formulierungen aus, die im Gegensatz zum Alltagssprachgebrauch komplexer, abstrakter und kontextreduziert sind (vgl. CUMMINS 1982, GOGOLIN/NEUMANN/ROTH 2003).

wird die Untersuchung des Einsatzes textsortenspezifischer formaler und
inhaltlicher Gestaltungselemente möglich. Für ein Bewerbungsschreiben
relevante formale Gestaltungsmittel sind beispielsweise die Nennung
des Absenders, des Datums und die Verwendung einer abschließenden
Grußformel. Fachsprachliche Aspekte spielen in der ersten Schreibaufgabe eine untergeordnete Rolle und werden nur im (Fach-)Wortschatz
sichtbar, den die Jugendlichen zum Beispiel zur Beschreibung ihrer sie
für das Praktikum qualifizierenden Fähigkeiten und Vorerfahrungen verwenden.

Die zweite Schreibaufgabe ist gezielt auf die Erfassung fachsprachlicher Fähigkeiten hin konzipiert.[3] Die Jugendlichen sind aufgefordert,
anhand einer neunteiligen Bildfolge die Herstellung eines Bumerangs in
Form einer Bauanleitung für ein Jugendsportmagazin so zu beschreiben,
dass imaginäre Leserinnen und Leser, denen die Bildfolge nicht zur Verfügung steht, in die Lage versetzt werden, den Bumerang mit Hilfe des
Textes nachzubauen. Neben Fachwortschatz zur Bezeichnung und Beschreibung der für den Bumerangbau benötigten Werkzeuge, Materialien
und Vorgänge werden vor allem sprachliche Mittel zur Herstellung von
kausalen Bezügen und Textkohäsion benötigt. Diese sprachlichen Mittel
unterscheiden sich, wie Textkonventionen, fach- und bildungssprachliche
Elemente auch, von Sprache zu Sprache. Diesem Umstand wird durch
eigene Auswertungsbögen für Deutsch, Russisch und Türkisch Rechnung
getragen. Für die Herstellung von Kausalbezügen und Textkohäsion beispielsweise werden im Deutschen Konnektoren benötigt, im Türkischen
dagegen treten andere Elemente in den Vordergrund: u.a. verschiedene
Formen der Einbettung von Verben, mit denen komplexe nebenordnende Strukturen hergestellt werden, sowie Genitivverbindungen, mit denen
(fachsprachliche) Komposita gebildet werden.

---

3   Durch die FörMig-Evaluationen wurde die Geschlechtsunabhängigkeit des
     Bumerang-Impulses nachgewiesen.

fast catch Bumerang sucht dich als Praktikant/in in der Redaktion!

Du kannst gut schreiben? Du kennst dich mit Bumerangs aus? Ein Praktikum in der Redaktion unseres Jugendmagazins **fast catch Bumerang** kann dein Einstieg in eine journalistische Karriere sein! Bitte sende uns ein *aussagekräftiges Bewerbungsschreiben* und als Arbeitsprobe einen *Artikel*, in dem erklärt wird, wie der Bumerang *Triton IV* gebaut wird. Der Artikel muss ohne Abbildungen verständlich sein.

fast catch Bumerang
Marcus Elbe
Rotteroder Straße 72
30171 Hannover

fast catch Bumerang gençlik dergisinin redaksiyon bölümünde çalışmak üzere stajyer eleman aranmaktadır!

Yazı yazmaktan hoşlanıyor musunuz? Bumerang yapımı hakkında bilginiz var mı? Varsa eğer, gençlik dergimiz **fast catch Bumerang**'ın redaksiyon bölümünde yapacağınız bir staj gazetecilik hayatınızın başlangıcı olabilir! İlgili gençlerin detaylı bir dilekçe hazırlaması ve yazı örneği olarak aşağıdaki resimlere göre „Triton IV" tipinde bir bumerangın nasıl yapıldığını açıklayan bir metin göndermeleri rica olunur. Metin, aşağıdaki resimler olmaksızın da anlaşılacak şekilde yazılmalıdır.

fast catch Bumerang
Ayla Gezgin
Rotteroder Straße 72
30171 Hannover

Abbildung 1: ,Bumerang'-Schreibimpulse der türkischen und deutschen Versionen

Die Auswertungen der Datenerhebungen im Rahmen des Programmes FÖRMIG zeigen, dass es beim Türkischen außerdem wichtig ist, einen Überblick über die zahlreich vorkommenden, nicht standardsprachlichen Formulierungen zu bekommen, um sie der Förderung systematisch zugänglich machen zu können. Dabei handelt es sich um Phänomene verschiedener Art, z.B. Einflüsse aus dem Deutschen oder dialektale Ausdrucksweisen, die nicht pauschal als „Fehler" bezeichnet werden können, sondern Ergebnisse eines jeden Sprachkontaks sind (vgl. DIRIM 2009).

Im Folgenden wird mit einem Beispiel aus dem Korpus der FÖRMIG Evaluation ein erster Einblick in das Instrument gegeben – verbunden mit einigen Hinweisen auf mögliche Erträge seines Einsatzes. Es geht dabei vor allem darum, die Leistung des Verfahrens in der Analyse der vorhandenen und sich entwickelnden Kompetenzen der Schülerinnen und Schüler zu demonstrieren. Die Auswertung der Schreibproben wird daher mit einigen prägnanten Aspekten am Beispiel der deutschen und türkischen Schreibproben einer 16-jährigen Schülerin („Zeynep") veranschaulicht, die zum Zeitpunkt der Datenerhebung eine integrierte Haupt- und Realschule einer norddeutschen Großstadt besuchte.

2. Bewerbungsschreiben

Im Hinblick auf die formale Gestaltung der Bewerbung enthält die **deutsche Schreibprobe** alle notwendigen Elemente, die jedoch z.t. ungewöhnlich platziert sind: So befinden sich Ort- und Datumsangabe noch über der Empfängeradresse auf gleicher Höhe mit dem Absender, weiterhin sind Anrede, abschließende Grußformel und Unterschrift deutlich nach rechts eingerückt. In inhaltlicher Hinsicht lässt sich beobachten, dass die Schülerin das Bewerbungsschreiben explizit einleitet; sie nimmt auf den Anzeigentext Bezug, stellt eigene Kompetenzen heraus, legt ihr Interesse am Praktikumsplatz dar und beendet das Schreiben mit einem für Bewerbungsschreiben üblichen Abschluss.

Die Analyse des Wortschatzes zeigt, dass bei Nomen und Adjektiven textsortenspezifische Begriffe dominieren (*Beruf, Interesse*); daneben werden auch Fachbegriffe verwendet (*Journalistin*). Im verbalen Wortschatz dominieren allgemeine (*sich vorstellen*) und textsortenspezifische Verben (*bewerben*).

Allgemein wird deutlich, dass Zeynep in der Lage ist, aus dem Stegreif eine deutschsprachige Bewerbung zu formulieren, die in Deutschland gültigen formalen und inhaltlichen Konventionen folgt und dem entsprechend textsortenspezifische und fachbezogene Inhaltswörter enthält.

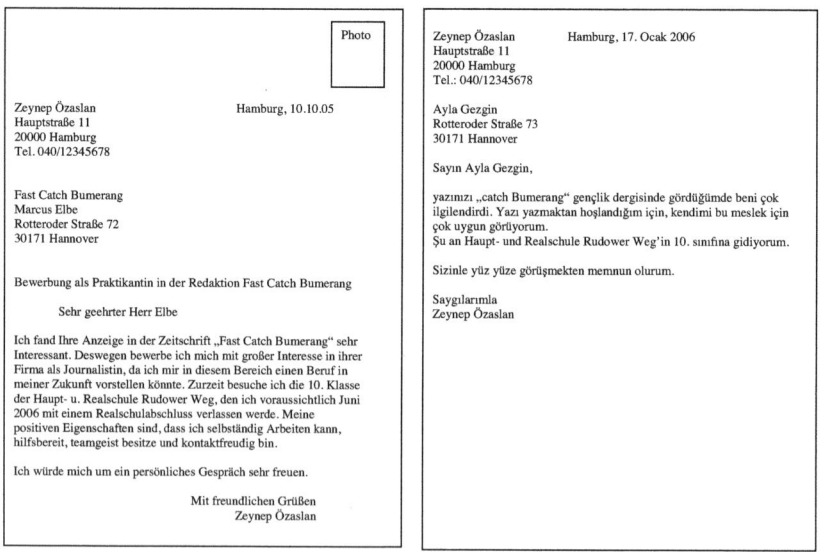

Abbildung 2: Bewerbungsschreiben der Schülerin Zeynep Özaslan[4]

---

4   Name geändert; der handschriftliche Text wird aus Gründen besserer Lesbarkeit maschinenschriftlich abgebildet.

Der erste Blick auf die **türkische Bewerbung** zeigt, dass die Schülerin sich hier an den deutschen Konventionen orientiert. Auch wenn Bewerbungsschreiben im Türkischen anders gestaltet werden, kann man davon ausgehen, dass die Bewerbung in der Türkei verstanden werden würde, dass die deutschen Konventionen der Schülerin also auch bei der Formulierung einer türkischen Bewerbung weiterhelfen. Das Bewerbungsschreiben in türkischer Sprache beginnt Zeynep mit einer Einleitung, in der auf den Anzeigentext Bezug genommen wird, ebenso stellt sie wieder eigene Kompetenzen heraus und legt das eigene Interesse dar; das Bewerbungsschreiben wird wieder mit einem Abschlussatz beendet. Im nominalen und verbalen Bereich werden neben allgemeinen Begriffen (*„git-mek"* = *gehen*, im Text *„gidiyorum"* = *ich gehe*) auch textsortenspezifische Begriffe (*„ilgi"* = *Interesse*) verwendet. Türkische Fachbegriffe werden von Zeynep nicht gebraucht. Zeynep verwendet in ihrem Bewerbungstext komplexe Sätze, z.B. bettet sie in *„hoşlandığım için"* (= *weil ich gerne mag*) ein Verb mit der lautlich angepassten -dik-Form ein. Mit -dik werden im Türkischen ‚nebenordnende‘ Strukturen produziert, die in Kombination mit anderen Strukturwörtern einem deutschen Nebensatz mit einleitenden Konjunktionen wie *dass* und *als* entsprechen. Des Weiteren fallen im türkischen Bewerbungsschreiben von Zeynep eine Reihe von nicht standardsprachlichen Ausdrucksweisen auf, bei denen es sich z.T. um Interferenzen aus dem Deutschen handelt: z.B. wird statt – wie in offizielleren türkischsprachigen Kontexten üblich *öz geçmiş* – für Lebenslauf *„hayat akışı"* benutzt. Dieses Kompositum, dessen Bedeutung dem deutschen *Lebenslauf* (*„hayat"* = *Leben*, *„akış"* = *Lauf*) direkt entspricht, wird im Türkeitürkischen eher in literarischen Texten verwendet.

3. Bauanleitungen

In der **deutschen Bauanleitung** verwendet Zeynep kurze und wenig komplexe Sätze, die jedoch den syntaktischen Normen entsprechen. Die unpersönliche Adressierung der fiktiven Leser und Leserinnen mittels *man* und Passivformen entspricht schriftsprachlichen und textsortenspezifischen Konventionen. Nominalisierungen wie *Bau*, Komposita, *Schleifsachen* und Attribute wie *Muster des Bumerangs* sind dem fachsprachlichen Sprachgebrauch zuzuordnen. Der Ausdruck „Schleifsachen" verdient aufgrund seiner hybriden Konstruktion besondere Aufmerksamkeit: Es ist nicht untypisch, dass Fachliches (‚schleifen‘) mit umgangssprachlichen Jokerwörtern (‚Sachen‘) verbunden wird; solche Konstruktionen lassen deutlich erkennen, dass Zeynep in der Fachsprache angekommen ist, aber noch nicht sicher über sie verfügt – ein Hinweis auf ein Übergangsstadium. Weiterhin zeigt sie eine produktive Strategie, sich mit einem

Wort mit sehr allgemeiner Bedeutung zu behelfen, wo ihr der spezifische Ausdruck fehlt. Insgesamt weist der Text eine geringe Dichte fachsprachlicher Elemente auf, für die die obigen Beispiele stehen.

Für den Bau eines Bumerangs braucht man erstmal einen Bohrer, Säge, Klebe und Schere, Schraubenzieher, Holz, das Muster des Bumerangs und Schleifsachen.
Zuerst schneidet man das Musteraus. Danach zeichnet man es mit einem Edding auf einen Holz. Dann wird das gezeichnete Holz auf den Tisch befestigt und es wird zurecht gesägt. .
Später wird es noch an den Stellen gefeilt wo es noch einbischen schief und krumm ist. Auf den Bumerang kommen noch drei Löcher an die Enden und es wir noch einmal zurecht geschliffen. Und zu guter Letzt kommt noch die gewünschte Farbe auf den Bumerang.

1. Bumerang için şu malzemeler gereklidir:
   Yapışkan, Makas, elektrikli testere, Mahtap ve Bumerangın şekili
2. Önce Bumerang'ın şekilini kesiyoruz, ve tahtanın üzerine çiziyoruz.
3. Ve sonra elektrikli testereyle kesiyoruz ve törpülüyoruz.
4. Üç yerine mahtaplan birer delik açıyoruz ve tekrar etrafını törpülüyoruz.
5. Sonunda da istediğiniz renkle sprayliyorsunuz.

Abbildung 3: Bauanleitungen der Schülerin Zeynep Özaslan

In der **türkischen Bauanleitung** zeigt sich insgesamt eine standardsprachliche Syntax, mit der – wie im Bewerbungsschreiben – komplexe Sätze gebildet werden. Auch hier soll die Charakteristik des von der Schülerin verfassten Textes in aller Kürze mit einigen Beispielen veranschaulicht werden. Auch hier wird die *dik*-Form verwendet, mit der komplexe Sätze gebildet werden können (*istediğiniz renkle* = dt. *in der Farbe, die Sie möchten*). Unpersönliche Anredeformen werden im türkischen Text zwar auch verwendet (*„gereklidir"* = dt. *es wird benötigt*), aber auch persönliche Anredeformen, die eher in mündlichen Kontexten wie z.B. Bastelanleitungen im Fernsehen üblich sind (*„kesiyoruz"* = dt. *wir schneiden*). Fachsprachlicher Wortschatz ist zwar vorhanden (*„törpülemek"* = dt. *schleifen*), kommt jedoch insgesamt wenig vor, so dass die türkische Bauanleitung vage bleibt. Weiterhin lassen sich in diesem Teil der Schreibprobe verschiedene nicht standardsprachliche Formulierungen erkennen, u.a. morphologische Unsicherheiten (*„şekili"* statt *„şekli"* = dt. *die Form*).

4. Resümee

Insgesamt zeigen sich in beiden Sprachen Stärken, an die die schulische Sprachförderung anknüpfen sollte: Hierzu gehören in der deutschen und der türkischen Schreibprobe textsortenspezifische Formalia und komplexe Sätze; der Fachwortschatz ist in beiden Sprachen in Grundzügen vorhanden und sollte weiter ausdifferenziert werden. Zusätzlich wäre im Unterricht eine sprachkontrastive Arbeit wünschenswert, mit der die Gemeinsamkeiten und Unterschiede zwischen dem Deutschen und dem Türkischen erarbeitet werden. Das Ziel wäre dabei die Unterscheidung der Sprachen auf einer hohen – schriftsprachlichen – Ebene im Sinne der Verfeinerung der standardsprachlichen Kompetenzen. Darüber hinaus wäre eine Auseinandersetzung mit verschiedenen Registern innerhalb des Türkischen sinnvoll, damit die Schülerin lernt, ihre sprachlichen Kompetenzen des Türkischen kontextangemessen ausgewählt einzusetzen. Damit wäre ein stärker als bisher üblich die sprachliche Heterogenität berücksichtigender Türkischunterricht gefordert (vgl. SCHROEDER 2003).

Insgesamt zeigt die in ihren Grundzügen vorgestellte Erhebung und Auswertung mit Hilfe des Instruments ‚Bumerang‘, in welchen sprachlichen Bereichen die Stärken der Schülerin liegen, auf denen ihre weitere sprachliche Bildung aufgebaut werden kann.

Literatur

CUMMINS, J. (1982): Die Schwellenniveau- und Interdependenzhypothese. In: SWIFT, J. (Hrsg.): Bilinguale und multikulturelle Erziehung. – Würzburg, S. 34-43.

DIRIM, İ. (2009): „Ondan sonra gine schleifen yapiyorsunuz". Nicht standardsprachliche Varianz in türkischen Sprachproben von Jugendlichen. Erscheint in: NEUMANN, U./REICH, H. H. (Hrsg.): Erwerb des Türkischen in einsprachigen und mehrsprachigen Situationen. – Münster.

GANTEFORT, C./ROTH, H.-J. (2008): Ein Sturz und seine Folgen. Zur Evaluation von Textkompetenz im narrativen Schreiben mit dem FÖRMIG-Instrument ‚Tulpenbeet‘. In: KLINGER, T./SCHWIPPERT, K./LEIBLEIN, B. (Hrsg.): Evaluation im Modellprogramm FÖRMIG. Planung und Realisierung eines Evaluationskonzepts. FÖRMIG Edition Band 4. – Münster, S. 29-50.

GOGOLIN, I./NEUMANN, U./ROTH, H.-J. (2003): Förderung von Kindern und Jugendlichen mit Migrationshintergrund. Materialien zur Bildungsplanung und zur Forschungsförderung, Heft 107. – Bonn.

REICH, H. H./ROTH, H.-J. (2007): HAVAS 5 – Das Hamburger Verfahren zur Analyse des Sprachstandes bei Fünfjährigen. In: REICH, H. H./ROTH, H.-J./NEUMANN, U. (Hrsg.): Sprachdiagnostik im Lernprozess. Verfahren zur Analyse von Sprachständen im Kontext von Zweisprachigkeit. FöRMiG Edition Band 3. – Münster, S. 71-94.

SCHROEDER, CH. (2003): Der Türkischunterricht in Deutschland und seine Sprache(n). In: Zeitschrift für Fremdsprachenforschung 4, Heft 1, S. 23-39.

Ute Scheffler und Sabine Sterkenburgh

Diagnoseverfahren in der Praxis: Gestufter Einsatz von sprachdiagnostischen Instrumenten – am Beispiel von CITO und HAVAS 5

Nordrhein-Westfalen ist eines von zehn am Modellprogramm FÖRMIG beteiligten Bundesländern. FÖRMIG NRW besteht aus vier Schwerpunkten, in denen unterschiedliche Vorhaben an allen bildungsbiografischen Übergängen im Bildungssystem verwirklicht werden. Im *Schwerpunkt 1* zielen die Akteure auf die Optimierung ihrer interinstitutionellen Zusammenarbeit im Übergang von den Kindertagesstätten zur Grundschule. Kita und Grundschule kooperieren mit dem Ziel, die Anschlussfähigkeit zwischen den Institutionen des Elementarbereichs und der Primarstufe zu erhöhen und die Bildungskontinuität für das Kind im Übergang in der gemeinsamen Bildungsaufgabe Sprachförderung zu sichern. Gemeinsam erproben und evaluieren sie verschiedene Verfahren zur Sprachstandsfeststellung und -beobachtung. Dies wird im Folgenden – mit Blick auf die Erprobung der Verfahren – am Beispiel von Duisburg und Dinslaken genauer dargestellt.

Schwerpunkt 1 in Duisburg und Dinslaken

In fünf Stadtteilen Duisburgs sowie in einem Dinslakener Stadtteil kooperieren zwölf Kindertagesstätten und sieben Grundschulen. Eines ihrer Aufgabenfelder ist der Einsatz von sprachdiagnostischen Instrumenten zu förderdiagnostischen Zwecken am Übergang vom Elementarbereich in die Grundschule. Aufbauend auf diagnostischen Aussagen zu individuellen Sprachentwicklungsverläufen werden Fördermaßnahmen entwickelt und evaluiert. Erprobte Verfahren werden in schulstandortspezifische Sprachförderkonzepte eingebunden. Die Entscheidung, die Stadt Duisburg als einen FÖRMIG-Standort in NRW zu wählen, wurde vor allem wegen der kommunalen Erfahrungen in Entwicklung und Einsatz des digitalen Testverfahrens „CITO-Test Zweisprachigkeit" getroffen.

Weiterentwicklung und Anwendung des CITO-Tests Zweisprachigkeit in Duisburg

Seit 2000 wurden in Duisburg erhebliche Anstrengungen zum Ausbau des Sprachförderangebotes für Kinder mit Migrationshintergrund unternommen. Um den Bedarf an Fördermaßnahmen zu ermitteln und die aus Landesmitteln und kommunalen Mitteln bereitgestellten Ressourcen zielgerichtet einsetzen zu können, wurde nach einem geeigneten Erhebungsinstrument gesucht (vgl. PATER 2004). Dabei waren bildungspolitische, organisatorische und pädagogische Erwägungen entscheidend.

Nachdem die Stadt Duisburg und die CITOgroep im Januar 2003 einen Kooperationsvertrag geschlossen hatten, begannen Experten der Stadt Duisburg, des damaligen Landesinstituts für Schule[1], der CITO-groep, sowie zahlreiche Wissenschaftler und pädagogische Fachkräfte mit der Überarbeitung des in den Niederlanden etablierten „Toets Tweetaligheid" (VERHOEVEN 1995) und entwickelten einen Test in digitaler Form für den deutschen Sprachraum (vgl. KONAK/DUINDAM/KAMPHUIS 2005; ILLNER 2003, 2004).

Nachdem dieser in einem Pretest (Juni 2003) auf seine Eignung hin überprüft worden war[2], kam er im November 2003 als Sprachstandsfeststellungsverfahren im Rahmen der Schulanmeldung für alle Duisburger Kinder des Einschulungsjahrgangs 2004 zum Einsatz.[3]

Absolvierten im beschriebenen ersten Durchlauf noch alle einzuschulenden Kinder mit deutscher, deutsch-türkischer, türkischer, deutsch-anderssprachiger und anderssprachiger Familiensprache den CITO-Sprachtest, so wurde er in den darauf folgenden Jahren hauptsächlich für die Sprachstandsfeststellung von Kindern mit Migrationshintergrund in ihrer Erstsprache Türkisch und in der Zweitsprache Deutsch eingesetzt. Dabei diente er als Instrument zur quantitativen Erfassung von Kindern mit Sprachförderbedarf, zur Festlegung des individuellen Förderbedarfs

---

1   Seit 2007 Ministerium für Schule und Weiterbildung.

2   Der Pretest hat gezeigt, dass der für Deutschland entwickelte Test als Messinstrument genügend Zuverlässigkeit und Validität aufweist, hohe Korrelationen zwischen den vier rezeptiven und zwei produktiven Subtests hat und keine Höchstgrenzeffekte beobachtet wurden (vgl. KONAK/DUINDAM/KAMPHUIS 2005).

3   Seit 2004 muss in NRW die Schulanmeldung bis zum 15. November eines Jahres abgelaufen sein. Bestandteil der Schulanmeldung ist eine Sprachstandsfeststellung. Ziel ist es, möglichst ein Jahr vor der Einschulung die Kinder zu identifizieren, deren Kenntnisse und Fähigkeiten im Deutschen für den Besuch der Grundschule nicht ausreichen. Sie sollen das Jahr vor ihrer Einschulung nutzen, um in von der Kommune gebildeten, verbindlichen Sprachfördergruppen Deutsch zu lernen, bzw. ihre Sprachkompetenzen zu erweitern. Durch das Schulministerium sind die Instrumente zur Sprachstandsfeststellung vorgegeben: Fit in Deutsch, Sprachstandsüberprüfung und Förderdiagnostik für Ausländer- und Aussiedlerkinder (SFD), CITO-Test Zweisprachigkeit.

in der Zweit- und der Erstsprache, sowie der Orientierung von individuellem Förderbedarf in den Testteilen *phonologische Bewusstheit, passiver Wortschatz, kognitive Begriffe* und *Textverständnis.*

Basierend auf den Duisburger Erfahrungen mit dem CITO-Test Zweisprachigkeit, konnte das FörMig-Programm im FörMig NRW Schwerpunkt 1 auf Kenntnisse der Akteure aus den Duisburger Kindertageseinrichtungen und Grundschulen über die Entwicklung, Erprobung und Evaluation eines Verfahrens zur Sprachstandsfeststellung zurückgreifen. Neben der gewachsenen förderdiagnostischen Kompetenz hat der Test die Kommunikation und Kooperation zwischen den Pädagoginnen und Pädagogen aus Kindergarten und Grundschule in der gemeinsamen Bildungsaufgabe Sprachförderung verbessert (vgl. RZYSKI 2004).

Zu Beginn von FörMig empfahl der Programmträger[4] das Hamburger Verfahren zur Analyse des Sprachstands bei Fünfjährigen (HAVAS 5) als Instrument der zentralen Evaluation für diejenigen Projekte, die mit fünf- bis siebenjährigen Kindern arbeiten. In Duisburg und Dinslaken setzten daraufhin zwei Kindertageseinrichtungen und fünf Grundschulen in den Schuljahren 2005/06 und 2007/08 HAVAS 5 sowohl zur Evaluation, als auch zur Förderdiagnostik ein. So kamen zwei diagnostische Verfahren zur Anwendung: der CITO-Test Zweisprachigkeit und das Analyseverfahren HAVAS 5 (vgl. REICH/ROTH 2004, 2007).

Gestufter Einsatz von CITO und HAVAS 5 in Duisburg und Dinslaken

Aufgrund des im Abstand von einem Jahr erfolgten Einsatzes beider Verfahren zur Sprachstandsanalyse, die jeweils individuelle Förderbedarfe auswiesen und den Pädagoginnen und Pädagogen Hinweise für Förderentscheidungen gaben, wurde nach einem Weg gesucht, die Ergebnisse beider Verfahren in Kombination für die diagnosegestützte Sprachförderung zu nutzen.[5]

---

4   Dem Institut für International und Interkulturell Vergleichende Erziehungswissenschaft der Universität Hamburg obliegt als Programmträger die wissenschaftliche Begleitung und Beratung der Projekte in den Bundesländern, sowie die Evaluation des Programms.

5   Während bei der Schulanmeldung in Duisburg der CITO-Test Zweisprachigkeit bei allen der Schule gemeldeten Fünf- bis Sechsjährigen eingesetzt wird, erfolgt HAVAS 5 in Form einer Eingangserhebung zu Beginn des ersten Schuljahres sowie einer Ausgangserhebung zum Ende des Schuljahres.

Bei der Entscheidung für den gestuften Einsatz berücksichtigten die Akteure eine Vielzahl von Aspekten: Es galt bildungspolitische, organisatorische und pädagogische Ansprüche zu berücksichtigen und auszubalancieren (vgl. Anhang: Zusammenstellung der verschiedenen Blickwinkel, mit denen Institutionen und ihre Akteure das Kind mit seinem individuellen Förderbedarf betrachten können). Als sehr gewichtig ist der pädagogische Anspruch anzusehen: der Blick auf das Kind mit seinem Förderbedarf, der Blick auf den Lehrer oder die Lehrerin mit seinem oder ihrem Bedürfnis den Förderbedarf festzustellen und einen individuellen Förderplan für das Kind zu erstellen und der Blick auf die Eltern, die auf der Grundlage einer qualitätsvollen Analyse der Sprachfähigkeit ihres Kindes beraten werden können. Flankierend zum Einsatz der beiden Instrumente CITO und HAVAS 5 erhöhen die begleitenden Qualifizierungsmaßnahmen für das pädagogische Personal deren sprachdiagnostisches Repertoire.

Die Akteure beabsichtigten nicht einen Vergleich zwischen beiden Verfahren anzustellen, sondern nutzten alle ermittelten Messwerte und ihre Interpretation um geeignete Fördermaßnahmen auszuwählen. So setzten einige Grundschulen den CITO-Test Zweisprachigkeit bei ihren Erstklässlern ein zweites Mal ein und kommunizierten den kooperierenden Kindertageseinrichtungen die erhaltenen Testergebnisse als Lernfortschrittsmessung; das gleiche geschah mit den HAVAS 5-Profilanalysen. Neben dem interinstitutionellen gab es auch den intrainstitutionellen Austausch mit allen an der Sprachförderung beteiligten Akteuren (Klassen-, Förder-, Muttersprachenlehrerinnen und -lehrern).

Im Folgenden wird der gestufte Einsatz der Verfahren CITO-Test Zweisprachigkeit und HAVAS 5 am Beispiel des Standorts Lohberg in Dinslaken vorgestellt.

Praxisbeispiel GGS Lohberg – Dinslaken

Die Gemeinschaftsgrundschule (GGS) Lohberg liegt inmitten der denkmalgeschützten Siedlung Lohberg, einem Stadtteil mit besonderem Erneuerungsbedarf. Annähernd 90% der Schulkinder haben einen zumeist türkischen Migrationshintergrund. Die familiäre Situation und das soziale Umfeld der Kinder sind geprägt von Bildungsferne der Familien und wenig bis keinem Kontakt zu Kindern mit Deutsch als Erstsprache. Auch die Kinder aus Familien ohne Migrationshintergrund erleben oft gleiche soziale Lebensbedingungen; ihre sprachlich-kommunikativen Kompetenzen sind ebenfalls häufig durch Bildungsferne der Familien gekennzeichnet. Die hohe Anzahl Kinder nicht-deutscher Erstsprache hat Klassen zur Folge, die ausschließlich von Kindern mit Migrationshintergrund besucht werden. Das führt zu einem mangelnden „Bad" in der deutschen Sprache, da der einzige Muttersprachler oft der Klassenlehrer/die Klassenlehrerin ist.

Seit 2005 ist die GGS Lohberg „FöRMiG-Schule". Das Ziel des Kollegiums ist klar definiert:
Wir sind eine „Schule für Alle" – nach dem Prinzip einer Pädagogik der Vielfalt – und alle Kinder sollen die deutsche Sprache so gut beherrschen, dass sie ihrem Begabungspotential entsprechend allgemeine Schulabschlüsse erwerben können.[6]

Um dieses Ziel erreichen zu können, wurde ein Konzept entwickelt, das zu diagnostischen Zwecken folgende Schritte umfasst:
* „Startbox" bei der Schulaufnahme
* CITO bei der Schulaufnahme
* CITO im 1. Schuljahr
* HAVAS 5 im 1. Schuljahr
* CITO im 2. Schuljahr

Start mit der „Startbox"

Am Tag der Schulaufnahme gehen alle Kinder durch den Parcours der „Startbox". Die Kinder werden dabei in folgenden Bereichen beobachtet:
* Mathematische Vorerfahrungen
* Grob- und Feinmotorik
* Sprache: aktiver und passiver Wortschatz

Am Ende des Parcours ergibt sich für jeden Bereich ein Ranking von 4 bis 1, wobei 4 das beste Abschneiden beschreibt.

CITO – 1. Durchführung bei der Schulaufnahme

Alle Kinder, die in der „Startbox" im Bereich Sprache den Wert 4 nicht erreicht haben, werden von der Schule in Kooperation mit den Kitas zur Sprachstandserhebung mit dem CITO-Test Zweisprachigkeit eingeladen. Der Test erfolgt im November/Dezember des gleichen Jahres und somit in großer zeitlicher Nähe zur Schulaufnahme. Zunächst ist das Ziel, eine quantitative Erfassung der Kinder mit Sprachförderbedarf zu erhalten, die Anzahl wird an das Schulamt der Kommune weitergegeben und auf

---

6   Konzept zur Sprachförderung an der Gemeinschaftsgrundschule Lohberg 2007.

Grundlage dieser Daten werden von dort aus die Sprachfördergruppen an den Kitas festgelegt.

Der CITO-Test testet die Sprachkomponenten mit vier Subtests: *Passiver Wortschatz* mit 60 Items, *Kognitive Begriffe* mit 65 Items, die *Phonologische Bewusstheit* mit 30 Items und das *Textverständnis* mit Hilfe von vier 4 Geschichten und 20 expliziten und impliziten Fragen. Zunächst erfolgt die Erhebung in der Zweitsprache Deutsch und einige Tage später auch in der Erstsprache Türkisch.

Durchgeführt wird der CITO-Test am Computer. Bedingt durch die vorhandenen Computerarbeitsplätze können immer acht Kinder gleichzeitig getestet werden. Die einfache, kindgemäße Darstellung und Handhabung des Tests ist für die Kinder motivierend und auch Kinder, die keine Erfahrung im Umgang mit der Computermaus haben, kommen gut damit zurecht.

Die Auswertung erfolgt direkt nach Beenden des Tests durch das Programm selbst und enthält die individuellen Punktwerte des Kindes im Verhältnis zum maximal erreichbaren Punktwert für jeden der vier Subtests. Darüber hinaus weist die Auswertungsmatrix orientiert an Normwerten aus, welche Kinder in welchen Teilbereichen besonderen Sprachförderbedarf haben bzw. über ein ausreichendes Sprachvermögen verfügen (vgl. KONAK/DUINDAM/KAMPHUIS 2005; PATER 2004, S. 30f.). Kinder mit Sprachförderbedarf können also schnell identifiziert werden und die Schule kann die Daten zum Sprachförderbedarf an die Kommune weitergeben. In der Folge werden die Ergebnisse durch die Pädagoginnen und Pädagogen interpretiert und aufbereitet. Neben Kindern mit ausgewiesenem Förderbedarf wird auch auf die Kinder ein besonderes Augenmerk gelegt, deren erreichte Punktzahlen an den Grenzen zum Förderbedarf liegen. Die interpretierten Daten werden mit den Leiterinnen der benachbarten Kindertageseinrichtungen besprochen und dienen den Einrichtungen als Grundlage für weitere Förderentscheidungen und gezielte Sprachfördermaßnahmen. Die Grundschule Lohberg nutzt die Daten im Weiteren als Grundlage für eine heterogen angelegte Klassenbildung. Die Datenaufbereitung erfolgt mit Hilfe einer Excel-Tabelle:

Tabelle 1: Aufbereitung der Ergebnisse des Cito-Tests

NAME	Teil 1/60	Teil 2 /65	Teil 3 /30	Teil 4 /20	Förderbedarf	Beobachtungen
	41	48	10	10	Teil 3	
	38	39	12	9	Teil 2 / 3	
	40	44	13	13	Teil 3	
	37	55	23	11	x	
	38	48	8	11	Teil 3	
	39	48	25	13	x	konzentriert mit Augenzwinkern
	47	50	23	12	x	unruhig, geringe Ausdauer
	31	38	9	8	Teil 1 / 2 / 3 / 4	unruhig, motorisch unsicher
	48	56	20	14	x	
	40	44	15	14	x	
	37	29	10	11	Teil 2 / 3	geringe Konzentration, motorisch unsicher
	41	57	28	20	x	unruhig
	43	46	17	10	x	
	44	52	29	16	x	
	44	53	26	15	x	
	37	30	17	10	Teil 2	Motorik
	53	57	27	17	x	
	46	56	15	13	x	
	43	51	24	10	x	
Mittelwert	41,4	47,4	18,5	12,5		

CITO – 2. Durchführung

Nach der Einschulung werden alle Kinder bis zu den Herbstferien ein zweites Mal getestet. Im Mittelpunkt steht dabei die im vergangenen Jahr erfolgte weitere sprachliche Entwicklung der Kinder, was zugleich auch eine Evaluation der Sprachfördermaßnahmen der zuständigen Kindertageseinrichtung bedeutet. Diese Ergebnisse werden wiederum auf die gleiche Weise wie im Jahr zuvor in der Schule interpretiert und aufbereitet. Ebenso werden die interpretierten Daten gemeinsam mit den Erzieherinnen und den Lehrerinnen der Kinder diskutiert: So kann die sprachliche Entwicklung der Kinder in der gemeinsamen Aufgabe Sprachförderung nachvollzogen werden. Wiederum finden die einzelnen Sprachkomponenten, in denen der Förderbedarf vorliegt, besondere Beachtung, daran schließen sich die diagnosegestützten Fördermaßnahmen an. Im Folgenden dienen diese Daten als Grundlage für die Sprachfördermaßnahmen in der Schule.

Das Hamburger Verfahren zur Analyse des Sprachstands Fünfjähriger HAVAS 5

Durch die zweite Durchführung des CITO-Tests Zweisprachigkeit werden Kinder mit hohem Sprachförderbedarf identifiziert. Der Sprachstand dieser Kinder wird im Anschluss mit dem sprachanalytischen Verfahren HAVAS 5 in Erst- und Zweitsprache erfasst. Dabei wird HAVAS 5 als qualitatives diagnostisches Instrument genutzt, welches orientiert an Indikatoren zu ausgewählten sprachlichen Kompetenzbereichen Aufschluss über den Stand der Aneignungsprozesse des Kindes in der Erst- und der Zweitsprache gibt. Die Kompetenzbereiche sind:

• die Erzählfähigkeit
• das Bewältigen der Gesprächssituation
• der Wortschatz
• die Grammatik (z.B. im Deutschen mit den Indikatoren Formen und Stellung des Verbs mit Übergangserscheinungen sowie dem Indikator Satzverbindungen)

Zwar ist die Durchführung und Auswertung aufwändig in Zeit und Qualifikation, gibt aber der Pädagogin und dem Pädagogen wertvolle, differenziert angelegte Aussagen zum Sprachförderbedarf und der sich anschließenden individuellen Förderung, die sich an VYGOTSKIJS Konzept der „Zone der näheren Entwicklung" orientiert. REICH und ROTH (2007, S. 87) betonen, dass „Sprachstandsanalyse und Förderentscheidungen im gleichen pädagogischen Kontext erfolgen" sollen.

CITO – 3. Durchführung

Am Ende der Klasse 1, bzw. zu Beginn der Klasse 2, wird der CITO-Test Zweisprachigkeit ein drittes Mal durchgeführt. Die Ergebnisse dienen der Evaluation der schulischen Sprachförderung und bieten die Möglichkeit, die sprachliche Weiterentwicklung des Kindes zu erfassen. Die Ergebnisse werden wie zuvor mit allen an der Sprachförderung beteiligten Akteuren diskutiert und interpretiert, um den sprachdiagnostischen Blick aller Beteiligten zu erweitern und die sprachdiagnostischen Maßnahmen durch alle zu verantworten. Die Ergebnisse geben Orientierung für die Planung der weiteren Sprachförderung in äußerer und innerer Differenzierung.

In der Förderplanung nach CITO orientierten sich die Pädagoginnen und Pädagogen an den sprachlichen Teilqualifikationen passiver Wortschatz, kognitive Begriffe, phonologische Bewusstheit und Textverständnis. Nach der Durchführung von HAVAS 5 ist das Spektrum des Förderplans erweitert um einen kompetenzorientierten Blick. In der Planung von Förderentscheidungen erwiesen sich das Zusammenwirken von Sprachstandsanalyse und Förderplanung durch das Ableiten von Förderschwerpunkten sowie das Wissen um die Fähigkeiten des Kindes in der Erst- und der Zweitsprache als qualitätssteigernde Faktoren in der Sprachförderung. Die Ergebnisse der Ausgangserhebung mit HAVAS 5 zeigen neben evaluativen Aussagen zur Wirksamkeit des schulischen Sprachförderkonzeptes auch die Wirksamkeit der diagnosegestützten individuellen Fördermaßnahmen auf und regen weitere Diskussionen über die schulische Sprachförderung für Kinder mit Migrationshintergrund in ihrer personellen, organisatorischen, didaktischen, methodischen und medialen Gestaltung an.

Folgende Gelingensfaktoren gilt es abschließend herauszustellen. Die sehr aufwändige förderdiagnostische Arbeit ist dann sinnvoll und zielführend, wenn bestimmte Faktoren in der Arbeit immer mitgedacht werden:

1. Die Qualifizierung des pädagogischen Personals als Grundlage für eine gelingende Sprachstandsdiagnostik und die sich daran anschließende Förderung der Kinder.
2. Der mehrfache Einsatz diagnostischer Verfahren, um Möglichkeiten zu schaffen, das eigene pädagogische Handeln zu evaluieren und gegebenenfalls zu modifizieren.
3. Regelmäßigkeit im kollegialen Austausch, der wichtig ist für die gemeinsam verantwortete Diagnose, die Förderung und die Evaluation.

Literatur

FREITAG, H./SCHÜSSLER, C./STECK-LÜSCHOW, A. (2003): Die Startbox – Diagnostik zur Lernausgangslage. – Hannover.

ILLNER, J. (2003): Der Sprachfähigkeit auf der Spur. In: forum schule 2, S. 34-35.

ILLNER, J. (2004): Sprachstandsmessung. In: CHRISTIANI, R. (Hrsg.): Schuleingangsphase neu gestalten. – Berlin, S. 36-53.

KONAK, O./DUINDAM, T./KAMPHUIS, F. (2005): CITO-Sprachtest – Wissenschaftlicher Bericht. Cito B.V. Arnhemt.

PATER, E. (2004): Sprachstandserhebung für die Kinder des Einschulungsjahrgangs 2004 in Duisburg. In: DaZ 2, S. 26-34.

REICH, H. H./ROTH, H.-J. (2007): HAVAS 5 – das Hamburger Verfahren zur Analyse des Sprachstands bei Fünfjährigen. In: REICH, H. H./ROTH,

H.-J./NEUMANN, U.: Sprachdiagnostik im Lernprozess. FÖRMIG Edition Band 3. – Münster, S. 71-94.
ROTH, H.-J. (2008): Verfahren zur Sprachstandsfeststellung – ein kritischer Überblick. In: BAINSKI, CH./KRÜGER-POTRATZ, M. (Hrsg.): Handbuch Sprachförderung. – Essen, S. 22-41.
RZYSKI, R. (2004): Verzahnung der Sprachförderung in Kindergarten und Grundschule. In: KiTa aktuell 12, S. 252-254.

Anhang

CITO-Zweisprachigkeit	HAVAS 5
Fokus: Institutionen	
- Test findet im Rahmen der Schulanmeldung in den Grundschulen statt - quantitativ angelegtes Testverfahren - zeitnahe Auswertung – Ergebnisse sofort nach Durchführung verfügbar - Ergebnisse in Punktwerten – Normierung legt Förderbedarf fest - Daten werden den Kitas zur Verfügung gestellt - Daten können als Grundlage für die Einteilung von Fördergruppen dienen - Kommune erhält Daten – zielgerichteter Einsatz der Ressourcen	- Einsatz an den so genannten FÖRMIG-Basiseinheiten – Kitas und Grundschulen - Einsatz in Lerngruppen – Auswertung vor Ort und an der Universität Hamburg (Evaluation) – zeitaufwändige Auswertung - gestufter Einsatz bei Kindern mit Förderbedarf nach CITO - Einsatz bei gezielt ausgewählten Kindern
Fokus: Kind	
- einfache, kindgemäße Handhabung am Computer - alle Kinder eines Jahrgangs bzw. alle Kinder eines Jahrgangs mit Migrationshintergrund - Kinder mit Sprachförderbedarf in Zweitsprache und/oder Erstsprache Türkisch werden schnell identifiziert - Einbezug der Zweisprachigkeit	- Erzählimpuls Bilderfolge und Nacherzählen der Bilderfolge - ausgewählte Kinder eines Jahrgangs - Kinder mit Sprachförderbedarf in Erst- und/oder Zweitsprache werden identifiziert - Einbezug der Zweisprachigkeit
Fokus: Lehrer und individuelle Förderplanung	
- erfährt Anzahl der erreichten Punkte von maximal erreichbaren Punkten - Normierung legt Förderbedarf fest (KF oder F) - Normierung weist Förderbedarfe in den jeweiligen Testteilen passiver Wortschatz, kognitive Begriffe, phonologische Bewusstheit und Textverständnis aus - quantitative Aussagen zu sprachlichen Teilqualifikationen geben Orientierung für die individuelle Förderplanung	- erstellt Sprachstandsanalyse selbst - qualitative Analyse mit Hilfe eines Auswertungsbogens mit Indikatoren zum Sprachhandeln, zur Sprachstruktur und zum Wortschatz - Orientierungswerte legen Förderbedarfe fest - Orientierung an Erwerbsstufen und deren Übergangsphänomenen stützt die Ableitung von Förderschwerpunkten für die individuelle Förderplanung

Fokus: Qualifizierung des pädagogischen Personals	
- Schulung des pädagogischen Personals (Inhalte, technische Aspekte, Einführung, Begleitung und Unterstützung der Kinder) - Testverfahren erweitert das sprachdiagnostische Repertoire	- Schulung des pädagogischen Personals - hoher Wert für die Qualifizierung – Erweiterung des sprachdiagnostischen Repertoires: Wissen um Spracherwerbsprozesse, Entwicklungsstufen, Übergangsphänomene, Fehler als Fenster zum Entwicklungsstand des Kindes - Sprachprofil- und Förderplanerstellung bedingen sich – gezieltes Anknüpfen von Förderbereichen möglich
Fokus: Kooperation an der Schnittstelle Elementar- und Primarbereich	
- ist an allen Duisburger Kindertageseinrichtungen und Grundschulen bekannt - Daten werden mit den Kitas diskutiert und interpretiert - ist <u>ein</u> gemeinsames diagnostisches Instrument - hat Kooperation zwischen Kitas und Grundschulen vorangetrieben - verbessert die Anschlussfähigkeit zwischen beiden Schnittstellen	- ist an allen FöRMiG-Basiseinheiten bekannt - Profilanalysen werden vom pädagogischen Personal im jeweiligen System erstellt - ist <u>ein</u> gemeinsames diagnostisches Instrument - hat Kooperation zwischen Kitas und Grundschulen vorangetrieben - verbessert die Anschlussfähigkeit zwischen beiden Schnittstellen
Fokus: Evaluation	
- Evaluation der Förderarbeit durch mehrfachen Einsatz des Verfahrens	- ein Instrument im Modellprogramm FöRMiG - Evaluation der Förderarbeit durch mehrfachen Einsatz des Verfahrens

Bilge Yörenç und Monika Grell

Diagnosegestützte Förderung mehrsprachiger Kinder nach dem Einsatz von HAVAS 5

Das Diagnoseinstrument „Hamburger Verfahren zur Analyse des Sprachstandes Fünfjährigen HAVAS 5" (REICH/ROTH 2004) zielt auf eine Feststellung des gesamten Sprachentwicklungsstandes eines Kindes ab, der bei mehrsprachigen Kindern Kompetenzen in all seinen Sprachen umfasst (vgl. REICH/ROTH 2007). Nur durch eine Überprüfung des Entwicklungsstandes in beiden bzw. allen Sprachen kann eine angemessene Entscheidung über die sprachliche Förderung eines mehrsprachigen Kindes getroffen werden. Das Verfahren ist für die Sprachen Türkisch, Polnisch, Russisch, Italienisch, Spanisch, Portugiesisch und Deutsch konzipiert. Die Indikatoren zur Bestimmung des Sprachstandes variieren von Sprache zu Sprache (vgl. ebd.).

Im folgenden Beitrag wird am Beispiel eines zweisprachig türkisch-deutsch aufwachsenden Kindes, ein Mädchen namens Zeynep[1], der Weg von der Diagnosestellung mit HAVAS 5 bis zur Aufstellung individueller Sprachförderziele beschrieben. In den Abbildungen 1 und 2 sind zunächst **Transkriptionen** der sprachlichen Äußerungen des Kindes zur Bilderfolge „Katze und Vogel" auf Türkisch und Deutsch als Zweitsprache dargestellt.

> bir kuş ağacın üstüne çıkmış, şarkı söylüyor - kedi ona bakıyor - burda kedi kuşun yanına geliyor - böyle dilini çıkarmış. böyle yapıyor - [das Kind ahmt das Schlecken der Katze geräuschvoll nach] - kuş kediyi görünce korkuyor, ağaca kaçıyor - burda kedi onun arkasından atlıyor - kuş ağacın üstünde - kedi yukarı bakıyor - şimdi kedi ağacın üstünde, kuş kaçıyor - burda böyle ağlıyor - "Burası yüksek nasıl incem?" diyor - kuş kaçtı ya, şimdi karnı aç, öğle yemeği yok, ondan ağlıyor

Abbildung 1: Sprechprobe Türkisch, Zeynep (5 Jahre)

> sie singt Vogel - Vogel singt - Katze das fallen Vogel - aber hat sie nicht den Vogel - Katze hat hinterherspringen - und hat sie wieder nicht gefangen - sie weint - sie singt - sie fängt - sie hat nicht gefangen - hat sie hier gespringt - sie hat nicht - sie singt nicht, sie weint

Abbildung 2: Sprechprobe Deutsch, Zeynep (5 Jahre)

---

1   Der Name des Kindes wurde anonymisiert.

Die beiden Interviews mit Zeynep zur Bildfolge „Katze und Vogel" sind von zwei Personen durchgeführt worden, da kaum mehrsprachige Interviewer zur Verfügung stehen. Sie sind daher in beiden Sprachen unterschiedlich gestaltet; so wird z.b. im Türkischen die Abschlussfrage *„Warum weint die Katze?"* zweimal gestellt. Dadurch erhält Zeynep zwar die Möglichkeit, mehrere Begründungen zu nennen und ihre sprachlichen Kompetenzen zu zeigen, es erschwert jedoch den Vergleich der sprachlichen Fähigkeiten des Kindes in seinen Sprachen. Daher ist ein einheitliches Vorgehen bei der Interviewdurchführung angezeigt.

Die beiden Sprechproben werden anhand der HAVAS 5-Indikatoren **ausgewertet**. Gemeinsame Indikatoren für beide Sprachen sind die *Aufgabenbewältigung, Bewältigung der Gesprächssituation* und – auch wenn kein direkter Vergleich möglich ist – der *verbale Wortschatz*. Zwei Indikatoren der deutschen Sprache sind *Formen und Stellung des Verbs* sowie *Satzverbindungen*. Im Türkischen dagegen sind es die *Verbsuffixe* und die *eingebetteten Konstruktionen*.

Ergebnis der Auswertungen sind **Sprachprofile** für das Deutsche und Türkische. Die Profile umfassen neben den in HAVAS 5 erzielten Punktwerten auch zusammenfassende Kommentare zu den Diagnoseergebnissen, die weitere Erläuterungen zum Sprachstand enthalten.

Auf einem zweiten Bogen, den **Förderentscheidungen**, sind die sprachliche Entwicklung des Kindes insgesamt und das Verhältnis der beiden Sprachen zueinander charakterisiert. Aus dieser Darstellung ergeben sich Konsequenzen für die Förderung und damit zusammenhängend auch Entscheidungen für die individuelle Förderplanung.

Zeyneps sprachliche Kompetenzen im Deutschen sind in den einzelnen Bereichen höchst unterschiedlich. Bei der Aufgabenbewältigung zeigt Zeynep Durchhaltevermögen. Sie erzählt die Geschichte hauptsächlich mit Blick auf das Handeln der Katze. Nur der Gesang des Vogels findet zu Beginn der Erzählung eine deutliche Erwähnung. Die erzählerische Form einer Geschichte scheint sie zu kennen. Zeynep verwendet keine Strategien wie z.B. Fragen nach Ausdrücken oder Nutzung von Wörtern ähnlicher oder allgemeinerer Bedeutung. Während der Umfang ihres verbalen Wortschatzes recht gering zu sein scheint und Nomen außer in Form von Tierbezeichnungen nicht von ihr eingesetzt werden, zeigt sie im Bereich Grammatik (*Formen und Stellung des Verbs*) eine beachtliche Leistung, verwendet jedoch keine Satzverbindungen. Diese Unterschiedlichkeit der Kompetenzen ist eher ungewöhnlich. Eine Stärke Zeyneps könnte die Fähigkeit sein, sich Strukturen zu merken und sie korrekt wiedergeben zu können, in diesem Fall die Verbformen im Präsens.

Zeynep verwendet auch das Perfekt. Sie weiß um seine Zusammensetzung aus einem Hilfsverb und Partizip II, operiert aber nicht mit dem Hilfsverb „sein" und zeigt Unsicherheiten bei der Bildung des Partizips:

An einer Stelle verwendet sie einen Infinitiv statt des Partizips („*hat hinterhergespringen*"), an anderer Stelle bildet sie durch Anwendung der Regeln für die Partizipbildung schwacher Verben eine nicht zielsprachliche Partizipform eines starken Verbs („*gespringt*"). Darüber hinaus bildet sie ein Partizip II eines starken Verbs korrekt („*gefangen*").

Zeynep kennt die Zweitstellung des Verbs im Satz und formt mit dem Perfekt schon eine korrekte Satzklammer, indem sie Einschübe wie „*nicht*" oder „*wieder nicht*" zwischen Hilfsverb und Verb positioniert.

In türkischer Sprache erzählt Zeynep die Geschichte äußerst sicher, ausführlich, gut strukturiert und folgerichtig. Sie behält den Überblick und kann die Zusammenhänge versprachlichen. Da sie abwechslungsreich beschreibt, wirkt ihre Erzählung lebendig. Ihre Erstsprache ist weit entwickelt. Zur Beantwortung der Abschlussfrage: „*Warum weint die Katze?*" führt sie gleich mehrere Begründungen auf hohem sprachlichem Niveau an, die sie mit „*ondan ağlıyor*" (deshalb weint sie) beschließt. Ihre Äußerungen zeigen, dass sie die Pointe der Geschichte verstanden und beide Akteure der Geschichte und deren Handlungen im Blick hat. Zur Bewältigung der Gesprächssituation ist von der Interviewerin vermerkt, dass Zeynep das Schlecken der Katze lautmalerisch nachahmt. Das ist ein Zeichen dafür, dass sie Strategien entwickelt hat, mit denen sie Sprachnot überbrücken kann.

Eine Besonderheit der türkischen Sprache sind die Suffixe und die eingebetteten Konstruktionen, die als sprachliche Indikatoren dienen. Die verschiedenen Suffixe des Verbs, welche die Zeitstufen ausdrücken, werden nacheinander erworben. „*-iyor*" ist das Präsenssuffix und wird in der Regel im zweiten Lebensjahr erworben. „*-di*" und „*-miş*" sind Suffixe der Vergangenheitsbildung, deren Erwerb in der Regel gleichzeitig stattfindet. Um die richtige Verwendung dieser Formen zu beherrschen, müssen die Kinder sie intensiv benutzen, um sie klar auseinanderhalten zu können. Das Futursuffix „*-ecek*" wird später erworben; sein Vorkommen zeigt daher, dass ein Schritt über einfache grammatische Fähigkeiten hinaus gemacht worden ist. Zeynep gebraucht alle genannten Suffixformen, die sie an 13 verschiedenen Verben differenziert einsetzt. Sie verwendet auch das Verb „*atlamak*" (hüpfen), das in der Regel selten benutzt wird. Sie gebraucht in ihrer Erzählung verschiedene Zeitformen: Gegenwart (*kaçıyor*; dt. läuft weg) und Vergangenheit (*çıkmış*; dt. kletterte). Die Verwendung der Zeitform „*-miş*" zeigt, dass Zeynep die literarische Erzählform sicher beherrscht und eine hohe morphologische Kompetenz in der türkischen Sprache aufweist.

Im Türkischen können Aussagen entweder mit einfachen Konjunktionen oder mit bestimmten Verbsuffixen (*-ip, -iken, -ince, -se* oder *-dik*) miteinander verbunden werden. Zeynep verbindet einmal eine Aussage mit

dem Suffix „*-ince*", das nach dem Prinzip der Vokalharmonie[2] in Form
von „*-ünce*" erscheint (in *görünce*; dt. wenn jemand etwas sieht). Diese
für die türkische Sprache charakteristische Form entspricht im Deutschen einer Verbindung von Haupt- und Nebensatz. Zusätzlich verbindet sie ihre Äußerungen durch eingebettete direkte Rede: „*'Burası yüksek,
nasıl incem?' diyor*"; auch dadurch wirkt ihre Erzählung lebendig.

Auf dem Weg zur Förderplanung wird zunächst einmal das Verhältnis
der beiden Sprachen zueinander dargestellt, da die Förderung bei einer gut entwickelten Erstsprache anders zu konzipieren ist als bei zwei
schwach entwickelten Sprachen. Die Auswertung der Sprechproben zeigt,
dass bei Zeynep eine überdurchschnittlich hohe Dominanz der Erstsprache vorliegt. Die Ergebnisse in den zentralen Auswertungskategorien
sind ein Indiz dafür. In der Zweitsprache Deutsch dagegen hat sie noch
einen langen Sprachlernprozess vor sich. In beiden Sprachen zeigt sie
jedoch ein gutes Strukturbewusstsein bei den *Formen und Stellungen des
Verbs* sowie bei den Zeitformen.
       Da das Ziel einer Förderung darin besteht, beide Sprachen auf dem
bestmöglichen Niveau auszubilden, braucht Zeynep vorrangig Förderung
in der Zweitsprache. Trotzdem sollte ihre dominante Erstsprache weiter
ausgebaut werden. Hierzu bieten sich komplexe Erzählaufgaben bzw. Er-
zählvorlagen an, die einen höheren Schwierigkeitsgrad aufweisen. Über
gelenkte Erzählanlässe mit Hilfe zweisprachiger Bücher könnte Zeyneps
Erzählkompetenz auch in beiden Sprachen gesteigert werden.
       Wie die Sprachförderung in der Zweitsprache Deutsch geplant und
durchgeführt wird, hängt davon ab, ob dies durch eine monolinguale
oder zweisprachige Lehrkraft geschieht. Wenn Zeyneps Interview von einer zweisprachigen Lehrkraft durchgeführt und ausgewertet wird, kann
diese Förderentscheidungen treffen, die sie vom hohen Stand der Erstsprache ableitet, um sie auch in der Zweitsprache anzustreben. Eine
einsprachig deutsche Lehrkraft kann die Kompetenzen in der Erstsprache nur zur Kenntnis nehmen, wird sich jedoch eher an den noch unge-
sicherten sprachlichen Strukturen (den so genannten Übergangsformen)
orientieren.

Die bis jetzt gemachten Feststellungen führen zu den individuellen Förderzielen für Zeynep in der deutschen Sprache. An dieser Stelle steht
nicht das langfristige und übergeordnete Ziel einer Sprachbeherrschung
auf hohem Niveau im Vordergrund, sondern die Benennung von drei
oder vier vordringlichen, eher kurzfristigen Förderzielen, die in erreich-

---

2   Die Vokale der Endungen richten sich nach dem letzten Vokal des Stammwortes
    bzw. der vorhergehenden Endung.

barer Nähe für das Kind liegen und die konkret bearbeitet und überprüft werden können:

1. Zeynep sollte ihren verbalen Wortschatz erweitern, mit dem sie zu verschiedenen Themenbereichen zusammenhängend erzählen kann. Hierfür müssen Sprech- und Erzählanlässe geschaffen werden, in denen systematisch neue Verben eingeführt werden. Auch Modalverben sollten in diesem Zusammenhang erarbeitet werden.

2. Zeynep sollte Sicherheit im Gebrauch der Verbformen erlangen. Da sie Vorkenntnisse in diesem Bereich mitbringt, auf denen in der Förderung aufgebaut werden kann, sollten ihr in den jeweiligen thematischen Sprech- und Erzählanlässen systematisch Infinitivformen wie auch schwache und starke Verben im Präsens und im Perfekt gleichermaßen angeboten werden. Die in Zeyneps Sprechprobe aufgetretenen Übergangsformen bei der Partizipienbildung im Perfekt deuten darauf hin, dass es sich hierbei um ein Förderziel handelt, das in erreichbarer Nähe ihrer bisherigen grammatischen Entwicklung in der Zweitsprache liegt.

3. Um die erarbeiteten Verben optimal nutzen zu können, ist es nötig, auch ihren nominalen Wortschatz auszubauen. Hierfür sollten Begriffe und Strukturen themengebunden erarbeitet werden. Allerdings sollte berücksichtigt werden, dass in Zeyneps Erzählung zur Bildfolge nicht deutlich wird, ob sie in diesem Bereich bereits über weitreichendere Kenntnisse verfügt.

4. Zusammen mit der Erarbeitung eines erweiterten nominalen Wortschatzes ist eine Einführung und Systematisierung der bestimmten und unbestimmten Artikel erforderlich.

Weitere Förderziele, wie z.B. die Verwendung von Konjunktionen, damit Zeynep lernt ihre Aussagen sinnvoll miteinander zu verknüpfen, können zu einem späteren Zeitpunkt benannt werden. Die kleinen Förderziele erfordern eine konkrete Zielformulierung und die Entwicklungsschritte können leicht überprüft werden. Auch können bei Bedarf neue Sprachübungen zum Wiederholen und Festigen eingesetzt werden. Die so erzielten Erfolge können Kinder beim Lernen motivieren, vor allem aber bleibt das Ziel der Sprachförderung gegenwärtig.

Für die sprachliche Förderung sind vom Hamburger HAVAS 5 Projektteam im Rahmen von FörMig Materialien entwickelt worden, die explizit auf die Diagnose mit HAVAS 5 abgestimmt sind (s. Infokasten). Darüber hinaus können andere Fördermaterialien eingesetzt werden, wenn sie sprachfördernde Aspekte für das einzelne Kind bieten, die zu den individuell gesetzten Förderzielen passen. Das in diesem Beitrag dargelegte Beispiel zeigt den Weg von den Analyseergebnissen hin zu der Erarbeitung von Förderzielen und den zu treffenden Förderentscheidungen auf. Dabei liefern die Sprechproben in beiden Sprachen wichtige Hinweise für die Anlage der Förderung und die Schwerpunktsetzung innerhalb dieser. Um dieses Potenzial, das HAVAS 5 als mehrsprachig angelegtes Instrument bietet, auch tatsächlich nutzen zu können, ist eine Kooperation mit zweisprachigen Fach- und Lehrkräften erforderlich.

Materialien zur diagnosegestützten Förderung nach HAVAS 5:

REICH, Hans H./ ROTH, Hans-Joachim (2004): Hamburger Verfahren zur Analyse des Sprachstandes Fünfjähriger HAVAS 5. Hamburg: Landesinstitut für Lehrerbildung und Schulentwicklung.

LI HAMBURG/FÖRMIG (2005): Ausführungen zur diagnosegestützten Sprachförderung. Hamburg: Landesinstitut für Lehrerbildung und Schulentwicklung.

LI HAMBURG/FÖRMIG (2005): Frühkindliche Sprachförderung. Materialpaket. Hamburg: Landesinstitut für Lehrerbildung und Schulentwicklung.

LI HAMBURG/FÖRMIG (2006): Frühkindliche Sprachförderung. 3. Auflage. Hamburg: Landesinstitut für Lehrerbildung und Schulentwicklung.

LI HAMBURG/FÖRMIG (2007): Konzept zur Sprachförderung mit Bildern im Elementar- und Primarbereich. Hamburg: Landesinstitut für Lehrerbildung und Schulentwicklung.

LI HAMBURG/FÖRMIG (2008): Sprachförderung mit naturwissenschaftlichen Experimenten zum Thema Wasser im Elementar- und Primarbereich. Hamburg: Landesinstitut für Lehrerbildung und Schulentwicklung.

Literatur

REICH, H. H./ROTH, H.-J. (2007): HAVAS 5 – das Verfahren zur Analyse des Sprachstands bei Fünfjährigen. In: REICH, H. H./ROTH, H.-J./NEUMANN, U. (Hrsg.): Sprachdiagnostik im Lernprozess. Verfahren zur Analyse von Sprachständen im Kontext von Zweisprachigkeit. FÖRMIG Edition Band 3. – Münster, S. 71-94.

Gudrun Carls

Die „Lerndokumentation Sprache" in der Schulanfangsphase

Die „Materialien zum Sprachlernen in Kitas und Grundschulen" (SENATS-VERWALTUNG 2005) wurden am Landesinstitut für Schule und Medien (LISUM) Berlin erarbeitet. Sie bestehen aus
* der *Lerndokumentation Sprache* (LdS),
* *Handreichungen* für pädagogische Fach- und Lehrkräfte,
* der Anregung zu einer *„Schatzkiste"* als eine Art Portfolio für das Kind.

Im Modellprogramm FÖRMIG wurde die LdS an Berliner FÖRMIG-Schulen evaluiert und weiter entwickelt, sodass sie nun in einer dritten Fassung vorliegt (vgl. Anhang). Sie soll im Folgenden ausführlicher dargestellt werden.

Die Lerndokumentation Sprache (LdS) ist ein DIN A3 – Bogen, auf dem für jedes Kind seine Lernentwicklung während der zweijährigen Schulanfangsphase (SAPH) erfasst werden kann. Die Dokumentation beginnt mit der Lernausgangslage und der Weiterführung ihrer Bereiche zur phonologischen Bewusstheit. Auch werden die Lernbereiche *Schreiben, Lesen, Mündliches Sprachhandeln* sowie *Sprache untersuchen* dargestellt.

Die prozessorientierte Beobachtung will das Verständnis der Lehrkräfte fördern, dass Sprache sich in einem längeren Prozess individuell entwickelt und gezielte Beobachtungen sowie Lernangebote notwendig sind, um diesen Prozess zu unterstützen. Die – komplexen und situationsorientierten – Beobachtungen können anhand der Aufgaben des Unterrichts selbst erfolgen. Dokumentiert wird, was das Kind bereits kann, sodass die Lernangebote hieran anknüpfen können. Punktuelle Lernstandserhebungen (z.B. Lernausgangslagenuntersuchung, Sprachstandsfeststellung, standardisierte Schreibproben) werden in die Prozessbeobachtung eingebettet.

Aufbau der Dokumentation

Die einzelnen Lernbereiche gliedern sich in *Aspekte, Meilensteine* und *Notizen.*

Aspekte	Meilenstein
Sprechen, erzählen, andere informieren spricht deutlich und flüssig ☐☐☐ erzählt von eigenen Erlebnissen ☐☐☐ beteiligt sich mit eigenen Ideen und Gedanken an Gesprächen ☐☐☐ hält sich an vereinbarte Gesprächsregeln, hört zu und geht auf andere ein ☐☐☐ stellt Geschichten im Spiel dar (Rollenspiel, Theaterformen ...) ☐☐☐ stellt ein Arbeitsergebnis / einen Lösungsweg folgerichtig dar ☐☐☐	kann komplexe Sachverhalte sprachlich darstellen:
Notizen: z.B. bevorzugte Themen, Situationen, Spielformen ...	

Abbildung 1: Ausschnitt aus dem Lernbereich „Mündliches Sprachhandeln"

Die Entwicklung der einzelnen Aspekte wird durch Ankreuzen der entsprechenden Niveaustufe abgebildet: ☐☐☐ erfüllt die Anforderung: „in Ansätzen" – „mit Hilfe" – „selbstständig". Stagnation wird durch Umkreisen der Stufe markiert.

Aspekte

In der Spalte *Aspekte* werden Kriterien genannt, die beim Sprachlernen und Schriftspracherwerb von Bedeutung sind und auf den Anforderungen des Rahmenlehrplans Deutsch für die Schulanfangsphase basieren. Da die Lehrpläne nicht zwischen ein- und mehrsprachigen Kindern unterscheiden, wurde dies in der LdS beibehalten. Dennoch gilt es die Unterschiede bei den Schlussfolgerungen aus der Beobachtung für einen differenzierenden Regelunterricht zu berücksichtigen. Das bedeutet für die Lehrkraft, Aufgabenstellungen mit unterschiedlichen Niveaustufen und vielfältigen Bearbeitungsmöglichkeiten anzubieten. Durchgängige Sprachbildung als Regelunterricht – eine zwingende Notwendigkeit in Schulen, deren Kinder zu 70% und mehr einen Migrationshintergrund haben – beruht auf einem in seiner Gesamtheit sprachförderlichen Unterrichtskonzept, statt auf einem punktuellen Training.

Ausführliche Informationen sowie Anregungen für einen differenzierenden Unterricht enthalten die zur LdS gehörenden *Handreichungen*.

Meilensteine

Nicht für jedes Kind ist eine ausführliche Dokumentation zu jedem Aspekt notwendig, wohl aber sollte Sicherheit bestehen, kein Kind zurückgelassen zu haben. Das Erreichen so genannter *Meilensteine* sollte daher mit jedem Kind sichergestellt werden. Zur Überprüfung der Meilensteine trifft die Schule intern Vereinbarungen, die in der Übernahme standardisierter Verfahren (z.b. die Hamburger Schreibprobe HSP) oder intern festgelegter Standards (z.b. Lesepass, Kriterien an Schülerarbeiten) bestehen können (vgl. Abbildung 2). Der Verzicht auf Vorgaben soll die schulinterne Diskussion in den SAPH-Teams über eine verbindliche Qualität der Aussagen anregen und eigene, gute Erfahrungen zulassen.

Diese Aufteilung resultiert aus den Rückmeldungen der an der Evaluation beteiligten Lehrkräfte.

Schreibentwicklung bildet bei einem Wort erste Laute ab (meist Anlaute) □□□ mehrere Laute (Lautskelette) □□□ fast alle Laute eines Wortes □□□ wendet erste Rechtschreibmuster an (meist übergeneralisierend) □□□	schreibt lautgetreu: - *HSP Mai 09* *oder* - *Konfetti-Schreibprobe* *oder ...*

Abbildung 2: Überprüfung der Meilensteine am Beispiel „Übernahme standardisierter Verfahren"

Notizen

Die LdS hält Platz für *Notizen* der Lehrkraft vor. Individuelle Zugriffsweisen, Vorlieben, Auffälligkeiten oder das Kind betreffende Entscheidungen können festgehalten und bei den Lernangeboten berücksichtigt werden. Weitere Dokumentationsformen werden überflüssig, sodass alle Informationen zum Sprachlernen in einem Dokument zur Verfügung stehen, sei es für Elterngespräche, das Zeugnis oder für die Entscheidung über die Verweildauer in der SAPH.

Entwicklung schulinterner Sprachlernkonzepte

Die Arbeit in jahrgangsgemischten Gruppen (entweder Jahrgänge 1/2 oder 1/2/3) erfordert konsequente Binnendifferenzierung. Hierbei leistet die LdS Planungshilfe sowohl für die Differenzierungsangebote im Regelunterricht als auch für gezielte Fördermaßnahmen in zusätzlichen

Unterrichtsangeboten. Dies sind z.b. temporäre Lerngruppen oder Arbeitsgemeinschaften zum Erzählen, Rollen- und Theaterspiel, Vorlesen und Verstehen, Geschichten schreiben, Experimentieren, Förderung der auditiven Wahrnehmung und Aufmerksamkeit u.a.m. Als eine wichtige Vorraussetzung für die Entwicklung eines schulinternen Sprachlernkonzepts wurden in den FöRMiG-Schulen Teams gestärkt oder gebildet, zu denen alle Pädagogen und Pädagoginnen der SAPH gehören. Damit sind in die Diskussion um sprachintensiven Unterricht alle Fächer sowie die Ganztagsschule einbezogen und aufgefordert, die in der LdS formulierten Anforderungen zu berücksichtigen und zur Entwicklung der sprachlichen Fähigkeiten des Kindes beizutragen. Die LdS bietet hier eine Hilfe, eine gemeinsame Sprache und Ziele zu entwickeln.

Übergang Kita – Schule

Um eine Durchgängigkeit der Sprachförderung von der Kita in die Schule zu erreichen, wurden die LdS und das *Sprachlerntagebuch* (SENATSVERWALTUNG 2007) der Berliner Kitas aufeinander abgestimmt. Das Sprachlerntagebuch dient Erzieherinnen und Erziehern zur Beobachtung und Dokumentation der sprachlichen Entwicklung der Kinder in ihrer Kita-Zeit. Der Dokumentationsteil ist sowohl inhaltlich als auch in seiner Form mit der LdS abgestimmt.

Das *Sprachlerntagebuch* enthält darüber hinaus ein Portfolio, in dem die Erzieherin oder der Erzieher z.B. Äußerungen des Kindes zu selbst gemalten Bildern oder zu Fotos festhält sowie Interviews zu Interessen und Erfahrungen des Kindes. Das Kind bringt sein Buch mit in die Schule und gewährt somit der Lehrkraft wichtige Einblicke in seine Entwicklung. Allerdings ist hierzu noch das Einverständnis der Eltern erforderlich. Die aufeinander abgestimmten Instrumente erleichtern jedoch die Kooperation der beiden Bildungseinrichtungen. An einer Vertiefung, z.B. durch gemeinsame Fortbildungen, arbeiten derzeit in FöRMiG eine Schule und sieben Kitas exemplarisch.

Die Schatzkiste

„Lernen sichtbar machen" ist das Anliegen der Schatzkiste, die das Portfolio der Kita in der Schule ablöst. In einem Karton sammelt das Kind Produkte, die ihm persönlich bedeutend sind: erste Schreibversuche, Wörter und Geschichten, Lieblingstexte, Fotos und Gegenstände, die besondere Ereignisse repräsentieren sowie Bestätigungen der Lehrkraft von Lernerfolgen.

Diese Sammlungen werden z.B. im Stuhlkreis anderen Kindern vorgestellt und begründet. Natürlich können sie auch als Grundlage für ein individuelles Gespräch mit dem Kind über seine Lernentwicklung genutzt werden oder den Eltern wertvolle Einblicke vermitteln: in das Schulleben, die (häufig unterschätzten) Lernfortschritte sowie in besondere Neigungen ihres Kindes.

Fazit

Es bleibt noch abzuwarten, inwieweit die Möglichkeiten, die die LdS über das Erfassen der sprachlichen Entwicklung hinaus bietet, in der Praxis genutzt werden. Dazu fehlen noch die Erfahrungen mit der überarbeiteten Fassung. Mehrheitlich äußerten die Teilnehmer und Teilnehmerinnen jedoch, dass ihre Sensibilität für das Sprachlernen durch die Auseinandersetzung mit der LdS gewachsen sei. Statt grammatischer Fehler wird die bereits vorhandene Sprachkompetenz des Kindes deutlicher wahrgenommen. Ein schneller Zugriff auf den Dokumentationsbogen, in den bei Bedarf weitere Blätter eingelegt werden können, erleichtert das Festhalten von Beobachtungen und rückt das einzelne Kind, statt die Gruppe, stärker in den Fokus.

Ein souveräner Umgang mit dem Instrument bedarf jedoch einer gewissen Praxis und Vertrautheit mit den Inhalten. Eine externe Begleitung der Einführung der LdS ist sicherlich sehr vorteilhaft, soll die Lehrkraft nicht den Mut verlieren, etwas Neues auszuprobieren. Keineswegs sollte vorausgesetzt werden, dass jede Kollegin, jeder Kollege über aktuelles Wissen des Sprach- und Zweitspracherwerbs verfügt. Schulinterne Fortbildungen im Team zu den Handreichungen (Theorie und Praxisbeispiele) und zu weiteren Themen sollten die Einführung begleiten. Schließlich geht es nicht um die Durchführung von „Tests", sondern um eine Veränderung bzw. Optimierung des Unterrichtskonzepts. Dazu sind Zeit und regelmäßiger Austausch über Erfahrungen notwendig.

Literatur

SENATSVERWALTUNG FÜR BILDUNG, JUGEND UND SPORT (Hrsg.) (2005): Materialien zum Sprachlernen in Kitas und Grundschulen. – Berlin.
SENATSVERWALTUNG FÜR BILDUNG, WISSENSCHAFT UND FORSCHUNG (Hrsg.) (2007): Sprachlerntagebuch für Kindertagesstätten und Kindertagespflege. – Berlin.
www.berlin.de/sen/bwf
www.foermig-berlin.de/materialien.php

Anhang

Lerndokumentation Sprache: Meilensteine

Name	Familiensprache(n):

Dokumentationszeitraum: von   bis

Lernausgangsuntersuchung: LauBe / Sprache und weitere Entwicklung

1. Schriftkenntnisse *Schreibentwicklungsstufen*	0	1		2	3		4	

2. Silben klatschen LauBe Ergebnis:	0	1	2	3	4	5	6	7	8

weitere Entwicklung:
zwei- ☐☐, mehr- ☐☐ und einsilbige ☐☐ Wörter

erfüllt die
Anforderung

3. Reimwörter erkennen LauBe Ergebnis:									

weitere Entwicklung:
Reimwörter aus Angebot ordnen ☐☐ ergänzen ☐☐, selbst finden ☐☐

erfüllt die
Anforderung:

4. Zwillingswörter finden LauBe Ergebnis:									

5. Anlaute vergleichen LauBe Ergebnis:									

weitere Entwicklung:
Wörter mit gleichem Anlaut aus Angeboten hören ☐☐, ergänzen ☐☐
Anlaute selbstständig heraushören ☐☐

erfüllt die
Anforderung:

Basale Fähigkeiten

Grobmotorik:
Ball zielgerichtet werfen ☐☐☐   Ball fangen ☐☐☐   balancieren ☐☐☐
auf einem Bein hüpfen ☐☐☐

erfüllt die
Anforderungen:

Feinmotorik:
Schleife binden ☐☐☐   mit Schere eine Linie entlang schneiden ☐☐☐
Klebstoff auftragen ☐☐☐   einen Stift richtig halten ☐☐☐

erfüllt die
Anforderungen:

Mundmotorik:
durch einen Trinkhalm pusten ☐☐☐   Kerze anpusten, ohne dass sie ausgeht ☐☐☐
Mund- und Zungenstellung imitieren ☐☐☐

erfüllt die
Anforderungen:

Auditive Wahrnehmung:
Geräusche unterscheiden ☐☐☐   Geräuschfolge wiedergeben ☐☐☐
Richtung eines Tons hören ☐☐☐   Rhythmus nachklatschen ☐☐☐

erfüllt die
Anforderungen:

Notizen: z.B. besondere Bedürfnisse, Neigungen … zu Schulanfang

Mündliches Sprachhandeln

Zuhören und verstehen
hört aufmerksam zu ☐☐☐ versteht das Wesentliche von Geschichten ☐☐☐
versteht Sachinformationen ☐☐☐ versteht Arbeitsaufträge ☐☐☐
fragt nach, wenn es etwas nicht verstanden hat ☐☐☐

zeigt Verstehen durch adäquates Handeln:

Wortschatz
sammelt und ordnet themenbezogen Wörter ☐☐☐
kennt und verwendet Oberbegriffe ☐☐☐
erschließt sich die Bedeutung zusammengesetzter Wörter ☐☐☐

eignet sich neue Wörter an:

Sprechen, erzählen, andere informieren
spricht deutlich und flüssig ☐☐☐ erzählt von eigenen Erlebnissen ☐☐☐
beteiligt sich mit eigenen Ideen und Gedanken an Gesprächen ☐☐☐
hält sich an vereinbarte Gesprächsregeln, hört zu und geht auf andere ein ☐☐☐
stellt Geschichten im Spiel dar (Rollenspiel, Theaterformen...) ☐☐☐
stellt ein Arbeitsergebnis / einen Lösungsweg folgerichtig dar ☐☐☐

kann komplexe Sachverhalte sprachlich darstellen:

Notizen: z.B. bevorzugte Themen, Situationen, Spielformen ...

Sprache und Sprachgebrauch

LauBe - Bildergeschichte *Sprachprofilanalyse / Satzbildungsstufen*	**0** *Bruchstücke*	**1** *Hauptsätze*	**2** *Verbklammer*	**3** *Inversion / Frage*	**4** *Nebensätze*
weitere Entwicklung: *Wiederholung Sprachprofilanalyse*					

Sprachkonventionen
kennt und verwendet gängige Sprachfloskeln / passende Sprachmittel (Begrüßung, Entschuldigung, ...) ☐☐☐
nutzt und versteht nonverbale Redemittel (Gestik, Mimik ...) ☐☐☐

kennt gebräuchliche Kommunikationsformen:

Sprache untersuchen
nutzt eingeführte Symbole/Symbolfarben als Hilfe zur Wort- u. Satzbildung ☐☐☐
ordnet Wörter eingeführten Wortarten zu ☐☐☐
erkennt, ob ein Satz vollständig ist ☐☐☐
kann einen einfachen Hauptsatz erweitern ☐☐☐
unterscheidet und verwendet Zeitformen angemessen ☐☐☐
stellt Vergleiche mit Wörtern anderer Sprachen an ☐☐☐

zeigt sich sprachaufmerksam:

Notizen: z.B. Einsetzen der Erstsprache, kreative Wortschöpfungen, ...

Schreiben

Laut- Buchstabenzuordnung / Umgang mit einer Anlauttabelle ordnet Laute und Buchstaben zu ☐☐☐ schreibt Buchstaben gut lesbar ☐☐☐	beherrscht die Laut – Buchstaben – Zuordnung:
Schreibentwicklung bildet bei einem Wort erste Laute ab (meist Anlaute) ☐☐☐ mehrere Laute (Lautskelette) ☐☐☐ fast alle Laute eines Wortes ☐☐☐ wendet erste Rechtschreibmuster an (meist übergeneralisierend) ☐☐☐	schreibt lautgetreu:
Richtig schreiben hält Wortlücken ein ☐☐☐ schreibt wichtige Modellwörter richtig ☐☐☐ beachtet bereits Rechtschreibmuster (<en>, <st>, <ie>, <mm> …) ☐☐☐ schreibt Satzanfang groß ☐☐☐ markiert Satzende ☐☐☐	orientiert sich an Orthografie:
Rechtschreibstrategien nutzt Abschreibtechniken ☐☐☐ Mitsprechen ☐☐☐ Wortverlängerung ☐☐☐ verwandte Wörter ☐☐☐ Wortbausteine ☐☐☐ erschließt sich Großschreibung von Nomen ☐☐☐ schlägt in Wörterliste/Wörterbuch nach ☐☐☐	nutzt Rechtschreib- strategien:

Notizen: z.B. Welche Übungsformen bevorzugt das Kind? …

Texte verfassen

Ideen aufschreiben schreibt zu einem Bild / einem Thema ein Wort / Wörter ☐☐☐ Sätze ☐☐☐ kurze Geschichte ☐☐☐ eine folgerichtig aufgebaute Geschichte ☐☐☐ findet eigene Schreibideen ☐☐☐ hält mit Stichwörtern (auch Symbolen) Informationen / Fragen fest ☐☐☐	setzt Schreibideen angemessen um:
Texte überarbeiten nutzt Überarbeitungshilfen (Wörtersammlung, Satzanfänge …) ☐☐☐ nutzt eine Schreibberatung mit anderen Kindern für Entwürfe / Überarbeitung ☐☐☐ gestaltet einen Text für eine Veröffentlichung übersichtlich und gut lesbar ☐☐☐	überarbeitet Texte mit Hilfe:

Notizen: z.B. Wann, wo, worüber, mit wem schreibt das Kind gerne? nutzt einen PC …

Lesen

Leseinteresse hört beim Vorlesen interessiert zu ☐☐☐ nutzt freie Lesezeiten (auch Betrachten von Bilder- / Sachbüchern) ☐☐☐ wählt gezielt Bücher aus ☐☐☐ liest selbst gewählte Bücher / Texte mit Ausdauer ☐☐☐	zeigt Interesse am Lesen:
Leseentwicklung orientiert sich an Symbolen und Piktogrammen ☐☐☐ liest Wörter ☐☐☐ Sätze ☐☐☐ Texte ☐☐☐ sinnerschließend; liest geübte Texte betont und mit sinnvollen Pausen vor ☐☐☐	beherrscht die Lesetechnik:
Lesestrategien bezieht den Kontext mit ein ☐☐☐ stellt Vermutungen zum Fortgang der Handlung an ☐☐☐ erkennt häufig vorkommende Wörter auf einen Blick ☐☐☐ bemerkt Verständnisschwierigkeiten und kann sie lösen ☐☐☐ (z.B. durch Gliederung längerer Wörter in Silben; Überprüfen des vermeintlich Richtigen; ...)	nutzt Lesestrategien:
Umgang mit Texten beantwortet Fragen zu einfachen Texten (z.B. Geschichten) ☐☐☐ erschließt Informationen aus einfachen Sachtexten ☐☐☐ äußert Gedanken / Meinungen zum Text ☐☐☐	erschließt wesentliche Inhalte aus Texten:

Notizen: z.B. Welche Inhalte, Textsorten, Übungssituationen bevorzugt das Kind? Lesen in der Familiensprache? ...

Notizen: (z.B. Teilnahme an temp.Lerngruppe(n), AGs, DaZ-Kursen ...)

_____

_____

_____

_____

_____

_____

_____

Andreas Weber

„Sag' mal was" und „LiSe-DaZ" – Aktivitäten der Landesstiftung Baden-Württemberg zur Sprachförderung und Sprachdiagnose

Einführung

Sprache und Sprachfähigkeit bilden die Grundlage für jeden Bildungsprozess. Eine verbesserte Kenntnis und Beherrschung der deutschen Sprache von Kindern ist daher ein zentrales Anliegen der Landesstiftung Baden-Württemberg. Bereits im November 2002 – knapp zwei Jahre nachdem die Landesstiftung das operative Geschäft aufgenommen hatte – beschloss der Aufsichtsrat der Stiftung das Programm *„Sprachförderung im Vorschulalter"*. Mit zunächst fünf Millionen Euro sollten „Maßnahmen zur sprachlichen Qualifikation im Vorschulalter" durchgeführt werden. Aus dem ersten Beschluss hat sich ein umfangreiches Programm entwickelt. Unter dem Titel „Sag' mal was – Sprachförderung für Vorschulkinder"[1] wurde es zu einem zentralen Handlungsfeld der Landesstiftung: Über 30 Millionen Euro wurden mittlerweile in das Programm investiert, mehr als 65.000 Kinder (Stand Ende 2007) konnten damit erreicht werden.

Die Landesstiftung Baden-Württemberg – „Wir stiften Zukunft"

Die Landesstiftung Baden-Württemberg gGmbH kann als eine ‚Zukunftswerkstatt für Baden-Württemberg' bezeichnet werden. Als eine der größten Stiftungen bundesweit realisiert sie – unter dem Motto: *„Wir stiften Zukunft"* – Projekte, die wichtige Impulse für die Standortsicherung des Landes geben.

Die Landesstiftung ist ein noch junger Akteur in der Stiftungslandschaft. Im Jahr 2000 entstand sie aus Privatisierungserlösen. Ihr Vermögen beläuft sich auf etwa 2,5 Milliarden Euro. Alle Projekte werden aus den Erträgen des Vermögens finanziert. So können rund 50 Millionen Euro pro Jahr in innovative, gemeinnützige Projekte investiert werden. Je 35 Prozent davon fließen in die Bereiche „Forschung und Wissenschaft" und „Bildung", die restlichen 30 Prozent in den Bereich „Soziale

---

1 „Sag' mal was – Sprachförderung für Vorschulkinder"® und die Wort-Bild-Marke (Vögelchen) sind eingetragene Marken der Landesstiftung Baden-Württemberg.

Verantwortung & Kultur". Die Projekte konzentrieren sich auf die Spitzenforschung, die Internationalisierung, die Bildung sowie eine spannende Kulturlandschaft. Die Landesstiftung sieht sich zudem in der Verantwortung, soziale Randgruppen und Benachteiligte zu integrieren und zu fördern.

Exportorientierung und internationale Vernetzung Baden-Württembergs machen individuelle Sprachkompetenzen, interkulturelle und internationale Erfahrungen immer wichtiger. Deshalb stehen Programme, die genau diese Kompetenzen stärken, im Zentrum des Bildungsbereichs der Landesstiftung. Zusammen mit dem Baden-Württemberg-STIPENDIUM ist „Sag' mal was" das umfangreichste Programm hiervon (vgl. LANDESSTIFTUNG BADEN-WÜRTTEMBERG 2007a).

Sprachförderung für Vorschulkinder

„Sag' mal was – Sprachförderung für Vorschulkinder" – die Inhalte des Programms

Die Grundlagen für die späteren Lebens- und Bildungschancen eines Kindes werden in den ersten Lebensjahren gelegt. Besonders die sprachliche Entwicklung ist dabei zentral: Denn Sprache ermöglicht es dem Menschen, sich die Welt zu erschließen, sich zu verständigen, sich neues Wissen anzueignen. „Sag' mal was" umfasst Sprachfördermaßnahmen, Elemente der Elternbildung, die Entwicklung eines förderdiagnostischen Instruments und die Qualifizierung von Multiplikatorinnen.[2] Das Programm wird wissenschaftlich begleitet.

---

2   Im Jahr 2005 finanzierte die Landesstiftung gezielte Fortbildungen von Multiplikatorinnen, um die Kompetenzen bei den Erzieherinnen zum Thema Sprachförderung zu verbessern. Mit der Evaluation der Multiplikatoren-Qualifizierung wurde das Institut Univation beauftragt. Das Institut überprüfte die Wirksamkeit der jeweiligen Konzepte der Multiplikatoren-Qualifizierung. Zwischenzeitlich sind wir auf diesem Gebiet nicht mehr aktiv, auch weil sich die Situation – z.B. mit den vielfach entstandenen Studiengängen zur frühkindlichen Pädagogik – gewandelt hat.

Die Sprachfördermaßnahmen bilden den Kern des Programms. Sie zielen sowohl auf Verbesserung beim Erstsprachenerwerb in der deutschen Sprache als auch auf Unterstützung beim Erwerb der deutschen Sprache als Zweitsprache. Gefördert werden Kinder, die eine besondere Unterstützung beim Spracherwerb benötigen. Insbesondere Kinder mit Migrationshintergrund profitieren davon.

Bei der inhaltlichen Schwerpunktsetzung der Sprachfördermaßnahmen konnte auf vielerlei Vorarbeiten zurückgegriffen werden. Wichtig für eine zielgruppengerichtete Umsetzung war eine kohärente und systematisch umsetzbare Projektstruktur.

Eine Projektgruppe aus allen relevanten Institutionen (Träger von Tageseinrichtungen für Kinder, Ministerien, Kommunen und Verbände) erarbeitete ein Konzept, auf dessen Basis das Projekt für Baden-Württemberg umgesetzt werden konnte. Ein wichtiges Element dieses Konzepts war die Verständigung auf eine Zielvereinbarung. Das von der Projektgruppe erstellte Dokument „Ziele, Leitlinien und Umsetzungsschritte" hat im Wesentlichen noch heute Bestand.

Eine externe Steuerung und kritische Begleitung von „Sag' mal was" wird durch den „Beirat Sprachförderung" gewährleistet. Dieser ist gemäß den Qualitätsstandards der Landesstiftung mit renommierten Wissenschaftlern aus dem gesamten deutschsprachigen Raum besetzt (bspw. Prof. Ingrid Gogolin, Prof. Hannelore Grimm, Prof. Wassilios Fthenakis oder Prof. Rosemarie Tracy). Etwa ein- bis zweimal pro Jahr werden in diesem Gremium strategische Grundüberlegungen und Fragen der wissenschaftlichen Begleitung beraten.

Frühe Mehrsprachigkeit ist Ausgangspunkt und Ziel der Sprachfördermaßnahmen. Frühe Mehrsprachigkeit wird als Chance betrachtet und daher konsequent gefördert. Für mehr als 60 Prozent der teilnehmenden Kinder ist Deutsch die Zweitsprache (auch manchmal die Drittsprache). Zielsprache für alle Kinder ist Deutsch. Im Durchschnitt gibt es pro Fördergruppe acht Kinder, insgesamt stehen 120 Förderstunden für jedes Kind zur Verfügung (4-5 Stunden/Woche). 2.700 Euro werden pro Fördergruppe ausgegeben.

Eine aktive Beteiligung der Eltern ist nicht nur gewünscht, sie trägt entscheidend zum Erfolg des Programms bei. Für eine erfolgreich durchgeführte Kooperation mit den Eltern werden zusätzlich 500 Euro zur Verfügung gestellt. Die Elternbeteiligung soll sich am individuellen Bedarf orientieren, zielgerichtete und nachhaltige Konzepte bieten und auf gegenseitiger Wertschätzung basieren. Beispiele hierfür sind der Aufbau eines Sprachfördernetzes oder das Rucksackmodell. Weitere Möglichkeiten werden auf der Webseite des Projekts beschrieben.

Im Kindergartenjahr 2007/08 wurden die Sprachfördermaßnahmen zum fünften Mal ausgeschrieben. Teilnahmevoraussetzungen sind der Einsatz von qualifizierten Fachkräften, die die Kinder fördern, eine Sprachstandserhebung, ein Förderplan und die Dokumentation von Förderbedarf, Förderzielen, Planung und Evaluation sowie die Einwilligungserklärung der Eltern. Die Resonanz blieb weiterhin groß: Das Antragsvolumen betrug fast sechs Millionen Euro. Die Landesstiftung konnte knapp fünf Millionen Euro zur Verfügung stellen. In über 1200 Einrichtungen bzw. knapp 1700 Gruppen wurden schließlich fast 16.000 Kinder gefördert.

„Sag' mal was" versteht sich als „lernendes Programm"; Impulse, die aus Praxiserfahrungen, dem Austausch mit den Trägern oder neuen Erkenntnissen der Sprachforschung entstehen, dienen dazu, vereinbarte Maßnahmen kontinuierlich zu verbessern (vgl. POTNAR/WEBER 2006).

Die Landesstiftung legt daher großen Wert darauf, dass beobachtete Ansätze der Sprachförderung in den Kindertageseinrichtungen wissenschaftlich begleitet, dokumentiert und analysiert werden. Zudem sollen Wechselbeziehungen zwischen den Randbedingungen, wie die Qualifikation der Fachkräfte, Sprachstandserhebungsverfahren, Elternbeteiligung sowie Zusammensetzung der Fördergruppe, und Fördereffekten aufgeklärt werden. Ziel ist es, tragfähige Antworten auf zentrale Fragen der Sprachförderung im vorschulischen Bereich zu finden, etwa in Bezug auf die kritischen Erfolgsfaktoren für gute Sprachfördermaßnahmen.

Die Landesstiftung hat zwei Wissenschaftlergruppen mit der wissenschaftlichen Begleitung beauftragt. Die Pädagogische Hochschule Heidelberg führt eine Evaluationsstudie in den Städten Mannheim und Heidelberg durch. Schwerpunktmäßig wird hier die Wirksamkeit von unterschiedlichen Förderprogrammen analysiert. Die Pädagogische Hochschule Weingarten untersucht in einer flächendeckenden Erhebung die Wirkung der Sprachfördermaßnahmen. Ein spezifisches Element ist dabei die Erfassung der Gruppenarbeit durch Videoanalysen.[3]

„Linguistische Sprachstandserhebung – Deutsch als Zweitsprache" (LiSe-DaZ)

Wissenschaftlich fundierte, validierte und normierte Sprachstandserhebungen für mehrsprachige Kinder gibt es kaum. Deshalb gab die Landesstiftung im Jahr 2005 die Entwicklung einer Sprachstandserhebung

---

3   Erste Zwischenergebnisse sind zu finden unter: http://www.sagmalwas-bw.de/ projekt01/index.php?idcat=10

in Auftrag. Bei der von Rosemarie Tracy und Petra Schulz entwickelten „Linguistischen Sprachstandserhebung – Deutsch als Zweitsprache" (LiSe-DaZ)[4] (vgl. WENZEL/SCHULZ/TRACY in diesem Band) handelt es sich um eine differenzierte Sprachstandsdiagnostik, die eine effiziente Erfassung förderbedürftiger Kinder ermöglichen und konkrete Anhaltspunkte für die individuelle Förderung geben soll. Sie richtet sich an Kinder von drei bis sieben Jahren. Motiviert war dieser Forschungs- und Entwicklungsauftrag durch den Diagnosebedarf, der sich von Anfang an bei unseren Sprachfördermaßnahmen ergab. Wir waren zunächst gezwungen, Instrumente zuzulassen, die für dieses Anliegen nur begrenzt geeignet waren. Zentrale Zielsetzung der Forschungsarbeit ist es deshalb, für Kinder mit DaZ ein sensitives Instrumentarium zur Sprachstandsdiagnose zu entwickeln und durch die Auswahl der Aufgaben bereits konkrete Anhaltspunkte für eine anschließende Förderung zu gewinnen. Wichtiges Kriterium war dabei auch eine einfache Durchführbarkeit und die Anwendbarkeit durch Erzieherinnen. In diesem Jahr wird die Endversion erstellt und normiert.

„Frühe Mehrsprachigkeit: Mythen – Risiken – Chancen" – Sprachförderung in der öffentlichen Diskussion

Das Programm „Sag' mal was" war von Beginn an ausgerichtet auf hohe Aktivität, möglichst viele Sprachfördermaßnahmen und die Beteiligung von Kindertageseinrichtungen. „Werbung" für das Projekt stand nicht im Vordergrund. Dennoch beteiligten wir uns an der öffentlichen Diskussion. Der Landesstiftung ist zugute zu halten, in Baden-Württemberg die Diskussion um Sprachförderung sowie um Zwei- und Mehrsprachigkeit insgesamt beeinflusst zu haben. Die Internetseite des Programms[5] dient als Informationsquelle und erste Anlaufstelle für Antragsteller, durchführende Einrichtungen und Interessenten.

Um die öffentliche Diskussion zu intensivieren, hat die Landesstiftung in Zusammenarbeit mit der Universität Mannheim im Oktober 2006 zu dem Kongress „Frühe Mehrsprachigkeit: Mythen – Risiken – Chancen" eingeladen. Rund 300 Experten aus Forschung und Praxis diskutierten die Wichtigkeit der frühen und gezielten Förderung der Mehrsprachigkeit. Baden-Württembergs Ministerpräsident Günter H. Oettinger hielt fest: *„Frühkindliche Bildung spielt auch eine entscheidende Rolle für die Inte-*

---

4   „LiSe-DaZ"® ist eine eingetragene Wortmarke der Landesstiftung Baden-Württemberg.

5   www.sagmalwas-bw.de

gration in unsere Gesellschaft [...] Mehrsprachigkeit ist heute die Grundlage
für soziale Integration, für wirtschaftliche Erfolge in einer globalisierten Welt,
für das friedliche Zusammenleben der Völker und damit für die Zukunftsfähig-
keit einer Gesellschaft." (vgl. LANDESSTIFTUNG BADEN-WÜRTTEMBERG 2007b,
S. 9). Die auf dem Kongress verabschiedete „Mannheimer Erklärung
zur frühen Mehrsprachigkeit – 11 Thesen" (vgl. LANDESSTIFTUNG BADEN-
WÜRTTEMBERG 2007c, S. 39) gibt wichtige Impulse auf dem Gebiet der
Sprachförderung. Unter anderem heißt es darin *„Kinder werden durch das*
Erlernen einer zweiten oder weiteren Sprache nicht überfordert. Sie können von
Geburt an mit mehr als einer Sprache aufwachsen. Die erfolgreiche Entfaltung
von sprachlichen Kompetenzen ist auf günstige Rahmenbedingungen angewiesen.
Kinder brauchen ein adäquates zielsprachliches Vorbild. Dies setzt eine entspre-
chende Qualifikation aller am Bildungsprozess Beteiligten voraus."

Weiterentwicklung – Sprachliche Bildung für Kleinkinder

Das bestehende Programm wird derzeit von der Landesstiftung weiterentwickelt. Dabei soll die sprachliche Bildung, der Spracherwerb und
die Entwicklungsförderung von Kleinkindern, insbesondere von Kindern
unter drei Jahren, die in Kindertageseinrichtungen betreut werden, gemeinsam mit den pädagogischen Fachkräften gestärkt werden. Die ent-
wicklungspsychologischen, elementarpädagogischen und sprachwissen-
schaftlichen Kenntnisse und die Handlungskompetenz der pädagogischen
Fachkräfte in den Kindertageseinrichtungen sollen dabei verbessert werden. Das Projekt wird in Zusammenarbeit mit ausgewählten Tageseinrichtungen und einer wissenschaftlichen Begleitung realisiert.

Mit dieser Initiative möchte die Landesstiftung die Chance einer frühen Unterstützung von Kindern insbesondere beim Spracherwerb fort-
setzen und innovative Wege einschlagen.

Ausblick

Sprachförderung ist und bleibt ein zentrales Thema auf der bildungspoli-
tischen Agenda. Bei dem Programm „Sag' mal was" ist ein Netzwerk von
Experten – Projektträger, Erzieherinnen, Trägereinrichtungen Wissenschaftler und Projektverantwortliche – entstanden. Aus der Unterschiedlichkeit der Zugänge entwickeln sich fast zwangsläufig neue Chancen für
eine erfolgreiche Weiterführung des Programms. Hierbei bleibt stets das
Ziel, Kindern vor Schuleintritt die Gelegenheit zu bieten, intensiv mit
der deutschen Sprache in Kontakt zu kommen. Dabei soll die altersge-

mäße Sprachentwicklung gefördert und unterstützt werden. Wir arbeiten daran, dass die Wichtigkeit und Chance früher Mehrsprachigkeit – und wir richten unseren Blick dabei bewusst nicht nur auf wenige Prestige-sprachen – erkannt wird. Gesellschaftlich und politisch soll frühe Mehr-sprachigkeit entsprechende Anerkennung und Unterstützung erhalten.

Mit dem Programm „Sag' mal was – Sprachförderung für Vorschul-kinder" möchte die Landesstiftung weiterhin wichtige Impulse geben, die auch über die Grenzen Baden-Württembergs hinaus wirken.

Literatur

LANDESSTIFTUNG BADEN-WÜRTTEMBERG GGMBH (Hrsg.) (2007a): Geschäftsbe-richt 2007. – Stuttgart. Verfügbar unter: www.landesstiftung-bw.de.

LANDESSTIFTUNG BADEN-WÜRTTEMBERG GGMBH (Hrsg.) (2007b): Grußwort von Günther H. Oettinger, Ministerpräsident des Landes Baden-Würt-temberg. In: Frühe Mehrsprachigkeit: Mythen – Risiken – Chancen. Do-kumentation zum Kongress am 5. und 6. Oktober 2006 in Mannheim. Schriftenreihe der Landesstiftung Baden-Württemberg 28. – Stuttgart, S. 9. Verfügbar unter: www.landesstiftung-bw.de/publikationen/files/ sr-28_fruehemehrsprachigkeit.pdf.

LANDESSTIFTUNG BADEN-WÜRTTEMBERG GGMBH (Hrsg.) (2007c): Mannheimer Erklärung zur frühen Mehrsprachigkeit – 11 Thesen. In: Frühe Mehr-sprachigkeit: Mythen – Risiken – Chancen. Dokumentation zum Kon-gress am 5. und 6. Oktober 2006 in Mannheim. Schriftenreihe der Lan-desstiftung Baden-Württemberg 28. – Stuttgart, S. 39. Verfügbar unter: www.sagmalwas-bw.de/projekt01/media/pdf/Mannheimer_Erklaerung. pdf.

POTNAR, C./WEBER, A. (2006): Sag' mal was – Sprachförderung für Vorschul-kinder – Eine Projektdarstellung. In: Schriftenreihe der Landesstiftung Baden-Württemberg, Arbeitspapier BILDUNG Nr. 2. – Stuttgart.

Andrea Sens, Karin Jampert, Petra Best und Anne Zehnbauer

Sprachliche Förderung in der Kita: theoriegestützte Wahrnehmung kindlicher Sprache als Ausgangspunkt einer integrierten Sprachförderung

Das Projekt „Sprachliche Förderung in der Kita" am Deutschen Jugendinstitut e.V. hat ein Basiskonzept zur sprachlichen Förderung für Kindertageseinrichtungen entwickelt.[1] Die theoretische Fundierung des Konzepts wurde in JAMPERT/LEUCKEFELD/ZEHNBAUER/BEST (2006) veröffentlicht. Gemeinsam mit elf Erprobungskindertageseinrichtungen in sechs Bundesländern konnte der Ansatz erprobt und für die Praxis weiterentwickelt werden. Das daraus entstandene Praxismaterial ist in fünf Heften in JAMPERT/ZEHNBAUER/SENS/LEUCKEFELD/LAIER (2009) erschienen.

Im Fokus des Konzepts stehen die spezifischen Möglichkeiten und Stärken von Kindertageseinrichtungen für eine sprachliche Förderung und Bildung von Kindern im Alter zwischen drei und sechs Jahren. Das Sprachförderkonzept knüpft an den Strategien von Kindern an, sich Sprache anzueignen und bezieht dabei gleichermaßen entwicklungspsychologische und sprachwissenschaftliche Forschungsergebnisse mit ein. Der Ansatz zielt auf eine sprachliche Unterstützung und Begleitung aller Kinder von Anfang an und orientiert sich mit einer kompetenzorientierten Ausrichtung an den sprachlichen Möglichkeiten, über die Kinder verfügen. Sprachliche Förderung wird als eine Querschnittsaufgabe von Kindertageseinrichtungen verstanden. Sie erfolgt dementsprechend nicht separat und isoliert, sondern integriert in elementarpädagogische Aktivitäten. Wie im Rahmen von Bildungsaktivitäten gleichzeitig eine gezielte und systematische Sprachförderung erfolgen kann, wird im Praxismaterial exemplarisch für die Bereiche Musik, Bewegung, Naturwissenschaften und Medienarbeit anschaulich aufgezeigt (vgl. JAMPERT u.a. 2006).

---

1   Das Projekt „Sprachliche Förderung in der Kita" wurde finanziert vom Bundesfamilienministerium und den sechs Bundesländern Berlin, Mecklenburg-Vorpommern, Nordrhein-Westfalen, Rheinland-Pfalz, Sachsen-Anhalt und Thüringen, Laufzeit: 01.02.2006–31.07.2008, www.dji.de/sprache-kita.

Kinder-Sprache entdecken: ein Beispiel aus der Praxis

Zur Annäherung an diesen komptenzorientierten Ansatz entführen wir
Sie mit einem Praxisbeispiel in den sprachlichen Alltag einer Kinderta-
gesstätte und erteilen zunächst einmal den Kindern das Wort. Serhat
und Lais[2] sind beide etwa fünfeinhalb Jahre alt, Serhat spricht Türksich
und Deutsch und Lais Arabisch und Deutsch.

Lais	Ääähmmm! Licht an! Los steigen wir ein!...Ja, steigen wir ein, unser Licht an. Und los geht's! Los geht's!
Serhat	Ah, guck mal Tempo, damit kann man auch. Uuaah ....
Lais	Das war meiner ... Aus Spaß ist das für Auto sauber ma- chen und für die Nasen ... Los fahren wir weg. Tschtsch ... uuaaaahhh!! Anschnallen!
Serhat	Aus Spaß ist das eine Unterautobahn. Und da fällen wir runter mit dem Auto.
Lais	Nein, aus Spaß ist die neues Auto, kann auch fliegen. Aus Spaß hast du vergessen dich anzuschnallen!
Serhat	Kannst du mich anschnallen?
Lais	Ich fahr doch gerade! Ok, ich bremse, iihaah. Das ist ein Rück- ausgang. Los! Dischk! Ah zwei. Ich schnall dich an.
Serhat	Das kann doch auch alleine zu, oder?
Lais	Ja! Tsch, tsch ... ppuff ppuff ... tsch tsch.
Serhat	Jetzt hat der unsichtbare Roboter ... Oh Roboter wieder in Kofferraum.
Lais	Hör auf!
Serhat	Du musst fahren, guck ein Auto .. iiaahh!
Lais	Nein!!!
Serhat	Ich weiß schon wie man Auto fahrt.
Lais	Weißt du was, ... unser Knopf ... jetzt, das ist unser Knopf wo das Auto nicht mehr fliegen kann und jetzt fällen wir runter.
Serhat	Bbbwwwww! Das Auto fällt jetzt auf mich.

(JAMPERT u.a. 2009b, S. 14)

Mit dem Rotstift könnten wir sofort grammatische Fehler anstreichen
wie ,da fällen wir runter' oder auch ,die neues Auto'. Aber, lassen wir uns
gefangen nehmen, vom Dialog und von der Geschichte, die die Jungen
hier inszenieren und versuchen wir ihre sprachlichen Möglichkeiten
sichtbar zu machen. Mit starker Ausdruckskraft und verschiedenen Ausdrucksmitteln lassen sie ihre Fiktion lebendig werden:

---

2   Die Namen der Kinder wurden anonymisiert.

- durch die Imitation verschiedener Geräusche sowie durch lautmalerische Gefühlsausdrücke,
- und natürlich durch den Einsatz der verbalen Sprache:
  - sie treiben ihr Abenteuer gemeinsam im Dialog voran
  - und beweisen ihre kommunikative Kompetenz, indem sie mit Hilfe der Markierung ,*aus Spaß*' gekonnt zwischen der Ebene ,Spiel' und der Meta-Ebene ,Anleitung zum weiteren Spielverlauf' wechseln.
  - Was ihren Wortschatz betrifft, zeigen sie uns z.b. mit den Fachtermini ,*Tempo*' oder ,*Kofferraum*', dass sie sich beim Thema Auto schon ganz gut in der deutschen Sprache auskennen.
  - Sie verwenden ganz nebenbei komplexe grammatische Strukturen mit zusammengesetzten Verben und Personalpronomen im Akkusativ wie in der Bemerkung ,*aus Spaß hast du vergessen* **dich** *anzuschnallen*'; und sie zeigen uns, dass sie sich gerade mit den Regeln der Verb-Beugung beschäftigen, wenn es heißt: ,*das Auto fällt jetzt auf mich*', na, dann sollte es doch eigentlich auch auf uns fällen!

Die Sprache mit ihren verbalen und nonverbalen Ausdrucksmöglichkeiten ist das tragende Gerüst dieses Spiels. Sie erweist sich für beide Kinder als ein nützliches und kreativ gestaltbares Medium, mit dem sie ihre Ideen und ihr Wissen dem Freund mitteilen und ihre Geschichte ausschmücken und gestalten können. Auf diese Weise entdecken Kinder im Verlauf ihrer Kindergartenzeit die Vielfalt von Sprache, die das Erlernen von Wörtern sowie von grammatischen Regeln einschließt, aber weit darüber hinausgeht.

Kinder-Sprache stärken: an den Kompetenzen ansetzen

Das Sprachförderkonzept zielt darauf, Erzieherinnen und Erzieher für die herausragende Bedeutung zu sensibilisieren, die der Sprache im kindlichen Entwicklungsprozess zukommt. Konkret heißt das, Fachkräfte für eine sensible und theoriegestützte Wahrnehmung der Kindersprache zu qualifizieren und sie aufmerksam zu machen auf das, was Kinder sprachlich schon können sowie auf die Strategien, die sie anwenden, um grammatikalische Regeln zu verinnerlichen oder um sich Wörter anzueignen. Denn nur mit einem geschärften Blick für die Besonderheiten der Kindersprache können die Entwicklungsmöglichkeiten im Alltag erkannt und für die Sprachförderung als Querschnittsaufgabe der pädagogischen Arbeit genutzt werden. Dafür stellt das Konzept das entsprechende

Handwerkszeug und viele praktische Anregungen zur Verfügung (vgl. JAMPERT u.a. 2009a).

Mit der Orientierung an den sprachlichen Möglichkeiten und Fähigkeiten von Kindern erschließen sich auch alters- bzw. entwicklungsspezifische Schwerpunkte der sprachlichen Förderung. Denn während bei Dreijährigen noch ganz das Handeln im Hier und Jetzt im Zentrum steht, und der Sprache dabei eher eine Nebenrolle zukommt, übernimmt sie bei den älteren Kindern bereits oft die Hauptrolle in ihren Aktivitäten. Sprachförderung bedeutet insofern ein differenzierendes Vorgehen, das den spezifischen Stellenwert von Sprache für die jüngsten und die älteren Kinder berücksichtigt und die Kinder weder über- noch unterfordert (vgl. ebd.).

Differenzierte und theoriegestützte Wahrnehmung: einen weiten Blick auf Kinder-Sprache nehmen

Zum sprachlichen Aneignungsprozess von Kindern gehört selbstverständlich der Erwerb von Lauten, Wörtern und von grammatischen Regeln (vgl. EHLICH in diesem Band). Aber dieser Prozess umfasst weit mehr als den Erwerb der sprachlichen Strukturen. Denn der kindliche Spracherwerb ist eng verknüpft mit der gesamten Persönlichkeitsentwicklung und insbesondere mit sozial-kommunikativen und kognitiven Entwicklungsprozessen (vgl. JAMPERT u.a. 2006). Neben den sprachstrukturellen Bereichen *Prosodie und Laute*, *Wörter und ihre Bedeutungen* sowie *Grammatik* behandelt das Praxismaterial deshalb auch die Funktion und Bedeutung der Sprache für die *kognitive* und die *sozial-kommunikative* Entwicklung von Kindern (vgl. JAMPERT u.a. 2009b).

Um dieses Wissen zum Spracherwerb von 3- bis 6-Jährigen zu vermitteln und Fachkräfte für die Besonderheiten von Kindersprache zu sensibilisieren, hat das Projekt Orientierungsleitfäden entwickelt, die anhand dieser fünf sprachlichen Bereiche in Form von Kategorien und anschaulichen Beispielen einen Überblick über die wichtigsten Schritte im kindlichen Spracherwerb bieten. Dabei erfahren Fachkräfte sowohl, was Dreijährige bereits an Sprache mitbringen als auch was sich die Kinder während der Kitazeit noch sprachlich aneignen, und sie erhalten Anregungen, um die verschiedenen Sprachaspekte in der Sprache ihrer Kinder zu entdecken (vgl. JAMPERT u.a. 2009c).

Wie viel Sprache steckt in Musik, Medienarbeit, Bewegung und Naturwissenschaften?

Kinder spielen und handeln nicht, um sich Sprache anzueignen. Das Gegenteil ist der Fall: Während sie spielen, eignen sie sich – beiläufig und nebenher – auch die Sprache an, um – und darauf kommt es den Kindern an – ein Lied zu singen, klar zu machen, dass sie heute der Astronaut sind, um die Länge der Füße mit der der Freunde und Freundinnen zu vergleichen, herauszufinden, ob der Regenwurm riechen kann oder um zu besprechen, wer als nächstes beim Schaukeln an der Reihe ist. Kinder lernen Sprache also, weil sie nützlich für sie ist: um Wünsche zu äußern, sich zu verständigen und einzumischen, sich Wissen zu erschließen, Gedanken zu formulieren und Spiele zu gestalten. Die Themen, die die Kinder interessieren, sind der Stoff, aus dem die sprachlichen Aktivitäten bestehen. Sie weisen aufmerksamen Fachkräften den Weg für die entsprechende Anregung und weitere Förderung. In unseren Augen ist dieser Weg der Königsweg: eine handlungs- und inhaltsorientierte Sprachförderung, die bei den Interessen und sprachlichen Kompetenzen der Kinder ansetzt.

Im Rahmen der sprachlichen Förderung geht es deshalb zunächst darum, Kindern ausreichend Gelegenheit zu bieten, ihre sprachlichen Fähigkeiten zu aktivieren, sie in verschiedenen Situationen anzuwenden, zu stabilisieren und sie dabei auch Stück für Stück zu erweitern. Das gelingt am besten, wenn es quasi nebenbei geschieht, also nicht in eigens dafür eingerichteten Zeiten und Räumen, sondern in handlungsrelevanten Situationen (vgl. JAMPERT u.a. 2009d). Das gilt auch für Kinder mit Deutsch als Zweitsprache. Wenn Handlung und Aktivitäten, Themen und Inhalte im Mittelpunkt stehen, können auch sie sich mit ihren Fähigkeiten einbringen: mit ihrer Handlungskompetenz, ihrer Erstsprache oder anderen Ausdrucksmitteln sowie natürlich auch mit ihren deutschsprachlichen Möglichkeiten (vgl. JAMPERT u.a. 2009e).

In unserem Konzept ist Sprachförderung kein eigenständiges Bildungsthema. Vielmehr geht es darum, Sprache im Bildungsalltag zu entdecken und über alle Bildungsbereiche hinweg als Querschnittsthema zu verankern (vgl. JAMPERT u.a. 2006). Ob beim gemeinsamen Musizieren oder Forschen und Experimentieren, in allen Bildungsbereichen des Kindergartens steckt Sprache als wichtiges Mittel und als Gerüst, das den Bereich gewissermaßen zusammenhält. Wir haben im Projekt die vier Bildungsbereiche Musik, praktische Medienarbeit, Bewegung und Naturwissenschaften genauer in den Blick genommen und zeigen auf, wie sich jeder Bereich auf spezifische Weise für die sprachliche Förderung anbietet.

Musik

Musik hören und selbst Musik zu machen, ist für Kinder eine lustvolle Erfahrung, bei der sie mit dem ganzen Körper dabei sind. Sie singen und produzieren Klänge mit der Stimme, sie lauschen den eigenen und fremden Tönen, klatschen und stampfen im Rhythmus und lassen sich zu Bewegung und Tanz animieren. Solche und viele andere musikalische Aktivitäten bereichern die Schatztruhe für die sprachliche Förderung in der Kita. Kinder lieben Musik von Anfang an, so dass sich für die sprachliche Förderung in jeder Altersstufe ausreichend Stoff bietet. Für die Kleinen sind vor allem ihre eigenen Gesänge oder Klangprodukte typisch, die keiner Liedvorlage gehorchen und frei mit musikalischen und sprachlichen Motiven umgehen. Ältere Kindergartenkinder sind dagegen schon stolz auf eine korrekte Liedwiedergabe und das koordinierte Spiel mit Musik, Rhythmus und Sprache. Die Vielfalt der Wörter oder untypische Wortfelder in Liedern und Versen, besondere sprachliche Formen, wie sie kunstvolle Lieder darbieten, können für die sprachliche Förderung ebenso fruchtbar sein wie die Möglichkeit, sich über das Gehörte auszutauschen oder sich über die Spielverläufe in und mit Musik abzustimmen (vgl. JAMPERT u.a. 2009d).

Aktive Medienarbeit

Kinder lieben Medien und noch mehr begeistert es sie, Medien selbst zu gestalten. Diese Begeisterung spornt sie zu sprachlicher Aktivität an. Gruppenarbeit und das Prinzip der Eigenregie kennzeichnen die aktive Medienarbeit, das heißt, die Kinder handeln gemeinsam, sie sind an allen Entscheidungsprozessen aktiv beteiligt und nehmen die Medien selbstständig in Gebrauch. Es sind ihre Werke und ihnen müssen sie gefallen. Aber sie gestalten nicht nur gerne, sie wollen ihr Produkt auch gerne anderen vorstellen. Deswegen gehört die Präsentation der Werke unbedingt dazu. In Medienprojekten handeln Kinder fast immer im Dialog, mit unterschiedlichen Kindern und mit der Fachkraft als kompetenter Sprachpartnerin. Medienarbeit erfordert dazu planvolles Vorgehen. Sprachliches Verstehen und Nachvollziehen von Arbeitsabläufen und Zusammenhängen ist ebenso von Bedeutung wie eine Auswahl zu treffen und zu begründen, zum Beispiel beim Begutachten erster Produktionsergebnisse. Medienarbeit bereichert außerdem ihre Vorstellungswelt und hilft beim Aufbau eines differenzierten Wortschatzes. Und schließlich stellen die Medien Kindern vielfältiges Material bereit, um ihre Wahrnehmung der Welt und ihr erzählerisches Talent zu erweitern und auszubauen (vgl. JAMPERT u.a. 2009c).

Bewegung

Bewegung steht bei Kindergartenkindern hoch im Kurs, das zeigt sich an ihrer Bewegungsfreude. Nur selten gehen Kinder. Meist hüpfen, laufen oder rennen sie. Wo immer sich Gelegenheit bietet, wird gerutscht, geklettert, geschaukelt oder balanciert. Mit großer Aufmerksamkeit und Konzentration stellen sie sich neuen körperlichen Herausforderungen und sind stolz auf ihre Fortschritte. Während Bewegung anschaulich und konkret ist, ist die Sprache eher allgemein und abstrakt, im wahrsten Sinne nicht greifbar. Deshalb ist eine Brücke hilfreich, um sie *be*-greifbar zu machen. Wenn Kinder durch eine Röhre kriechen oder sich der Herausforderung einer Kletterwand stellen, dann erleben sie mit allen Sinnen, was „kriechen" und „klettern", „drinnen" und „draußen" sowie „oben" und „unten" bedeutet. Kommt dann noch die Sprache ins Spiel, können mit ihren körperlichen Fähigkeiten zugleich ihr Wortschatz und ihr Wortverständnis wachsen. Ihre Bewegungskompetenz kann so zu ihrem sprachlich-geistigen Besitz werden. Die sprachliche Ergänzung erweist sich als besonders fruchtbar, wenn Fachkräfte mit den Kindern im Anschluss an Bewegungsaktivitäten über das, was sie schon – oder auch noch nicht – können, ins Gespräch kommen (vgl. JAMPERT u.a. 2009f).

Naturwissenschaften

Es ist immer wieder faszinierend zu erleben, wie viele Kleinigkeiten Kindern auffallen, die uns längst selbstverständlich erscheinen. Kinder können noch staunen über diese Welt, über die Dinge und die Natur. Dadurch sind sie uns bei naturwissenschaftlichen Aktivitäten weit voraus, weil sie mit einem unermüdlichen Forschergeist auch an die vermeintlich nicht mehr einer Frage würdigen Themen herangehen. Die Herausforderung sinnliche Naturerfahrung in Sprache zu fassen, zu vergleichen und zu klassifizieren, bietet zahlreiche Möglichkeiten, neue Wortfelder, Fachbegriffe und grammatikalische Formen zu erproben und zu stabilisieren. Bei der Arbeitsweise des naturwissenschaftlichen Vier-Schritts (Fragestellung, Vermutung, Experiment, Schlussfolgerung) dient Sprache nicht nur dazu, die Welt möglichst differenziert zu beschreiben, sondern sie wird reflektierend und verallgemeinernd eingesetzt für die Formulierung von Vermutungen, Erklärungen und um Zusammenhänge herzustellen (vgl. Jampert u.a. 2009c).

Handlungsorientierte Sprachförderung gelingt nicht über Nacht

Eine inhalts- und handlungsorientierte Sprachförderung zeichnet sich dadurch aus, dass die spezifischen Schnittstellen zwischen den Aktivitäten in den Bildungsbereichen und den sprachlichen Schwerpunkten gezielt aufgegriffen werden, sodass Bildungsbereich und Sprachförderung voneinander profitieren können. Das Potenzial der Bildungsbereiche für die sprachliche Förderung zu nutzen, darf allerdings nicht bedeuten, diese Aktivitäten mit Sprache zu überfrachten und die elementarpädagogische Bildungsarbeit für Sprachförderung zu funktionalisieren.

Die Verankerung einer ganzheitlichen und systematischen Sprachbildung im Kita-Alltag gelingt nicht über Nacht. Die Ausbildung einer professionellen Sprachförderarbeit braucht neben einem soliden sprachlichen Grundwissen, einer Qualifizierung in den Bildungsbereichen und einem breiten pädagogischen Repertoire eines: viel Zeit – vor allem auch für die Reflexion auf Seiten der Fachkräfte.

Literatur

Jampert, K./Leuckefeld, K./Zehnbauer, A./Best, P. (2006): Sprachliche Förderung in der Kita. Wie viel Sprache steckt in Musik, Bewegung, Naturwissenschaften und Medien? – Weimar, Berlin.

Jampert, K./Zehnbauer, A./Best, P./Sens, A./Leuckefeld, K./Laier, M. (2009a): Kinder-Sprache stärken! Sprachliche Förderung in der Kita: das Praxismaterial. – Weimar, Berlin.

Jampert, K./Zehnbauer, A./Best, P./Sens, A./Leuckefeld, K./Laier, M. (Hrsg.) (2009b): Kinder-Sprache stärken! Wie kommt das Kind zur Sprache? – Weimar, Berlin.

Jampert, K./Zehnbauer, A./Best, P./Sens, A./Leuckefeld, K./Laier, M. (Hrsg.) (2009c): Kinder-Sprache stärken! Kinder-Sprache entdecken: die Orientierungsleitfäden. – Weimar, Berlin.

Jampert, K./Zehnbauer, A./Best, P./Sens, A./Leuckefeld, K./Laier, M. (Hrsg.) (2009d): Kinder-Sprache stärken! Wie viel Sprache steckt in Musik und Medienarbeit? – Weimar, Berlin.

JAMPERT, K./ZEHNBAUER, A./BEST, P./SENS, A./LEUCKEFELD, K./LAIER, M. (Hrsg.) (2009e): Kinder-Sprache stärken! Aufwachsen mit mehreren Sprachen. – Weimar, Berlin.

JAMPERT, K./ZEHNBAUER, A./BEST, P./SENS, A./LEUCKEFELD, K./LAIER, M. (Hrsg.) (2009f): Kinder-Sprache stärken! Wie viel Sprache steckt in Bewegung und Naturwissenschaften? – Weimar, Berlin.

Thomas Quehl

Sprachbildung im Sachunterricht der Grundschule[1]

Die Bildungssprache auf der Suche nach einer Didaktik

Wenn die Schule ein Ort sein will, an dem die Bildungssprache gelernt und gelehrt werden kann, wird sie ein grundsätzliches Bewusstsein für diese Aufgabe entwickeln müssen und nach Wegen suchen, eine sprachbewusste Perspektive fortlaufend in ihren Fachunterricht zu integrieren. So selbstverständlich dies klingt, so groß ist die didaktische Herausforderung, der sich die Lehrerinnen dieser Fächer zurzeit gegenüber sehen. Denn traditionell ging die Institution Schule von der Einsprachigkeit ihrer Schülerschaft und einer gewissermaßen natürlich erfolgenden Sprachentwicklung der Kinder und Jugendlichen im Laufe ihrer Schullaufbahn aus (vgl. GOGOLIN 1994, S. 41ff.). Die Entstehungsbedingungen dieser zwei Annahmen wurden dabei gleichsam unsichtbar gemacht, und so muss die Aufgabe, die Auseinandersetzung mit der Bildungssprache in die Schule hineinzutragen, als eine doppelte verstanden werden: einerseits in den Unterrichtsalltag zu integrierende didaktische Konzepte zu entwickeln und andererseits jene beiden Prämissen kritisch zu reflektieren. Die folgende Auseinandersetzung mit einem Ansatz von Zweitsprachdidaktik, der gegenwärtig unter der Bezeichnung ‚Scaffolding' auch hierzulande rezipiert wird[2], geschieht vor diesem Hintergrund: als Beschäftigung mit einem didaktischen Konzept, in dem sprachliches und fachliches Lernen verbunden werden, und als Auseinandersetzung mit einer Möglichkeit, gleichzeitig den Blick der Lehrkräfte sowohl für die fachsprachliche Entwicklung ihrer Schülerinnen als auch für die Hürden der Bildungssprache zu schärfen und auf diese Weise eine verbesserte Grundlage für die Förderung zu schaffen.

---

1   Ich danke Ute Scheffler (Beratung) und Janina Kaßler (Unterrichtsdokumentation und -transkription) sowie der RAA Duisburg für ihre Unterstützung. Ein ebenso herzlicher Dank geht an alle Kinder, die hier sprechen und deren Namen anonymisiert wurden.

2   Die Metapher des ‚Scaffoldings' (WOOD u.a. 1976) wurde von Pauline GIBBONS und ihren Kolleginnen für den Kontext des Unterrichts von Zweitsprachlernern aufgegriffen (z.B. 2002, 2006; HAMMOND/GIBBONS 2005). In jüngerer Zeit wird der Ansatz auch in Deutschland rezipiert; vgl. KNIFFKA/SIEBERT-OTT (2007, S. 108ff.); QUEHL/SCHEFFLER (2008) sowie insbesondere auch ROTH (2006) zu den Verbindungslinien des ‚Scaffoldings' zum didaktischen Konzept der Cognitive Apprenticeship (COLLINS u.a. 1989) und zur Linguistiktheorie Hallidays.

Anhand von Beispielen aus dem Sachunterricht einer vierten Klasse zum Thema ‚Erderwärmung' möchte ich im Folgenden einige der
sprachbildenden Möglichkeiten eines am Scaffolding-Ansatz orientierten
Unterrichts darstellen. Abschließend soll nach dem Potenzial dieser Perspektive für den Sachunterricht gefragt werden.

Eine Didaktik, die sprachliches und fachliches Lernen für Zweitsprachlerner miteinander verknüpfen will, muss Lernaktivitäten bereitstellen,
bei denen sprachlich bewusst gehandelt wird. Dabei müssen die Schüler
die Gelegenheit erhalten, sich parallel zum Inhalt und gewissermaßen
durch diesen hindurch die sprachlichen Mittel anzueignen und die erforderlichen fachsprachlichen Variationen zu konstruieren. Darüber hinaus sollten jene Aktivitäten den Lehrkräften Möglichkeiten bieten,
unter diagnostischen Gesichtspunkten die Aneignung der sprachlichen
Mittel seitens der Schülerinnen prozessorientiert zu beobachten und gezielt zu fördern.

Im folgenden Ausschnitt beschreibt ein Schüler in einer Wiederholung die Funktionsweise eines Kohlekraftwerkes:[3]

1	Murat:	Das Kraftwerk [...] Stromkraftwerk. Das wird mit Kohle ge-macht.[4]
2	Birten:	Gemacht.
3	*Lehrer:*	*Gemacht?*
4	B.:	Nein, erzeugt.
5	Iclal:	Entsteht. Kohlen-
6	B.:	[...] von Kohle.
7	*L.:*	*Warte mal. Ich glaub ... willst du ergänzen und er erweitert dann?*
8	I.:	Und der Unterschied ist auch, dass die Kohle beim Brenner verbrannt wird.
9	*L.:*	*(...) Murat, du bist dran.*
10	M.:	Es fließt das Kohle vom Förderband in die Mühle.
11	B.:	Wird geschüttet.
12	I.:	Fällt.
13	M.:	Das geht auch.
14	*L.:*	*Wird geschüttet, fällt, ja, hm.*
15	M.:	Fällt in die Mühle. Dann wird es zum Brenner, Brenner ge-
16	I.:	Befördert.
17	M.:	Befördert und dann wird's da verbrannt.

---

3   Die Kinder sitzen im Kreis. Da eine grafische Darstellung nicht unmittelbar zur
     Verfügung steht, kann sich der Junge nicht auf eine konkrete Anschauung bezie-
     hen, bei Bedarf jedoch auf eine Zeichnung an der Wand gegenüber sehen.
4   [...] markiert einen nicht verständlichen Teil einer Äußerung, ‚ge-' gibt den Ab-
     bruch einer Äußerung an, ‚...' kennzeichnet eine kleine Pause und (...) eine Aus-
     lassung.

18	B.:	Was wird da verbrannt?
19	M.:	Die Kohle wird da verbrannt. Und dann wird Wasser – dann verdünstet das Wasser ...
20		verdünstet das Wasser – ah, die Kohle wird zuerst erhitzt, dann wird das Wasser
21		verdunstet.
22	L.:	*Du hast das jetzt ... hm, klasse, weiter.*
23	M.:	Dann entsteht Wasserdampf und steigt nach oben.
24	B.:	Steigt gar nicht.
25	M.:	Dann- dann dreht das die Turbine und die Turbine dreht den Generator, dann wird
26		die- der Generator erzeugt Strom und dann fließt das zur Transformator und kommt
27		zur Hochspannungsleitung.

Hinsichtlich des bewussten sprachlichen Handelns in einem fachlichen Zusammenhang zeigt der Ausschnitt, dass die Kinder sich der Bedeutung einer präzisen Verwendung der Verben bewusst sind. In (2) lenkt die Schülerin die Aufmerksamkeit auf Murats ungenaues *gemacht*, der Lehrer bestärkt diese Fokussierung (3) und zwei Schülerinnen bieten Verben an, die sie sich in diesem Sachkontext bereits angeeignet haben (4/5). Als Murat ein Verb benutzt (10: *fließt*), das an dieser Stelle unpassend ist, aber im Kontext des Wasserkraftwerkes oder des Stroms passend wäre, wird er von seinen Mitschülerinnen korrigiert (11: *wird geschüttet*/ 12: *fällt*). Eine ähnliche Unterstützung erfährt der Junge in (16/17).

Zwei Aspekte, die für bewusstes Sprachhandeln im Sachunterricht bedeutsam sind, werden in diesem Ausschnitt sichtbar: Die Kinder vollziehen einen Konstruktionsprozess, den man als eine fachsprachliche Annäherung verstehen kann, und sie treten in einen Dialog, in dem sie sich auf unterschiedliche Weise bei dieser Annäherung unterstützen: durch den Hinweis auf nicht-fachliche Wörter (2), die Bereitstellung präziseren Wortmaterials (4/5, 16/17) sowie das Nachfragen zur Klärung eines Sachverhalts (18: *Was wird da verbrannt?*). In der längeren Passage im letzten Teil (19-27) nutzt Murat schließlich die Möglichkeit der Selbstkorrektur, um eine größere Genauigkeit der Ablaufbeschreibung zu erlangen (20)[5], und verwendet *entstehen* und *erzeugen* nun treffend (23/26). Der Ausschnitt illustriert damit anschaulich eine Aussage von M.A.K. Halliday, dem Vertreter der systemisch-funktionalen Linguistik, auf den sich der Scaffolding-Ansatz bezieht:

---

5 Die Komplexität fachsprachlicher Anforderungen zeigt sich darin, dass dem Jungen bei dieser Korrektur zugleich ein Fehler unterläuft: nicht die Kohle, sondern das Wasser wird erhitzt.

Wörter werden nicht wie in einem Wörterbuch, sondern wie
in einem Thesaurus, einem Bedeutungswörterbuch gelernt, wobei jedes in dem sich zunehmend erweiternden topologischen
Raum plaziert wird, in Bezug zu den ,anderen', mit denen es
taxonomisch in Beziehung steht. (HALLIDAY 1993, S. 99)

Geht man mit der Registertheorie (HALLIDAY/HASAN 1989, S. 29ff.) davon
aus, dass die Wahl der lexikalischen und grammatischen Mittel vom *Kontext* der Situation, in der gesprochen oder geschrieben wird, bestimmt
ist, so ergibt sich ein Ausgangspunkt für eine Didaktik, mit der die Bildungssprache vermittelt werden soll: Wie müsste der Kontext, d.h. eine
Lernsituation gestaltet sein, in der bildungssprachliches Handeln vermittelt und geübt werden kann, und in der – auf die Schulfächer bezogen
– die Schüler die fachsprachliche Annäherung vollziehen können? Hier
setzt das Konzept des Scaffoldings an.

Gemeinsam Bedeutungen herstellen: die Perspektive des ,Scaffoldings'

Unter Bezug auf die Arbeiten von Lev S. VYGOTSKIJ (2002) und M.A.K.
HALLIDAY (1993) sieht der Scaffolding-Ansatz (z.B. GIBBONS 2002, 2006;
HAMMOND/GIBBONS 2005) Lernen als sozial und sprachlich vermittelte
Tätigkeit, bei der Bedeutungen im Dialog hervorgebracht werden, und
rückt die Gestaltung des Kontextes für die sprachlichen Interaktionen im
Klassenzimmer in den Mittelpunkt der didaktischen Überlegungen.[6] Im
Unterrichtsgespräch werden von Lehrern und Schülern gemeinsam Be-
deutungen geschaffen und mit den zunehmend komplexeren fachlichen
Inhalten und Konzepten sind auch die sprachlichen Mittel auszudiffe-
renzieren, mit denen diese Lerninhalte ausgedrückt werden können. Der
Scaffolding-Ansatz sieht ein Lernarrangement vor, bei dem die Lehrerinnen diese Entwicklung *bewusst* gestalten.

Zum einen planen sie die Aktivitäten in einer Abfolge, bei der die
jeweils erforderlichen Sprachhandlungen entlang eines *mode continuums*
so angeordnet sind, dass die Schülerinnen von Situationen, für deren Bewältigung eine kontextgebundene Sprache ausreicht, zu Situationen ge-
führt werden, welche die Verwendung einer kontextunabhängigen, konzeptionell schriftlichen Sprache verlangen (vgl. GIBBONS 2006, S. 271ff.).
So wird der Übergang von der Umgangs- zur Fachsprache explizit einge-
plant und kann von den Schülern bewusst vollzogen werden. Ihre Aufmerksamkeit wird auf das – neben dem sachunterrichtlichen Thema und

---

6   Für eine vergleichende Darstellung der Arbeiten Vygotskijs und Hallidays und
     Konsequenzen für die Didaktik vgl. WELLS (1999).

der zwischen den Beteiligten vorliegenden Beziehung – dritte Kontextmerkmal einer sprachlichen Situation gelenkt, den *mode*. Die Schülerinnen haben die Gelegenheit, sich auch in einer mündlichen Situation mit den Merkmalen konzeptionell schriftlicher Sprache auseinanderzusetzen.

Zum anderen erfolgt der Auf- und Abbau eines Gerüsts für das Sprachhandeln der Kinder durch eine flexible Unterstützung durch die Lehrperson während einer Phase mündlicher sprachlicher Interaktionen beispielsweise durch die Bereitstellung von Redemitteln, Fachbegriffen und sprachlichen Strukturen oder die Wiederholung des Gesagten unter Verwendung eines fachsprachlichen Registers. Um diese beiden Ebenen, auf denen ein Scaffolding erfolgen kann, miteinander zu verknüpfen, hat GIBBONS (2002, 2006) für den naturwissenschaftlichen Unterricht eine dreiphasige Abfolge herausgearbeitet.

In einem ersten Schritt sind der Verwendung eines fachsprachlichen Registers Unterrichtsaktivitäten vorgeschaltet, bei denen die Kinder in Kleingruppen ihr Handeln z.B. bei Experimenten in der Alltagssprache begleiten. Ähnlich wie im genetischen Sachunterricht (WAGENSCHEIN 1971) werden die Schülerinnen dabei in das fachliche Feld eingeführt und erkunden es unter Verwendung alltagssprachlicher Formulierungen. Die Aktivitäten sind so angelegt, dass ähnliche Beobachtungen oder Ergebnisse erwartet werden können. In einer solchen Situation werden, wie der folgende Ausschnitt[7] zeigt, zahlreiche hinweisende Wörter verwandt (1: *das* / 2: *da* / 3: *da, so* u.a.), da es sich durch den unmittelbaren Kontext erübrigt, das Gemeinte genauer zu benennen. Kennzeichnend sind in dieser Phase auch die interpersonalen Elemente (z.B. 1: *mach/* 2: *wir*).

1 Batikan: Mach das ein bisschen auf. [...]
2 Bilal: Wir machen jetzt Essig da rein.
3 Kevin: Da hättste so machen müssen.
4 Bi.: Können wir den Essig haben? Danke.
5 Murat: *(misst am Becher zwei Zentimeter ab, ein anderes Kind kippt Essig hinein.)*
6   Bis zwei Zentimeter, sag stopp!
7 K.: Bei zweihundert musst du messen.
8 Bi.: Hier, hier!

In der zweiten Phase, dem sog. angeleiteten Berichten – für die Kinder ‚Forscherkonferenz‘ genannt – berichtet jeweils ein Kind seinen Mitschülern von einem Experiment. Die Vortragende muss nun eine situationsentbundene Sprache verwenden, weil die Gegenstände des Experiments

---

7 Mit dem Experiment sollte Kohlendioxyd ‚sichtbar‘ gemacht werden und dabei war Essig in einem Gefäß abzumessen.

nicht mehr vorliegen. Da die meisten der Zuhörer nicht das gleiche Experiment durchgeführt haben, ist eine plausible und tatsächliche Kommunikationssituation gegeben, sodass der Übergang zur situationsunabhängigen Sprache mit den Schülerinnen thematisiert werden kann: „Wie müssen wir sprechen, wenn wir die Gegenstände nicht mehr vor uns haben? Was müssen wir genauer sagen, damit unsere Zuhörer uns verstehen?" Die Funktion fachsprachlicher Redemittel kann auf diese Weise von dem Berichtenden wie den Zuhörerinnen erprobt und erfahren werden. Insofern als hier die fachsprachliche Annäherung mit Unterstützung der Lehrkraft bewusst vollzogen wird, handelt es sich m.E. bei dieser zweiten Phase um das Kernstück des Scaffolding-Konzepts. Die Lehrerin stellt im Dialog ggf. die erforderlichen (fach-)sprachlichen Mittel bereit, die dabei an jene Bedeutungen anknüpfen können, für die in der Phase der Experimente eine anschauliche fachliche sowie eine alltagssprachliche Grundlage geschaffen wurde (vgl. GIBBONS 2006, S. 282). Entsprechend den sprachlichen Ressourcen des jeweiligen Kindes kann dies als unmittelbarer Input, als Nachfragen seitens der Lehrkraft, um eine präzisere (Fach-)Sprache anzuregen, oder auch als Umformulieren des vom Kind Gesagten unter Verwendung eines angemessenen fachsprachlichen Registers erfolgen. Da die Initiative des Unterrichtsgesprächs beim berichtenden Kind liegt, wirkt es sich sprachfördernd aus, dass sein sprachliches Handeln an den Grenzen des aktuellen Könnens herausgefordert wird. Sprachliche und fachsprachliche Mittel können von den Kindern im Dialog mit der Lehrerin und den Mitschülerinnen lernaktuell ‚abgerufen' und so erinnerungswirksam in das sprachliche Repertoire eingefügt werden (vgl. ebd., S. 288). Lerntheoretisch wird hier auf die ‚Zone der nächsten Entwicklung' nach Vygotskij Bezug genommen, in der das Kind mit Unterstützung und im Dialog mit einem kompetenteren Anderen eine – in diesem Fall *sprachliche* – Handlung vollzieht, die es allein noch nicht durchführen könnte. Im wörtlichen Sinne sprach*bildend* wirkt es sich in dieser Phase zudem aus, dass die Kinder zu längeren und kohärenteren Äußerungen als in traditionellen Unterrichtsgesprächen angeregt werden (vgl. ebd., S. 274). Anhand eines Ausschnitts möchte ich einige Charakteristika dieser Phase illustrieren:

1   Lehrer: *Ich glaube, es hat in allen Gruppen ganz toll geklappt. Forscherkonferenz heißt*

2   *jetzt, dass ihr nichts mehr in der Hand habt. Und wenn man nichts mehr in der*

3   *Hand hat, aber vor vielen anderen Forschern spricht, auch vor denen, die nicht*

4   *denselben Versuch gemacht haben ... worauf muss man da achten?*
          (...)

5   Bilal: Auf die Reihenfolge.

6	Ömer:	Dass man es genau erzählen.
7	*L.:*	*Was heißt genau?*
8	Ö.:	Alles so, wie wir es gemacht haben. So nach der Reihe. [...]
9	*L.:*	*(...) So, wer mag einmal anfangen? Ayşe.*
10	Ayşe:	Wir haben den Luftballonserfindung gemacht ... ich weiß nicht, was das heißt ...
11	*L.:*	*Den Luftballonversuch.*
12	A.:	Den Luftballonversuch. Und wir haben zuerst in den- ähm- Luftballon Backpulver
13		geschüttet und dann haben wir in eine Flasche- eine Mineralflasche- eine
14		Mineralwasserflasche zwei Zentimeter Essig reingeschüttet.
15	B.:	Gegossen.
16	Mustafa:	Gegossen.
17	*L.:*	*Stopp. Du hast es richtig gesagt, aber versuch sie trotzdem nicht zu unterbrechen.*
18		*Schütten ist Pulver, gegossen ist [...]*
19	A.:	Gegossen. Und danach haben wir den Luftballon- ähm- wie heißt das? Wie heißt
20		das von der Flasche? *(Deutet den Flaschenhals und die Öffnung an.)*
21	*L.:*	*Wie heißt das oben bei der Flasche? Wo die Flasche offen ist? [...] Weiß keiner*
22		*zu helfen? ... Es ist die Flaschenöffnung.*
23	A.:	Wir haben an der Flaschenöffnung den Ballon befestigt und dann haben wir so ein
24		bisschen gewartet. Und zuerst haben wir von dem Ballon die Backpulver
25		reingemacht. Also, als wir den Ballon so bewegten, ist das von selbst reingefallen
26	*L.:*	*Hm, prima.*
27	A.:	Äh, danach, danach haben wir eine Weile gewartet und auf einmal- und der
28		Ballon ist so, hm, da ist so Luft reingegangen.
29	*L.:*	*Luft?*
30	A.:	Hat der sich aufgeblasen.
31	*L.:*	*Der Ballon, der Ballon wurde aufgeblasen. Habt ihr in eurer Gruppe darüber*
32		*gesprochen, warum das passiert ist? Habt ihr 'ne Vermutung gehabt?*
33	A.:	Hm, wir haben ein bisschen ge- gedenkt- nachgedacht, aber wir haben es nicht so

34		ganz gefunden. Aber wir haben ein- ich- ähm, ich dachte, das wär von dem Essig
35		und dem Backpulver. Weil, wenn Essig und Backpulver zusammenkommen, dann
36		wird so irgendwie Luft draus oder so was.
37	L.:	*[...] Das ist ja eigentlich schon ein Forschungsergebnis. Wenn Essig und*
38		*Backpulver zusammenkommen ... Was kann man denn für ‚zusammenkommen' für ein Fachwort sagen?*
39	Ipek:	Verbinden.
40	Kevin:	Sich verbinden. [...]
41	L.:	*Oder was noch? Was macht ihr mit Rot und Blau zum Beispiel beim Farbkasten?*
42	mehrere:	Vermischen!
43	L.:	*Genau. Wenn- ... Yusuf?*
44	Yusuf:	Da entsteht Kohlendioxyd bei.
45	L.:	*Gut, prima. Danke schön, Ayşe.*

Zu Beginn weist der Lehrer auf den Gesprächstyp ‚Forscherkonferenz'
hin (1-4) und gibt dann die Initiative für das Unterrichtsgespräch an
Ayşe weiter; er selbst reiht sich in die Zuhörerschaft ein. Alternativ kann
es an dieser Stelle auch sinnvoll sein, bestimmte fachspezifische Wörter mündlich oder auch visuell gestützt in Erinnerung zu rufen. Mehrfach erhält Ayşe Unterstützung, wenn ihr ein Begriff fehlt oder sie einen
unzutreffenden verwendet (14: *Essig reingeschüttet*) – sowohl vom Lehrer
(11: *den Luftballonversuch*; 22: *es ist die Flaschenöffnung*) als auch von ihren
Mitschülerinnen (15/16: *gegossen*). In diesen Situationen hat Ayşe eine
Art ‚zweiten Versuch' und kommt zu längeren Äußerungen (12-14; 23-
25), innerhalb derer sie sich selbst korrigiert. Dies geschieht an einer
Stelle, um einen Gegenstand genauer zu bezeichnen (13/14: *eine Flasche-
eine Mineralflasche- eine Mineralwasserflasche*), an einer anderen, um den
Handlungsablauf des Experiments ausführlicher zu schildern (24/25). In
(33/34: *Aber wir haben ein- ich- ähm, ich dachte*) übernimmt das Mädchen
den vom Lehrer eingebrachten Begriff *Vermutung* nicht. In dieser Passage vollzieht die Schülerin gleichzeitig einen charakteristischen Übergang
zur Fachsprache, wenn sie von Personen als handelnden Akteuren, wie
es für das Sprechen während des Experiments typisch ist, zu Stoffen als
‚Akteuren' wechselt (35/36: *Weil, wenn Essig und Backpulver zusammenkom-
men, dann wird so irgendwie Luft draus*). Der Ausschnitt zeigt jedoch auch
Momente, in denen Chancen zum fachsprachlichen Lernen ungenutzt
bleiben. Für die Kinder ist der Unterschied zwischen *verbinden* und *sich
verbinden* (39/40) bzw. *vermischen* (42) und *sich vermischen* nicht deutlich.
Sinnvoll wäre es zudem gewesen, Ayşe um eine zweite Darstellung des

Gesamtablaufs zu bitten, um ihr noch einmal die Gelegenheit zu einer längeren Äußerung zu geben.

In der dritten Phase schreiben die Schüler einen Text über das Gelernte in ein ,Forschertagebuch'. Dabei kann die Lehrkraft einen Einblick gewinnen, auf welche Weise ein Kind auf die sprachlichen Mittel zurückgreift, die es in Phase 2 angewandt oder neu hinzugelernt hat. Aufgrund fehlender Zuhörerschaft ist die Schülerin bei einer solchen Verschriftlichung in noch stärkerem Maße darauf angewiesen, eine kontextunabhängige Sprache zu verwenden. Zuvor wurde unter dem Aspekt einer im Grundschulsachunterricht erforderlichen Akzentuierung der Mündlichkeit (vgl. QUEHL/SCHEFFLER 2008, S. 74ff.) und der *bewussten* Heranführung an fachsprachliche Register die Phase des angeleiteten Berichtens als ,Kernelement' des Scaffolding-Konzepts bezeichnet. Dennoch ist zu berücksichtigen, dass das sog. *fading out*, wenn der Lehrer die Unterstützung abbaut und die Schülerin die Handlung zunehmend selbstständig durchführt, fester Bestandteil des Gesamtkonzepts des Scaffolding ist (vgl. MICHELL/SHARPE 2005, S. 49ff.). Ob diese Rücknahme der Unterstützung im Rahmen eines geschriebenen Textes oder einer weiteren mündlichen Situation geschieht, wird zumindest in der Grundschule auch von der jeweiligen Thematik abhängen. In der Unterrichtseinheit zur Erderwärmung modifizierte ich die dritte Phase aufgrund der komplexen Thematik und erarbeitete gemeinsam mit den Kindern eine Tafelzeichnung zum Treibhauseffekt. Die Schülerinnen übertrugen sie dann in Partnerarbeit auf einen Flipchart-Bogen und versprachlichten ihre Zeichnung anschließend bei einer Präsentation:[8]

1 Birten: Ich erzähle euch heute über, über das Treibhauswirkung- über die Treibhauswirkung.
Ähm, wenn die Sonnenstrahlung zu der Erdoberfläche strahlt- *(fährt mit dem Zeigestock einen Strahl entlang bis zur Erdoberfläche)* ähm- ich hab [...] vergessen-

4 Äh, wenn die Sonne zu der Erdoberfläche strahlt- ...

5 Lehrer: *Pass mal auf, vielleicht hilft dir- wo hab ich's jetzt?*

6 Kevin: Wenn die Sonnenstrahlen-

7 L.: *Irgendwo habe ich noch das Wortkärtchen für „erwärmen" ... vielleicht hilft das?*

---

8   Leider war es nicht möglich, Tonaufnahmen der Partnerarbeit zu machen, die Einblicke in den Gebrauch der Erstsprache gewährt hätten.

8	B.:	Ähm, die Sonnenstrahlen erwärmen- ähm- die Erdoberflä-che- ähm- wenn die Wärme
		wieder herauskommen will, geht das nicht, weil- äh- [...] Das kann nicht wieder nach
		oben steigen, weil diese Ozeanschicht verdeckt es, deswe-gen kann es nicht wieder
11		nach oben.
12	L.:	*[...] Birten, die Ozonschicht, die steht da nicht drauf. Die ist etwas Anderes [...]*
13		*Warum können die Wärmestrahlen- warum können die nicht wie-der zurück in den*
14		*Weltraum?*
15	B.:	Weil- äh- diese Gaswolke verdeckt das.
16	L.:	*Hm. Da müsste man jetzt aber eine Frage stellen, weil die Gaswol-ke ... Da ist eine*
17		*Frage für dich.*
18	Ayşe:	Also, was ist denn eine Gaswolke?
19	B.:	Äh. Das sind- ähm.
20	A.:	Wie entsteht das vielleicht?
21	B.:	Das sind so was wie Wolke- äh.
22	L.:	*Birten, was meinst du genau mit Gaswolke?*
23	B.:	Also, die Gaswolke sind- ähm- ... Gaswolke?
24	L.:	*Guck mal, ich hab „aufsteigen", „sammeln", „sich sammeln" (zeigt auf Wortkarten).*
25		*Richtig ... Was sammelt sich da oben?*
26	B.:	Ja, das Gas sammelt sich-
27	L.:	*Stopp! Was für Gas? Denk mal an den Versuch, den wir gemacht haben.*
28	B.:	Ähm- Gas ist-
29	L.:	*Welches Gas haben wir da oben?*
30	Bilal:	Guck mal beim Bild.
31	L.:	*Bilal gibt dir einen Tipp. Was hat sich im Luftballon gesammelt?*
32	Birten:	Gas.
33	Ipek:	Die Kohlendioxyd.
34	Aylin:	Kohlendioxyd *(es klingelt zur Pause).*
35	L.:	*Jetzt sag den ganzen Satz noch mal und dann-*
36	B.:	Äh, das sind- Das Kohlendioxydgas sammelt sich, danach sind die so etwas wie
37		Wolke.

Mitschüler und Lehrer stellen Birten eine fachsprachliche Unterstützung bereit (6: *wenn die Sonnenstrahlen;* 7: *erwärmen*), die es ihr ermöglicht, in ihrer Schilderung fortzufahren (8-11). Aufgrund der Darstellungsweise der Zeichnung verwendet die Schülerin den nicht unzutreffenden, inhaltlich aber nicht ausreichenden Begriff *Gaswolke* (15). Als Lehrer bin ich hier bemüht, einen relativ offenen Impuls zu setzen, der Birtens Mitschüler zur Beteiligung animieren soll (16). Während es mir um die Bezeichnung ‚Kohlendioxyd' geht, wird Birten durch Ayşes im Grunde geschickte Fragen (18/20) jedoch in eine Situation gebracht, in der sie sich um eine Art Definition von ‚Gaswolke' bemüht; eine Anforderung, die in Klasse 4 eine Überforderung darstellen muss. Daher erhält die Schülerin mithilfe der Wortkarten (24) eine Anregung für die Fortsetzung ihrer Beschreibung. Da sie sich die Bezeichnung ‚Kohlendioxyd' offensichtlich noch nicht angeeignet hat (28), bringen zwei Mitschülerinnen diesen Begriff ein (33/34), bevor Birten die Bedeutungen zusammenführt und dabei mit ihrem ursprünglichen Begriff *Wolke* verknüpft. Das Beispiel verdeutlicht gut, wie eng sprachliches und fachliches Lernen bei einem von der Schülerin initiierten Unterrichtsgespräch ineinandergreifen und Bedeutungen geschaffen werden.

Ausblick

Das Scaffolding-Konzept stellt für die höheren Grundschulklassen eine *motivierende* Einführung in das bewusste fach- und bildungssprachliche Handeln dar. Ab Klasse 3 kann – mit Forscherkittel und Mikrofon – über die ‚Sprache der Forscherinnen' als kindgemäßer Umschreibung kontextreduzierter, konzeptionell schriftlicher Sprache nachgedacht werden. Die Unterrichtsausschnitte sollten illustrieren, wie Kinder ihre Fachsprache zu konstruieren beginnen, wie sie Aufmerksamkeit für ihre Äußerungen entwickeln und sich gegenseitig dabei unterstützen. Die bisherigen Unterrichtserfahrungen sind auch insofern ermutigend, als sie zeigen, dass ein Kind in der Phase des angeleiteten Berichtens auf seinem jeweiligen Sprachentwicklungsstand unterstützt werden und die Lehrkraft dabei das Sprachkönnen einer Schülerin prozessorientiert beobachten kann.[9]

Mit seiner Verknüpfung der die sprachlichen Kontexte differenzierenden ‚Registertheorie' und dem entwicklungslogischen Blick auf die ‚Zone der nächsten Entwicklung' liefert der Ansatz einen didaktischen Rahmen, der sich als im Unterricht gut einsetzbares Planungsinstrument erweist. Will man seine Möglichkeiten im Sachunterricht umfassend nutzen, wäre es zudem wichtig, einerseits nach Einbindungsmöglichkeiten in andere Unterrichtsformen wie Stationenarrangements, Projektar-

---

9 Da eine erhebliche Konzentration der Kinder erforderlich ist, gilt es, sich im Hinblick auf Gruppengröße und Zeit eingehender mit der Unterrichtsorganisation zu beschäftigen, um noch individueller fördern zu können.

beit oder kooperatives Lernen zu suchen und zu fragen, wie bei diesen Formen dialogisches Lernen und bewusstes (fach-)sprachliches Handeln vertieft werden können. Andererseits sollte im Zuge der Integration verschiedener Ansätze sprachlicher Förderung in den Fachunterricht (vgl. TAJMEL 2009, S. 209) geprüft werden, wo sich sinnvolle Ergänzungen mit anderen Aspekten der Deutsch-als-Zweitsprach-Didaktik ergeben.[10]

Das Potenzial des Scaffolding-Konzepts liegt nicht zuletzt darin, dass es einen Blick auf den *Weg* sprachlichen Lernens und Lehrens im Sach- und Fachunterricht eröffnet und daher bei den Lehrerinnen Reflexionsprozesse über ihre Möglichkeiten und auch ihre Verantwortung hinsichtlich der Vermittlung der Bildungssprache anregen kann. Im Sinne einer Ermutigung wurde darauf hingewiesen, dass die Scaffolding-Perspektive die Schülerinnen stärkt, indem sie deren Lernpotenzial heraushebt und zur Aktivität führt (vgl. HAMMOND/GIBBONS 2005, S. 8). Diese Feststellung ließe sich dahingehend ergänzen, dass der Ansatz ebenso die Lehrkräfte in ihrem *Lehr*potenzial stärkt. Indem das Konzept einen didaktischen Zugang zur Vermittlung der Bildungs- und Fachsprache aufzeigt, erweitert es gleichzeitig die Fähigkeiten der Lehrkräfte zur Beobachtung jenes Lernweges, den die Schüler beim Erwerb dieser für den Bildungserfolg zentralen sprachlichen Fähigkeiten zurücklegen müssen. Wenn auf diese Weise das Lehrpotenzial des Unterrichts in einem Bereich sichtbar wird, den die Schule als Institution traditionell eher übersah, so ist das als ein zweiter, nicht minder bedeutsamer Aspekt der Ermutigung zu verstehen, die von der Scaffolding-Perspektive ausgehen kann.

Literatur

COLLINS, A./BROWN, J. S./NEWMAN, S. E. (1989): Cognitive Apprenticeship: Teaching The Crafts of Reading, Writing and Mathematics. In: RESNICK, L. B. (ed.): Knowing, Learning And Instruction. Essays In Honour Of Robert Glaser. – Hillsdale, NJ, S. 453-494.

GIBBONS, P. (2002): Scaffolding Language, Scaffolding Learning. Teaching Second Language Learners in the Mainstream Classroom. – Portsmouth, NH.

GIBBONS, P. (2006): Unterrichtsgespräche und das Erlernen neuer Register in der Zweitsprache. In: MECHERIL, P./QUEHL. T. (Hrsg.): Die Macht der Sprachen. Englische Perspektiven auf die mehrsprachige Schule. – Münster, S. 269-290.

GOGOLIN, I. (1994): Der monolinguale Habitus der multilingualen Schule. – Münster.

---

10 In den hier wiedergegebenen Unterrichtsausschnitten bieten sich als Anknüpfungspunkte für DaZ-Vertiefungen z.B. das Passiv und die reflexiven Verben an.

HALLIDAY, M.A.K. (1993): Towards a Language-Based Theory of Learning. In: Linguistics and Education 5, S. 93-116.

HALLIDAY, M.A.K./HASAN, R. (1989): Language, context and text: aspects of language in a social-semiotic perspective. – Oxford.

HAMMOND, J./GIBBONS, P. (2005): Putting scaffolding to work: The contribution of scaffolding in articulating ESL education. In: Prospect 20 (1), S. 6-30.

KNIFFKA, G./SIEBERT-OTT, G. (2007): Deutsch als Zweitsprache. Lehren und Lernen. – Paderborn.

MECHERIL, P./QUEHL, T. (Hrsg.): Die Macht der Sprachen. Englische Perspektiven auf die mehrsprachige Schule. – Münster.

MICHELL, M./SHARPE, T.(2005): Collective instructional scaffolding in English as a Second Language classrooms. In: Prospect 20 (1), S. 31-58.

QUEHL, T./SCHEFFLER, U. (2008): Möglichkeiten fortlaufender Sprachförderung im Sachunterricht. In: BAINSKI, Ch./KRÜGER-POTRATZ, M. (Hrsg.): Handbuch Sprachförderung. – Essen, S. 66-79.

ROTH, H.-J. (2006): Praktische Gelingensbedingungen und theoretische Grundlagen des Zweit-Sprachunterrichts. In: MECHERIL, P./QUEHL, T. (Hrsg.), S. 343-352.

TAJMEL, T. (2009): Does Migration Background Matter? Preparing Teachers for Cultural and Linguistic Diversity in the Science Classroom. In: TAJMEL, T./STARL, K. (eds.): Science Education Unlimited. Approaches to Equal Opportunities in Learning Science. – Münster, S. 201-214.

VYGOTSKIJ, L.S. (2002): Denken und Sprechen. – Weinheim.

WAGENSCHEIN, M. (1971): Die pädagogische Dimension der Physik. – Braunschweig.

WELLS, G. (1999): Dialogic Inquiry. Towards a Sociocultural Practice and Theory of Education. – Cambridge.

WOOD, D./BRUNER, J. S./ROSS, G. (1976): The role of tutoring in problem solving. In: Journal of Child Psychology and Psychiatry 17 (2), S. 89-100.

Anhang

Auswertungshinweise
‚Fast Catch Bumerang'
(Deutsch)

Hans H. Reich, Hans-Joachim Roth, Marion Döll

1 Einleitung

Die Schreibaufgabe *Bumerang* fordert die Schüler auf, zwei Texte zu produzieren – einerseits ein Bewerbungsschreiben und andererseits einen Artikel für ein Jugendmagazin, in dem der Bau eines Bumerangs möglichst detailliert beschrieben werden soll. Die verschiedenen Textsorten verlangen den Schülern unterschiedliche Kenntnisse und Fähigkeiten ab. Um ein möglichst breites Spektrum der schriftsprachlichen Kompetenzen der Schüler erfassen zu können, sollen zwei vom Umfang her überschaubare Texte geschrieben werden, die im Auswertungsbogen getrennt analysiert werden. Dementsprechend ist auch der Auswertungsbogen in die beiden Kapitel *Auswertung des Bewerbungsschreibens* und *Auswertung des Bumerang-Artikels* gegliedert.

Bewerbungsschreiben gehören zu den basalen Kompetenzen, die von Jugendlichen erwartet werden, wenn sie am Übergang von der Schule in den Beruf stehen. FÖRMIG als Schnittstellenprogramm nimmt insofern Bezug auf schriftsprachliche Anforderungen, die sowohl in der Schule wie auch bei realen Bewerbungen um Ausbildungsplätze gestellt werden. Für den zweiten Impuls musste eine Entscheidung getroffen werden, da sich die Vielfalt der möglichen fachlichen Zugänge im Kontext der Evaluation schriftsprachlicher Leistungsentwicklung nicht abbilden lässt. Bedienungs- und Bauanleitungen begegnen Jugendlichen im Leben immer wieder, d.h. es ist bei allen ein allgemeines Wissen um die Textsorte vorauszusetzen. Die Verschriftlichung einer solchen Anleitung anhand von Fotos entspricht nicht unbedingt den curricularen Anforderungen im Sprachunterricht der beruflichen Bildung, sondern dürfte für die Schüler weitgehend neu sein. Der Grund für die Auswahl einer solchen Aufgabenstellung lag vor allem darin, speziell an die fachsprachlichen Elemente der schriftlichen Textproduktion heranzukommen, sprich zu überprüfen, inwieweit die Schüler über fachsprachliche Mittel verfügen und wie sich diese aufgrund der Förderung entwickeln. Die Auswahl der Bauanleitung für einen Bumerang wurde aufgrund einer Erprobung mit mehreren Impulsen getroffen; eine Benachteiligung der Mädchen war dabei nicht zu erkennen.

Das Verfahren ist kein Test, sondern ein Analyseverfahren. Von den Schülern sowohl im Deutschen wie in der jeweiligen Familiensprache verfasste Texte werden im Nachgang anhand von Indikatoren ausgewertet und ergeben dann ein individuelles schriftsprachliches Kompetenzprofil (Profilanalyse).

Zu den Indikatoren

Die Auswahl der Indikatoren orientiert sich nur zum geringen Teil an denen für das mündliche Sprechen; im Vordergrund stehen textbezogene Kompetenzen.

Ein erster Block ist mit dem Ausdruck **„Textpragmatik"** überschrieben; damit soll auf die Bedeutung des handelnden Umgangs mit Texten hingewiesen werden. Kompetenzen – seien sie aus schulischen oder anderen Lernprozessen erwachsen – sind immer nur indirekt zu erschließen. Beobachten lässt sich der je aktuelle Umgang mit der Textförmigkeit im Schreiben selbst. Dieser Block enthält verschiedene Einzelelemente:

Die *Aufgabenbewältigung* ist ein globales Maß für die schriftliche Lösung der gestellten Aufgabe, eine Bauanleitung zu verfassen. Hier greifen sprachliche Mittel, kognitive Zugänge und begriffliches Wissen ineinander.

Konkreter auf auch im Unterricht vermittelte Inhalte greifen die unter dem Stichwort *„Textkompetenz"* zusammengefassten Elemente zurück:

- Die *formale Gestaltung der Bewerbung* achtet auf die Einhaltung von Schreibroutinen, wie sie für jede Bewerbung üblich sind (Absender, Adresse, Anrede usw.).

- Die *inhaltliche Gestaltung* bezieht sich stärker auf die Präsentation der eigenen Person im Bewerbungsschreiben (Eignung, Interesse u.a.).

- Das Element *Textstrukturierung* bezieht sich auf die Gestaltung der Bauanleitung des Bumerangs, wobei überwiegend äußerlich formale Strukturierungsmittel (Absätze, Abschluss u.a.) aber auch textlinguistische Aspekte wie z.b. der Einsatz verweisender sprachlicher Mittel (z.b. „danach") berücksichtigt werden. Auch hierbei geht es wiederum um die Verwendung konventioneller Routinen, die eine hohe Bedeutung für das Verständnis eines solchen Textes haben.

- Die *Adressierung* ist ein ebenfalls für das Verständnis einer solchen Anleitung wesentliches Element. Im Pretest war aufgefallen, dass es in dieser Hinsicht große Unterschiede gibt, die sich – zurzeit noch mit vorläufigem Charakter – auf einer Skala zunehmender Abstraktheit abbilden lassen: Von verblosen Vorstufen über nähesprachliche Formulierungen (z.B. Duzen des Adressaten) zu verallgemeinernden, distanzsprachlichen Formulierungen („man") bis hin zu vollständig unpersönlichen Formulierungen im Passiv oder im imperativischen Infinitiv („zunächst die notwendigen Werkzeuge bereitlegen").

- Hinzu kommen spezifische Elemente der *Bildungssprache* (Komposita, Nominalisierungen, Passiv u.a.).

Aufgrund der Voruntersuchungen hat sich gezeigt, dass – im Gegensatz zur Einschätzung des Sprachstands in der gesprochenen Sprache – eine Erhebung der *Verben* als Wortschatzindikator nicht ausreicht. Gerade für fach- und bildungssprachliches Schreiben und die Einschätzung der Begriffsbildung ist der *nominale Wortschatz* von hoher Bedeutung. Einen Text von tieferer Differenziertheit zeichnet außerdem die Verwendung spezifizierender *Adjektive* aus. Daher werden diese getrennt erhoben, jeweils klassifiziert anhand ihres o.g. Abstraktionsgrades.

Der Bereich der **Grammatik** ist im vorliegenden Instrument stark zurückgenommen – in Fällen eines im Deutschen erst ganz elementar entwickelten Sprachstandes ist für die Individualdiagnostik das Auswertungsblatt im Anhang hinzuzuziehen. Das Auswertungsinstrument zum Bumerangbau begnügt sich mit der Verzeichnung von Satzverbindungen, die einen Einblick in den Verknüpftheitsgrad eines Textes zulassen (Textkohäsion).

Neben den genannten Indikatoren wurden in das Instrument quantitative Maße einbezogen, die in bisherigen Untersuchungen verwendet wurden und die einen schnellen Überblick zulassen (vgl. 2.5). Über die Stärke der Aussagekraft wird erst die endgültige Auswertung aller vorliegenden Texte am Ende der Erprobungsphase im Rahmen des Modellprogramms FöRMiG Auskunft geben.

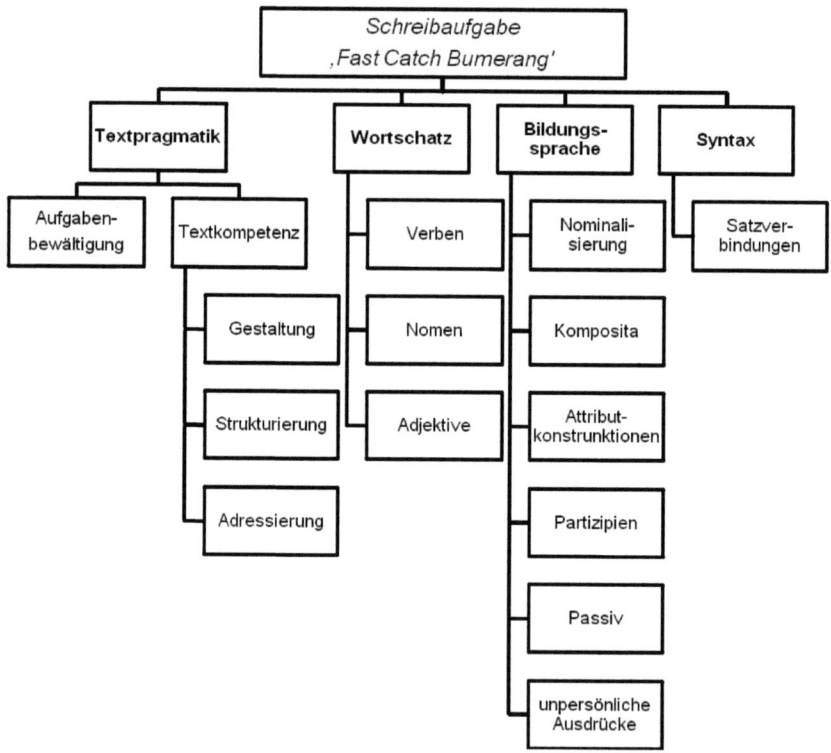

Abb.1: Indikatorenmodell der Schreibaufgabe ‚Fast Catch Bumerang'

Zum Vergleich der Schriftprodukte in den beiden Sprachen

Der Vergleich der Sprachen ist differenziert zu betrachten: In der gesprochenen Sprache sind die Differenziertheit und der Umfang des Wortschatzes gute Indikatoren für den jeweiligen Sprach'stand'. Bei Schrifttexten zu fachlich und thematisch definierten Kontexten ist das anders: Ggf. ist ein Jugendlicher in der Familiensprache weiter entwickelt als im Deutschen und verfügt auch über einen größeren Wortschatz. Da er aber z.b. das Schreiben von Bewerbungen ausschließlich im deutschsprachigen Unterricht gelernt hat, und er zudem mit einer möglichen Kompetenz, ein perfektes Bewerbungsschreiben in russischer oder anderer Sprache verfassen zu können, auf dem deutschen Arbeitsmarkt nicht viel anfangen kann, ist die Verfügung über die spezifischen sprachlichen Mittel und den entsprechenden Wortschatz in der jeweiligen Familiensprache nicht unbedingt zu erwarten. Die ggf. schwächeren Ergebnisse in der Familiensprache können aus solchen Hintergrundbedingungen resultieren und geben keinen unmittelbaren Einblick in das Verhältnis der Sprachen zu einander für die allgemeine Sprachkompetenz, sondern zeigen auf:

- wie sich die beiden Schriftsprachen zu einander verhalten;

- inwieweit in der Familiensprache doch Ressourcen vorhanden sind, die sich auf das Deutsche auswirken – z.b. bei erst im Schulalter zugewanderten Jugendlichen oder aufgrund fördernder Bedingungen in der Familie;

- ob ggf. eine allgemeine Schreibschwäche vorliegt, die einer gesonderten Förderung bedarf;

- ob überhaupt eine Alphabetisierung in der Familiensprache vorhanden ist;

- ob ggf. Interferenzen zu erkennen sind.

2 Auswertung des Bewerbungsschreibens

2.1 Formale Gestaltung

Das Bewerbungsschreiben wird zunächst hinsichtlich der formalen Gestaltung untersucht. Hier geht es darum festzuhalten, welche formalen Konventionen der Gestaltung eines Bewerbungsbriefes von den Schülern umgesetzt werden.

Beurteilt werden:

- Absender
- Anschrift
- Orts- und Datumsangabe
- Betreff
- Anrede
- Grußformel zum Abschluss
- Unterschrift
- Anlagenverweis
- Strukturierung durch Absätze

Gestaltungsmittel wie *Absender* und *Anschrift* können *nicht, unvollständig* oder *vollständig* vorhanden sein. Bitte kreuzen Sie an, in welchem Umfang die einzelnen Mittel produziert werden, und addieren Sie abschließend die einzelnen Punktwerte zu einem Gesamtwert. Diesen notieren Sie bitte im Summenfeld, das Sie am unteren Ende der Tabelle rechtsseitig finden.

Für eine unvollständige Verwendung eines Gestaltungsmittels wird ein Punkt, für eine vollständige Verwendung werden zwei Punkte vergeben. Kommt ein Gestaltungsmittel im Text nicht vor, werden keine Punkte vergeben.

Die Vollständigkeit eines Gestaltungsmittels wird durch Vergleich mit gängigen Konventionen nicht-privater schriftlicher Korrespondenz beurteilt; konkrete Beispiele dafür finden Sie in der folgenden Tabelle.

Ausprägung	Beschreibung	Punktwert
kein(-e)	Das Gestaltungsmittel wird vom Schüler nicht verwendet.	⓪
unvollständig	Das Gestaltungsmittel wird verwendet, es fehlen jedoch im Vergleich mit gängigen Konventionen einzelne Elemente.	①
vollständig	Das Gestaltungsmittel wird gängigen Konventionen entsprechend vollständig produziert.	②

Beispiele

Die Orts- und Datumsangabe „*LU, 15.09.2005*" enthält zwar sowohl ein Datum als auch einen Hinweis auf einen Ort (in Form des Kfz-Kennzeichens LU für die Stadt Ludwigshafen am Rhein), entspricht jedoch nicht den gängigen Konventionen eines Briefes bzw. eines Bewerbungsschreibens und wird somit als „unvollständig" beurteilt.

Wird der Adressat des Briefes mit einem saloppen „*Hallo*" angeredet, gilt dies ebenfalls als *unvollständig*. Beispiele für *vollständige* Anreden sind „*Sehr geehrter Herr Elbe*" und „*Sehr geehrte Damen und Herren*".

Beispiele - Formale Gestaltung		kein(-e)	unvollständig	vollständig
Absender	*Max Mustermann* *33613 Bielefeld*	0	①	2
	Markus Mustermann *Torstraße 10* *10178 Berlin*	0	1	②
Anschrift	*fast catch Bumerang* *Marcus Elbe* *Rotteroder Straße 72* *30171 Hannover*	0	1	②
	Marcus Elbe *Rotteroder Straße 72*	0	①	2
Orts- und Datumsangabe	*Ludwigshafen, 15.09.2005*	0	1	②
	LU, 15.09.2005	0	①	2
Betreff	*Bewerbung*	0	①	2
	Bewerbung um einen Praktikumsplatz in ihrer Redaktion	0	1	②
Anrede	*Sehr geehrte Damen und Herren,*	0	1	②
	Hallo,	0	①	2
Grußformel zum Abschluss	*Ciao!*	0	①	2
	Mit freundlichen Grüßen	0	1	②
Punkte				

Auswertungshinweise © Programmträger FÖRMIG, Universität Hamburg

Hinsichtlich *Unterschrift, Anlagenverweis* und *Strukturierung durch Absätze* kann nur beurteilt werden, ob die Gestaltungsmerkmale vorkommen oder nicht. Hier entfällt die Ausprägung *unvollständig*. Bitte vermerken Sie hier, ob das jeweilige Gestaltungsmittel vorhanden ist, indem sie *ja* oder *nein* ankreuzen.

 Einige Schüler haben die Angewohnheit, nach jedem Satz eine neue Zeile zu beginnen. Eine Strukturierung durch Absätze liegt in einem solchen Fall <u>nicht</u> vor. Ein Absatz besteht i.d.R. aus mehreren Sätzen zu einem Thema.

2.2 Inhaltliche Gestaltung

Der zweite Analyseschritt umfasst die Beurteilung der inhaltlichen Gestaltung des Bewerbungsschreibens. Von Interesse sind hier die Gestaltungsmerkmale

- Einleitung
- Herausstellung eigener Kompetenzen und Begründung der besonderen Eignung für den Praktikumsplatz
- Darlegung des eigenen Interesses am Praktikumsplatz
- Bezugnahme auf Anzeigentext
- Abschluss

Bitte beurteilen Sie anhand der vorgegebenen Ausprägungen *kein(-e), vorhanden* und *ausführlich*, inwieweit die einzelnen inhaltlichen Aspekte im Bewerbungsschreiben vorzufinden sind. Den Ausprägungen sind Punktwerte zugeordnet – von *kein(-e)* = 0 bis *ausführlich* = 2. Bitte addieren Sie die erreichten Punktwerte und notieren Sie den Wert im entsprechenden Summenfeld, das Sie am unteren Ende der Tabelle rechtsseitig finden.

Ausprägungen	Beschreibung	Punktwert
kein(-e)	Der Aspekt kommt im Text nicht vor.	⓪
vorhanden	Der Aspekt ist einfach formuliert vorhanden.	①
ausführlich	Der Aspekt wird besonders detailliert dargestellt, begründet oder durch mindestens zwei Argumente gestützt.	②

Beispiele

Die Sequenz *„Außerdem kenne ich mich mit Bumerangs sehr gut aus, da ich in meiner Freizeit diesen Sport ausübe. Ich habe auch schon häufig selbst Bumerangs gebaut"* beinhaltet gleich drei für den Bereich *Herausstellung eigener Kompetenzen, Begründung der besonderen Eignung* relevante Elemente:

- gute Kenntnisse über Bumerangs (Kompetenz);
- Erfahrungen im Bumerangbau (Kompetenz);
- Betreiben des Bumerangsports (Begründung der besonderen Eignung).

Auswertungshinweise © Programmträger FÖRMIG, Universität Hamburg

In diesem Falle kreuzen Sie die Rubrik *ausführlich* an.

Ebenfalls als *ausführlich* – allerdings in der Kategorie *Bezugnahme auf Anzeigentext* – ist die Aussage „*Aus der BILD-Zeitung vom 15.09.2005 habe ich erfahren, dass Sie eine Praktikantin für Ihre Redaktion suchen.*" zu bewerten, da hier die Bezugnahme in Details (*„BILD-Zeitung vom 15.09.2005"*) eingebettet wird.

Beispiele – Inhaltliche Gestaltung		kein (-e)	vorhanden	ausführlich
Einleitung	„Hiermit möchte ich mich bewerben."	0	①	2
	„Sehr geehrter Herr Elbe, ich habe mich in eine Jugend-magazin informiert, dass sie eine Praktikantin als Bumerang brau-chen. Ich habe großes Interesse, ein Praktikum als Bumerang zu machen. Hiermit möchte ich mich um Praktikumstelle als Bumerang bewerben."	0	1	②
Herausstel-lung eigener Kompetenzen, Begründung der besonde-ren Eignung	„Ich kann gut schreiben."	0	①	2
	„Außerdem kenne ich mich mit Bumerangs sehr gut aus, da ich in meiner Freizeit diesen Sport aus-übe. Ich habe auch schon häufig selbst Bumerangs gebaut."	0	1	②
	„Ich bin dafür geeignet, weil ich mich sehr gut mit Bumerangs auskenne und gut schreiben kann."	0	1	②
Darlegung des eigenen Interesses am Prakti-kumsplatz	„Da ich mich für diesen Beruf interessiere, bewerbe ich mich."	0	①	2
	„Da ich mich schon seit meiner Jugend für Zeitschriften interessiere, möchte ich nun gern erfahren, wie sie entstehen."	0	1	②
Bezugnahme auf Anzeigen-text	„Ich habe Ihre Anzeige gelesen."	0	①	2
	„Aus der BILD-Zeitung vom 15.09.2005 habe ich erfahren, dass Sie eine Praktikantin für Ihre Redaktion suchen."	0	1	②
Abschluss	„Deswegen würde ich mich sehr über eine positive Nachricht von Ihnen freuen."	0	1	②
Punkte				

Auswertungshinweise © Programmträger FÖRMIG, Universität Hamburg

> ☞ Bitte beachten Sie im Bereich *Herausstellung eigener Kompetenzen, Begründung der besonderen Eignung*: 1 Kompetenz + 1 Begründung der besonderen Eignung ist ebenso *ausführlich* anzusehen wie 2 Kompetenzen oder 2 Begründungen der besonderen Eignung!

2.3 Wortschatz

Der vom Schüler im Text verwendete Wortschatz wird mit Hilfe von drei Tabellen erfasst: jeweils gesondert für Nomen, Adjektive und Verben. Bitte tragen Sie die Wörter bei ihrem ersten Vorkommen (= type) in ihrer Grundform in die Spalte der passenden Kategorie (*fachlich, textsortenspezifisch, allgemein* oder *Näherungsbegriffe/Joker/ Neologismen*) ein. In den grau unterlegten Summenzeilen am unteren Ende der Tabellen notieren Sie bitte am Schluss die Anzahl der verwendeten Begriffe (= token).

In der Tabelle **Nomen** verzeichnen Sie bitte alle Nomen, die der Schüler verwendet; ausgenommen sind Personennamen (*„Marcus Elbe"*), Ortsnamen und sonstige Eigennamen (*„fast catch Bumerang", „Triton IV", „BILD"*).

In der Tabelle **Adjektive** vermerken Sie bitte alle Adjektive, Zahladjektive sowie attributiv oder adverbial verwendete Partizipien (*„schreibend", „ausgeschrieben"*), die im Text verwendet werden.

In die Tabelle **Verben** tragen Sie bitte alle Voll- und Modalverben ein, die im Text vorkommen. Nicht verzeichnet werden Hilfsverben (Formen von *haben* und *sein* bei Perfekt und Passiv – *„Jetzt hat man den Rohling ausgesägt."*). Attributiv verwendete Partizipien lassen Sie hier unberücksichtigt.

> ☞ Bitte beachten Sie, dass Pluralbildung sowie Veränderung in Modus, Tempus oder Numerus keinen neuen *type* hervorbringen! Hingegen stellen Komposita, die aus Worten zusammengesetzt sind, die auch alleinstehend im Text vorkommen, einen neuen *type* dar (z.B. *„Praktikum", „Praktikumsstelle"*)!

Kategorie	Beschreibung	Beispiele	
Fachlich	... sind (im Bewerbungsschreiben) spezifische Begriffe, die mit journalistischen Tätigkeiten und Bauen von Bumerangs in Beziehung stehen.	Nomen:	*Bumerang, Information, Redaktion, Zeitschrift, Werkzeug*
		Adjektive:	*journalistisch, schriftlich*
		Verben:	*schreiben, sägen, werken, zusammenfassen*
Textsortenspezifisch	... sind spezifische Begriffe, die typischerweise in Bewerbungsschreiben verwendet werden und mit dem Vorgang des Bewerbens oder der Vorstellung der Person des Bewerbers in Beziehung stehen.	Nomen:	*Bewerbung, Flexibilität, Gespräch, Karriere, Hauptschulabschluss, Interesse*
		Adjektive:	*kontaktfreudig, persönlich*
		Verben:	*wissen, danken, auskennen, ausüben, absolvieren, eignen, bewerben*

Allgemein	... sind geläufige Begriffe mit allgemeiner Bedeutung, die auch in anderen thematischer Kontexten verwendet werden können.	Nomen:	*Adresse, Freizeit, Herr, Freundeskreis, Juni, Klasse*
		Adjektive:	*gut, viel, frei, täglich, voraussichtlich*
		Verben:	*denken, glauben, malen, mit jm. umgehen*
Näherungsbegriffe, Joker, Neologismen	... sind Begriffe, die das Gemeinte nur erahnen lassen (sich annähern), neu erfundene oder umgedeutete Wörter sowie Wörter, die als Platzhalter für semantisch präzisere Begriffe dienen.	Näherungsbegriffe:	*reiben (statt schleifen)*
		Joker:	*Ding, (dann feilen wir) das Ganze*
		Neologismen:	*Voraussätzlich*

2.4 Satzverbindungen

Zur Herstellung von Zusammenhängen, Erläuterungen von Abfolgen und für Begründungen werden verschiedene sprachliche Mittel verwendet. Im Deutschen werden nebenordnende (*und, oder, aber*) und unterordnende Konjunktionen (*weil, wenn, nachdem* usw.) unterschieden. Ebenfalls unterordnend wirken Relativpronomen (*der, die, das;* auch *wer, was, wo*), die Relativsätze einleiten (z.B. *„Die Mentorin, die mein letztes Praktikum betreute, war ganz begeistert von mir.")*.

☞ Bitte beachten Sie, dass es sich bei Konstruktionen wie *„Frau Meier, die Personalchefin meines Ausbildungsbetriebes, lobte mich stets sehr"* nicht um einen Relativsatz, sondern nur um einen Zusatz handelt (Apposition), der nicht als Satzverbindung verzeichnet wird!

☞ Wenn Schüler auf die Interpunktion verzichten, kommt es leicht zu Verwechslungen mit Formen von *der, die* oder *das*, die als Demonstrativpronomen verwendet werden. Bei *„Journalist ist ein toller Beruf. Der gefällt mir gut"* liegt ebenfalls kein Relativanschluss vor. Es handelt sich hierbei um zwei Hauptsätze.

☞ Fragepronomen werden an dieser Stelle nicht berücksichtigt!

Nebensätze können auch uneingeleitet stehen, wie in folgendem Beispiel, bei dem der Hauptsatz dem Nebensatz folgt: *„Habt ihr an meiner Bewerbung Gefallen gefunden, ladet mich bitte zu einem Vorstellungsgespräch ein!"* statt: *„Wenn ihr an meiner Bewerbung gefunden habt, ..."* Formen dieser Art markieren in der Regel eine weit fortgeschrittene Schreibkompetenz.

Weitere Möglichkeiten, Sätze zu verbinden, sind Bezug nehmende Adverbien (*danach, jetzt, dort, plötzlich...*) mit oder ohne vorausgehendes *„und"* sowie erweiterte Infinitive mit *„zu"*. Auch diese werden gesondert verzeichnet.

Der Auswertungsbogen enthält eine Liste möglicher Satzverbindungen. Bitte notieren Sie in der Spalte *Häufigkeit* die im Bewerbungstext gefundene Anzahl der jeweiligen Verbindungen. In die untere Zeile *Summe types* tragen sie bitte ein, wie viele verschiedene Verbindungsarten im Text verwendet wurden. Nicht aufgeführte Verbindungen werden in den freien Zeilen verzeichnet und mitberechnet.

Auswertungshinweise © Programmträger FÖRMIG, Universität Hamburg

> ☞   Wie Sie wissen, gehen manche Schüler eher unbefangen oder eigenwillig mit der Interpunktion um; manche beherrschen sie schlichtweg nicht. Orientieren Sie sich im Zweifelsfall nicht an den Satzzeichen, die der Schüler gesetzt hat, sondern rekonstruieren Sie die Satzstruktur anhand des Sinnzusammenhanges!

Satzverbindungen	Beispiele
und, (und) dann	„Ich möchte mich bewerben <u>und</u> ich besuche gerade das BVJ."
(und +) Adverb	„<u>Deswegen</u> würde ich mich sehr über eine positive Nachricht von Ihnen freuen."
Relativanschlüsse	„Schon lange ist es mein Wunsch, in einer Redaktion mitarbeiten zu können, <u>die</u> mit Bumerangs zu tun hat."
erweiterter Infinitiv	„Es interessiert mich, <u>Geschichten zu schreiben.</u>"; „Ich habe schon oft gearbeitet, <u>um Geld zu verdienen.</u>"
uneingeleiteter Nebensatz	„<u>Habt ihr an meiner Bewerbung Gefallen gefunden</u>, ladet mich bitte zu einem Vorstellungsgespräch ein!"
aber	„Ich arbeite zwar gern alleine <u>aber</u> auch Mitarbeiter können mich inspirieren."
als	„<u>Als</u> ich klein war, habe ich gerne mit Bumerangs gespielt."
bis	„Ich möchte gern ein Praktikum machen, <u>bis</u> ich meine Ausbildung beginne."
da (begründend)	„<u>Da</u> ich mich schon seit meiner Jugend für Zeitschriften interessiere, möchte ich nun gern erfahren, wie sie entstehen."
damit	„Ich würde mich sehr freuen, wenn Sie mich zum Vorstellungsgespräch einladen, <u>damit</u> ich mich persönlich bei Ihnen vorstellen kann."
dass	„Ich habe erfahren, <u>dass</u> Sie einen Praktikanten suchen."
denn (begründend)	„Ich kenne mich gut mit Bumerangs aus, <u>denn</u> von klein aus bin ich mit Bumerangs aufgewachsen."
doch	„<u>Doch</u> ich habe vor, meinen Realschulabschluss demnächst nachzuholen."
indem	„Jetzt glätten Sie die Oberfläche des Bumerangs, <u>indem</u> sie ihn mit dem Schmirgelschwamm abschleifen."
nachdem	„<u>Nachdem</u> die Löcher gemacht wurden, wird der Bumerang mit Farbe angesprayt."
ob	„Ich möchte gern erfahren, <u>ob</u> ich für den Beruf geeignet bin."
oder	„Nach der Schule möchte ich eine Ausbildung beginnen <u>oder</u> ich mache ein BVJ."
weil	„<u>Weil</u> ich mich für diesen Beruf interessiere, bewerbe ich mich."
wenn	„Ich würde mich freuen, <u>wenn</u> Sie mich zu einem Vorstellungsgespräch einladen würden."
wie	„Ich weiß, <u>wie</u> man Bumerangs baut."
wo	„Es interessiert mich, <u>wo</u> fast catch Bumerang entsteht."
Summe types	

2.5 Zusammenfassung

Am Ende der Analyse werden einige Zählungen und Berechnungen durchgeführt. Darüber erhalten Sie neben den im Vorausgehenden vorgestellten qualitativen Beobachtungen einige quantitative Maße. Diese sollen vorab kurz vorgestellt werden:

1. Üblicherweise werden bei Aufsätzen und Texten aller Art die **Wörter** gezählt. Die **Erfassung des Textumfangs** ist ein grobes quantitatives Maß, das jedoch häufig eben nicht unabhängig von der Qualität der Texte ist. In der Regel sind längere Texte gelungener als kürzere. Im Einzelfall ist der Zusammenhang leider nicht vollkommen stabil, so dass das Zählen der Wörter die Berücksichtigung von Qualitätskriterien nicht ersetzen kann.

2. Neben der Anzahl der Wörter ist die **Anzahl der Sätze** ein Größenmaß, das Auskunft über den Textumfang geben kann. Es ist allein für sich genommen allerdings nicht sehr aussagefähig, da Sätze eben unterschiedlich lang ausfallen; allerdings gilt auch hier durchaus wieder ein Zusammenhang mit der Textqualität. Die Zählung der Sätze ist daher im Rahmen der Auswertung ein Zwischenschritt zur Feststellung der mittleren Satzlänge (vgl. Punkt 3).

3. Neben den Maßen für den Textumfang kann die Komplexität eines Textes ein wichtiger Hinweis für die Textqualität sein. Als einfach zu berechnendes Maß wird die **mittlere Satzlänge** (mean length of sentence, MLS) verwendet.

Zur Ermittlung der einzelnen Maße

Ad 1. Bitte zählen Sie zunächst, wie viele Wörter im Text, d.h. in den satzförmigen Äußerungen zwischen Anrede und Grußformel zum Abschluss, geschrieben wurden und notieren Sie die Anzahl im Feld *Wörter gesamt*.

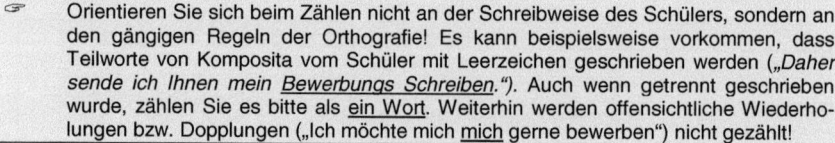

> ☞ Orientieren Sie sich beim Zählen nicht an der Schreibweise des Schülers, sondern an den gängigen Regeln der Orthografie! Es kann beispielsweise vorkommen, dass Teilworte von Komposita vom Schüler mit Leerzeichen geschrieben werden („*Daher sende ich Ihnen mein Bewerbungs Schreiben.*"). Auch wenn getrennt geschrieben wurde, zählen Sie es bitte als ein Wort. Weiterhin werden offensichtliche Wiederholungen bzw. Dopplungen („Ich möchte mich mich gerne bewerben") nicht gezählt!

Ad 2. Unter *Sätze gesamt* notieren Sie bitte die Gesamtzahl aller Sätze. Der Ausdruck „Satz" bei diesem Auswertungsschritt ist nicht mit dem grammatischen Konstrukt des Satzes zu verwechseln! Als *ein Satz* werden somit gezählt:

- einfache Hauptsätze (*„Ich kann gut schreiben."*)

- zwei oder mehr Hauptsätze, die durch *aber* verbunden sind *(„Ich arbeite zwar gern alleine aber auch Mitarbeiter können mich inspirieren.")*

Auswertungshinweise © Programmträger FöRMIG, Universität Hamburg

- Satzgefüge aus <u>Haupt</u>- und <u>Nebensätzen</u>, z.B.: *<u>Ich würde mich sehr freuen,</u> <u>wenn Sie mich zum Vorstellungsgespräch einladen,</u> <u>damit ich mich persönlich</u> <u>bei Ihnen vorstellen kann.</u>"*)

- Unvollständige, aber auf hypotaktische Komplexität angelegte Gefüge, z.B.:
  „daher ich sehr gut in Bumerang bin und eine journalistische Karriere sein werden kann, habe ich auch ihnen eine Bewerbungsschreiben"

- alleinstehende Nebensätze ohne übergeordneten Hauptsatz, z.B. *„Sehr geehrter Herr Elbe, <u>weil ich mich bewerbe.</u> Ich möchte Praktikum machen."*

- Textfragmente, i.e. alleinstehende Ausdrücke, die in keinem ersichtlichen Zusammenhang zum sonstigen Text stehen, z.B. *„Ich kann gut lesen und schreiben. <u>Also mich so gut richtig.</u> Ich weiß Computer und deutsche Alfabet."*

Wie behandelt man...?

(i) mehrgliedrige Hauptsätze: Werden mehrgliedrige Hauptsätze verwendet, wird jeder Hauptsatz einzeln gezählt! Der Ausdruck *<u>Ich lese gern und ich kann gut werken</u>"* besteht aus zwei Hauptsätzen – es werden <u>zwei Sätze</u> gezählt.

→ *„Ich schreibe gern und kenne mich mit Bumerangs aus"* hingegen ist <u>ein Satz</u>, da der zweite Satzteil nicht über ein eigenes Subjekt verfügt, sondern das Prädikat dem Subjekt des ersten Satzteils zugeordnet ist (koordiniertes Prädikat).

(ii) sehr lange Nebensatz-Ketten: Einige Schüler produzieren sehr lange Ketten von Nebensätzen. In einem solchen Fall werden nebeneinander stehende Nebensätze als ein Satz gezählt, wenn sie sich erkennbar inhaltlich aufeinander beziehen. Liegt kein inhaltlicher Bezug vor, wird jeder Nebensatz als ein Satz gezählt!

Ein Beispiel

Fatima Mohamed formuliert folgendes Bewerbungsschreiben:

Sehr geehrter Herr Elbe,
gelesen habe ich in der Zeitung das sie Praktikant/in der Redaktion suchen, / daher ich sehr gut in Bumerang bin und eine journalistische Karriere sein werden kann, habe ich auch ihnen eine Bewerbungsschreiben, Arbeitsprobe einen Artikel wo ich ihnen erkläre wie das Bumerang Triton IV gebaut wird. /
Würde mich echt freuen wenn sie dran interessiert sind wie ich mein Bumerang Triton IV gebaut habe. / freue mich wenn sie sich zurück melden würden./
Mit freundlichen Grüßen
Fatima Mohamed

Fatima formuliert einen syntaktisch komplex geplanten Bewerbungstext, dessen Komplexität sie allerdings nicht durchhält, d.h. sie ,verliert beim Schreiben den Faden' und vollendet die Satzkonstruktion nicht. Um die Anzahl der Sätze bestimmen zu können, muss stellenweise interpretiert werden, was Fatima hat schreiben wollen. Wenn man den Text zerlegt, kommt man auf insgesamt vier Sätze (vgl. die folgende Tabelle).

1.	Konstruktion aus Haupt- und Nebensatz	*gelesen habe ich in der Zeitung das sie Praktikant/in der Redaktion suchen.*
2.	Konstruktion aus Haupt- und Nebensätzen; dem Hauptsatz fehlt das Partizip Perfekt	*daher ich sehr gut in Bumerang bin und eine journalistische Karriere sein werden kann, habe ich auch ihnen eine Bewerbungsschreiben, Arbeitsprobe einen Artikel wo ich ihnen erkläre wie das Bumerang Triton IV gebaut wird.*
3.	Satzgefüge aus einem Hauptsatz und zwei Nebensätzen	*Würde mich echt freuen wenn sie dran interessiert sind wie ich mein Bumerang Triton IV gebaut habe.*
4.	Konstruktion aus Haupt- und Nebensatz	*freue mich wenn sie sich zurück melden würden.*

Schwierig ist insbesondere der zweite Satz: Da die Schülerin keine Kommata verwendet (vgl. die Aufzählung *„eine Bewerbungsschreiben, Arbeitsprobe einen Artikel ...")*, kann die Struktur der Satzkonstruktion nicht auf Anhieb erkannt werden. Verstellt wird das Verständnis außerdem durch die Hilfsverbkumulation (*„sein werden kann"*) und die semantische Unschärfe bei der Satzeinleitung, Fatima verwendet die nebenordnende Konjunktion *„daher"* unterordnend im Sinne von *„da".*

Ad 3. Zur Berechnung der mittleren Satzlänge – **MLS** – wird die Anzahl aller Wörter des Textes durch die Anzahl der Sätze dividiert:

$$☞ \quad MLS \quad = \quad \frac{\text{Wörter gesamt}}{\text{Sätze gesamt}}$$

3   Auswertung des Bumerang-Artikels

3.1   Aufgabenbewältigung

Sprachkenntnisse umfassen nicht nur Wissen um grammatische Regeln und den Wortschatz. Entscheidend ist auch, wie Kenntnisse und Wissen angewandt werden, um eine sprachliche Situation zu bewältigen. Wie ein Schüler die Aufgabe löst, ausgehend von einer Fotoserie einen Zeitschriftenartikel zu formulieren, gibt daher darüber Aufschluss, inwieweit er sich schriftsprachlich in einem fachlichen Kontext zu äußern versteht. Abhängig von seinen schriftsprachlichen Fähigkeiten wird der Schüler in der Lage sein, den Artikel so zu formulieren, dass es einem potentiellen Leser ohne über den Text hinausgehende Hilfe gelingen könnte, den Bumerang zu bauen oder eben nicht. Die Aufgabenstellung verlangt also die Aktivierung einiger Teilfertigkeiten: den Einsatz eines Fachwortschatzes, die aktive Reproduktion einer Textsorte (Bauanleitung), die Fähigkeit Bilder zu ‚lesen' und in einem schriftlichen Text zu ‚übersetzen' (visual literacy). Die Aufgabenbewältigung ist also ein komplexes Phänomen und bedarf der Übung, um sicher und korrekt ausgewertet zu werden. Ist das aber sichergestellt, bietet sie ein stabiles Maß, dessen Werte die beiden verwendeten Sprachen direkt vergleichen lässt.

Grammatische und orthografische Korrektheit spielen an dieser Stelle keine Rolle und sollen nicht in die Bewertung einfließen. Die Frage lautet: „Wird deutlich, was gemacht werden soll – und wenn ja inwieweit?" Um auf diese Frage eine differenzierte Antwort zu erhalten, beurteilen Sie bitte Abbildung für Abbildung, ob die dargestellten Arbeitsschritte in den Ausprägungen *nicht, angedeutet, einfach* oder *differenziert/ausführlich* formuliert sind.

Den Ausprägungen sind Punktwerte (von *nicht* = 0 bis *differenziert/ausführlich* = 3) zugeordnet. Wenn Sie die Beurteilung der einzelnen Szenen abgeschlossen haben, addieren Sie die erreichten Punktwerte und notieren die Summe im entsprechenden Feld am unteren Ende der Tabelle.

Charakteristika der einzelnen Ausprägungen:

Ausprägung	Beschreibung	Punktwert
nicht	Der Arbeitsschritt der entsprechenden Abbildung wird nicht thematisiert.	⓪
angedeutet	Der Arbeitsschritt wird angesprochen, es wird jedoch nicht deutlich, was genau getan werden soll.	①
einfach/ vollständig	Der Arbeitsschritt wird mit Hilfe einfacher sprachlicher Mittel, zum Verständnis einfach, aber hinreichend beschrieben.	②
differenziert/ ausführlich	Der Arbeitsschritt wird ausführlich erläutert, indem beispielsweise Vorgänge detailliert beschrieben oder Arbeitsschritte begründet werden. ☞ Abbildung 1 ist nur dann als *differenziert/ausführlich* zu bewerten, wenn ausnahmslos alle Werkzeuge fachsprachlich korrekt benannt werden.	③

Auswertungshinweise © Programmträger FöRMig, Universität Hamburg

Beispiele zur Aufgabenbewältigung

Abb.			nicht	ange-deutet	einfach	differen-ziert / aus-führlich
1	Nennen der Materialien	„Als erstes müssen die Materialen da sein, dass man anfangen kann."	0	①	2	3
		„Für den Bau eines Bumerangs benötigt man eine Schablone, Holzplatte, Stichsäge, Schraubzwinge, Feile, Schleifpapier, Akkubohrer, Stift und Schere und eine oder mehrere Farben Sprühfarbe."	0	1	2	③
2	Ausschneiden der Schablone	„Zuerst schneidet man die Vorlage des Bumerangs aus."	0	1	②	3
		„Dann die Schablone vorbereiten."	0	①	2	3
		„Als erstes schneidet man die Schablone vorsichtig entlang der Linie aus."	0	1	2	③
3	Übertragen der Schablone auf die Holzplatte mit einem Edding	„Dann zeichnet man das ab."	0	①	2	3
		„Danach zeichnet man mit dem Edding anhand der Schablone den Bumerang auf die Sperrholzplatte."	0	1	2	③
		„[Zuerst schneiden Sie die Schablone aus], legen sie auf ein Stück Holz und malen sie die Umrisse ab."	0	1	②	3
		„Wenn das geschafft ist, legt Ihr die ausgeschnittene Bumerangschablone auf das große Sperrholzbrett und zeichnet sie mit dem schwarzen Edding ab."	0	1	2	③
4	Festklemmen der Holzplatte (am Arbeits-tisch) mittels einer Schraub-zwinge	„Wenn Sie das getan haben, fixieren Sie die Holzplatte mit der Schraubzwinge."	0	1	2	③
		„Klemme den gezeichneten Bumerang ein."	0	1	②	3
		„Mit einer Schraubzwinge klemmt man die Holzplatte an einem Tisch fest, sodass sie nicht wegrutschen kann."	0	1	2	③
		„Danach werdet Ihr das Brett in den Klemmer stecken."	0	①	2	3
5	Aussägen des Bumerangs mit einer (Stich-) Säge	„Nun sägen Sie genau an der Kante ihrer Zeichnung den Rohling aus."	0	1	2	③
		„Als nächstes gehen wir mit der Säge außen rum."	0	①	2	3
		„Den Bumerang aussägen."	0	1	②	3
6	Abschrägen der Kanten mit einer Feile	„Sie hat das Holz und schleift."	0	①	2	3
		„Hinterher werden die Ränder und Unebenheiten glatt-gefeilt."	0	1	②	3
		„Jetzt nehmen Sie, um die Kanten windschnittiger zu machen, eine Feile. Feilen Sie jetzt leicht schräg an."	0	1	2	③
7	Bohren der Flügelenden mit einem (Akku-) Bohrer	„Dann wird fest zugeschraubt und mit der Bohrmaschine gebohrt."	0	①	2	3
		„Danach bohrt man vorsichtig an den drei Seiten des Bumerangs je ein kleines Loch."	0	1	②	3
		„Habt Ihr den Bumerang gescheit geschliffen, nehmt ihr die Bohrmaschine und bohrt in jede Ecke ein Loch rein – ganz durch, sodass man durchsehen kann."	0	1	2	③
8	Schleifen der Oberfläche des Bumerangs (mit Schmirgel-schwamm)	„Schleife den Bumerang mit einem Schleifpapier!"	0	1	②	3
		„Wenn das auch fertig ist, schleift man."	0	①	2	3
		„Nachdem man die Löcher gebohrt hat, schleift man die Ober- und Unterseite des Bumerangs ab."	0	1	2	③
9	Lackieren des Bumerangs mit Sprühfarbe	„Jetzt nur noch mit einer Sprühfarbe Ihrer Wahl ansprü-hen."	0	1	2	③
		„Nachdem die Lächer gemacht wurden, wird der Bume-rang mit Farbe angesprayt."	0	1	②	3
		„Dann heißt es nur noch schleifen und bemalen."	0	①	2	3

Auswertungshinweise © Programmträger FöRMIG, Universität Hamburg

3.2 Adressierung

Es gibt verschiedene Möglichkeiten, den Leser eines Artikels anzusprechen. Indikator für die schriftsprachliche Kompetenz eines Schreibenden ist die Wahl einer der Aufgabenstellung adäquaten Adressierung und die Fähigkeit, die gewählte Adressierung durchzuhalten bzw. eine angemessene Kombination mehrerer Adressierungstypen zu verwenden.

Für einen Jugendzeitschriftenartikel geeignet erscheinen vor allem die Ansprachen *„du"* und *„ihr"*. Sowohl die sachliche Adressierung *„man"* als auch ein distanziertes *„Sie"* sind passend. Als Beispiel für eine geeignete Kombination zweier Typen sei das Paar *„man" - Passiv* genannt.

In der Tabelle „Adressierung" vermerken Sie bitte die Häufigkeit, in der die Adressierungstypen im Text des Schülers vorkommen.

3.3 Bildungssprache

Bildungssprache zeichnet sich neben einem Fachsprache einbeziehenden Wortschatz durch ein hohes Maß konzeptioneller Schriftlichkeit aus. In der Tabelle *Bildungssprache* werden einige typische Merkmale erfasst. Bitte notieren Sie, wie häufig die Merkmale im Text des Schülers zu finden sind. Wenn man ggf. später die Auswertung noch einmal überprüfen oder nachvollziehen will, aber nicht jedes einzelne Vorkommen unter *Beispiele* aufschreiben möchte, empfiehlt es sich, den gesamten Text zeilenweise zu nummerieren und für die Fundstellen die Zeilennummern in die Tabelle einzutragen.

Die Charakteristika im Einzelnen

Nominalisierungen	Nominalisierung ist die Bildung von Nomen aus Adjektiven oder Verben.
	Beispiele: ganz → *das Ganze*; aussägen → *das Aussägen*; bohren → *der Bohrer, das Bohren*; festklemmen → *das Festklemmen am Tisch*
Komposita	Ein Kompositum ist ein zusammengesetztes Wort, das aus zwei oder mehreren einzelnen Wörtern, die auch frei vorkommen können, gebildet ist. Die Teilwörter werden direkt (oder mit einem Bindestrich) verbunden.
	Beispiele: *Stichsäge, Bumerangschablone, Holzplatte, Akkubohrer*
Attributkonstruktionen	Ein Attribut ist eine Beifügung zur näheren Bestimmung eines Nomens.
	Beispiele: *der <u>schwarze</u> Edding* (Adjektiv-Attribut); *das <u>anstrengende</u> Sägen* (Partizip-Attribut); *die Schablone <u>des Bumerangs</u>* (Genitiv-Attribut)
	☞ Auch Relativsätze haben attributive Funktion, diese werden an dieser Stelle jedoch nicht berücksichtigt!

Partizipien	Das Partizip Präsens (auch Partizip I) kann nicht nur attributiv, sondern auch adverbial verwendet werden. Beispiele: *Die Kanten rotierend schleifen.*
Passiv	Hier übernehmen Sie einfach die Angaben aus der vorausgehenden Tabelle!
unpersönliche Ausdrücke	Verblose Formulierungen und Formulierungen mit „man", „sein zu" und imperativem Infinitiv sind unpersönliche Ausdrücke. Übernehmen Sie hier die Angaben einfach aus der vorausgehenden Tabelle!

3.4 Textstrukturierung

Geschriebener Text kann auf verschiedene Weise strukturiert werden. Bitte zählen Sie die Häufigkeiten sprachlicher Textstrukturierung und kreuzen Sie an, ob die angegebenen Mittel, einen Text zu gliedern, verwendet werden.

☞   Vorsicht: Eine Gliederung durch Absätze liegt nicht vor, wenn der Schüler schematisch nach jedem Satz eine neue Zeile beginnt!

3.5 Wortschatz

Die Systematik der Auswertung des im Bumerang-Artikel verwendeten Wortschatzes stimmt weitgehend mit der des Bewerbungsschreibens überein. Die Kategorisierung nach *fachlich*, *textsortenspezifisch*, *allgemein* und *Näherungsbegriffe/Joker/Neologismen* findet allerdings nur bei den Verben Verwendung. Nomen und Adjektive werden hinsichtlich ihrer Bedeutung als *fachlich*, *aufgabennah/allgemein* oder *Näherungsbegriffe/Joker/Neologismen* kategorisiert.

Bitte ordnen Sie die Worte bei ihrem ersten Vorkommen einer der Kategorien zu. In den grau unterlegten Summenzeilen am unteren Ende der Tabellen notieren Sie bitte am Schluss die Anzahl der verwendeten verschiedenen Begriffe jeder Kategorie.

☞   Bitte berücksichtigen Sie: Überschriften, Materialtabellen und verblose Abschlussformeln *(„Ende!")* gehören nicht zum Text!

In der Tabelle **Nomen** verzeichnen Sie bitte alle Nomen, die verwendet werden; ausgenommen sind Personennamen, Ortsnamen und sonstige Eigennamen (*„fast catch Bumerang", „Triton IV"*).

In der Tabelle **Adjektive** vermerken Sie bitte alle im Text vorkommenden Adjektive, Zahladjektive sowie attributiv gebrauchten Partizipien (z.B. *„schreibend", „festgeklemmt"*).

In die Tabelle **Verben** tragen Sie bitte alle Voll- und Modalverben ein, die im Text vorkommen. Hilfsverben werden nicht verzeichnet (Formen von *haben* und *sein* bei Perfekt und Passiv – *„Wenn ihr die Schablone ausgeschnitten habt"*). Attributiv oder adverbial verwendete Partizipien werden hier nicht erfasst.

Auswertungshinweise © Programmträger FöRMɪG, Universität Hamburg

---

☞ Bitte beachten Sie, dass Pluralbildung sowie Veränderung in Modus, Tempus oder Numerus keinen neuen *type* hervorbringen! Hingegen werden Komposita, die aus Worten zusammengesetzt sind, die auch alleinstehend im Text vorkommen, als eigenständiger *type* eingetragen!

Kategorien und Beispiele

Kategorie	Beschreibung	Beispiele	
Fachliche Nomen / Adjektive	... sind Begriffe, die mit dem Herstellen von Bumerangs und Handwerken in Beziehung stehen, z.b. Bezeichnungen für Werkzeuge.	Nomen:	*Aerodynamik, Rohling, Rundung, Oberfläche, Material, Durchmesser, Sperrholz*
		Adjektive:	*windschnittig, aufgezeichnet*
aufgabennahe / allgemeine Nomen / Adjektive	... sind Begriffe mit allgemeiner Bedeutung, die nicht durch auf den Bumerangbau bezogene Fachlichkeit gekennzeichnet sind.	Nomen:	*Aufsicht, Belieben, Gegenstand, Hilfsmittel*
		Adjektive:	*dick, fertig, fest, gerade*
Näherungsbegriffe, Joker, Neologismen	... sind Begriffe, die das Gemeinte nur erahnen lassen (sich annähern), neu erfundene oder umgedeutete Wörter sowie Wörter, die als Platzhalter für semantische präzisere Begriffe dienen.	Näherungsbegriffe:	*Klemmer, Schraubzange,*
		Joker:	*das Ganze, Festhalter*
		Neologismen:	*Sperrbrett*

Kategorie	Beschreibung	Beispiele
fachliche Verben	...sind Verben, die mit dem Herstellen von Bumerangs und Handwerken in Beziehung stehen.	*sägen, schleifen, feilen, bohren, zeichnen, fixieren, messen, festklemmen*
textsortenspezifische Verben	... sind Verben, die typischerweise in Bauanleitungen vorkommen.	*aufpassen, benutzen, besorgen, verletzen, erledigen, zusammenstellen, (Spaß) wünschen*
allgemeine Verben	... sind geläufige Verben mit allgemeiner Bedeutung, die auch in thematisch anderen Kontexten verwendet werden können.	*sehen, stellen, legen, heißen, drauflegen, bemalen*
Näherungsverben, Joker, Neologismen	... sind Begriffe, die das Gemeinte nur erahnen lassen (sich annähern), neu erfundene oder umgedeutete Wörter sowie Wörter, die als Platzhalter für semantische präzisere Begriffe dienen.	Näherungsbegriffe: *lochen (statt bohren)*
		Joker: *abmachen, festmachen*
		Neologismen: *festern*

3.6 Satzverbindungen und Zusammenfassung

Die Auswertungsschritte *Satzverbindungen* und *Zusammenfassung* dieses Analyseabschnittes sind identisch mit denen des Kapitels *Auswertung des Bewerbungsschreibens*.

4 Anhang: Auswertungsbogen zur Einschätzung eines elementaren Sprachstands (in Anlehnung an das HAVAS 5)

Der Text enthält kein Verb.	0
Der Text enthält keine flektierten Verbformen.	0
Der Text enthält einteilige Verbformen:	
als **einfache Verben an der zweiten Stelle im Satz**, ohne Inversion, z.B.: *„Ich lege das Blatt auf das Holz."*	I
Der Text enthält zweiteilige Verbformen ...	
als **Modalverben + Infinitiv**, z.B.: *„Wir müssen das Holz nun aussägen."* (Achtung: „Modalverben" als Vollverben hier **nicht** berücksichtigen, z.B. *„Der kann das")*	II
als **Verben mit getrenntem Präfix**, z.B.: *„Klemmen Sie nun das Brett fest!."*	II
Der Text enthält Verben in folgenden Stellungen ...	
am Ende von Nebensätzen, z.B.: *„Damit der Bumerang gut fliegt,..."* oder *„damit das nicht wegrutscht".*	III
vor dem Subjekt („Inversion"): Die erste Stelle im Satz ist durch ein anderes Satzglied besetzt, z. B.: *„Dann legt man die Schablone auf das Holzbrett."*	III
Der Text enthält Verben in zusammengesetzten Vergangenheitsformen ...	
im Perfekt, z.B.: *„Wenn Sie das geschafft haben, ..."*	IV
im Plusquamperfekt (Hilfsverb im Präteritum mit Partizip II, z.B.: *„Ich hatte schon als Kind Erfahrung mit Bumerangs gemacht."*	IV
Der Text enthält Verben in einer der weiter entwickelten Formen ...	
im Passiv (Vorgangspassiv: „werden" mit Partizip II), z B.: *„Dann werden die Holzbrettkanten gefeilt."*	V
im Zustandspassiv („sein" mit Partizip II), z.B.: *„Wenn das geschafft ist, ..."*	V
im Futur („werden" mit Infinitiv), z.B.: *„Wenn alles geschafft ist, werdet Ihr viel Freude mit dem Bumerang haben."*	V
im Konjunktiv, z.B.: *„Über ein Vorstellungsgespräch würde ich mich natürlich freuen."*	V

Höchste beobachtete Entwicklungsstufe für die Verbformen *(Bitte den entsprechenden Wert zwischen 0 und V eintragen.)*	

Hinweis: Ggf. sind auch in Texten mit häufigem Passivgebrauch weder Perfekt noch Plusquamperfekt zu finden. Das ist dann kein Entwicklungsrückstand, sondern eine Wirkung des Schreibimpulses, der die Verwendung dieser Vergangenheitstempora nicht erfordert. Schreiber(innen), die in der Verwendung von Phänomenen der Stufe V sicher sind, beherrschen in jedem Fall aber auch die Phänomene der Stufe IV.

Auswertungshinweise © Programmträger FöRMIG, Universität Hamburg

5   Glossar

Adjektiv	Wortart, die die Beschaffenheit beschreibt, Eigenschaftswort (z.b. *schnell, laut, freundlich, herzlich*)
Adverb	Adverbien sind Umstandswörter, die einen Satz, ein Verb, ein Partizip, ein Adjektiv oder ein anderes Adverb näher bestimmen (z.b. *hier, vielleicht, sonst*). Adverbien sind nicht konjungier- oder deklinierbar. Einige Adverbien können jedoch gesteigert werden (z.b. *oft – öfter*)
Attribut	Ein Attribut dient der näheren Bestimmung eines Nomens oder Satzglieds (z.b. *die glückliche Gewinnerin, der Beifall der Zuschauer*).
Finites Verb	gebeugtes Verb
Futur	Zeitform zur Beschreibung von Zukünftigem (z.b. *Sie wird den Wettbewerb gewinnen.*)
Hauptsatz	... ist ein Satz, der allein stehen kann (z.b. *Sie gewinnt den Wettbewerb.*).
Hilfsverb	Verben (*sein, haben, werden*), die mit Vollverben zweiteilige Prädikate bilden, z.b. beim Perfekt (*Sie hat den Wettbewerb gewonnen.*)
Infinitiv	ungebeugte Grundform des Verbs (z.b. *gewinnen, verlieren*)
Invertiert / Inversion	Umstellung von Subjekt und Prädikat im Hauptsatz; im invertierten Hauptsatz steht das flektierte Verb vor dem Subjekt (z.b. Hauptsatz mit Zweitstellung: *Sie gewinnt jetzt den Wettbewerb. –* invertierter Hauptsatz: *Jetzt gewinnt sie den Wettbewerb.*).
Joker	Ausdrücke mit vielfältiger Bedeutung, die anstelle eines präzisen Ausdrucks benutzt werden (z.b. ein *Loch machen* für *ein Loch bohren*)
Kompositum	aus zwei oder mehreren einzelnen Wörtern zusammengesetztes Wort (z.b. *Stichsäge, Bumerangschablone, Holzplatte, Akkubohrer*)
Konjunktion	nicht flektierbare Wortart, die syntaktische Verbindungen herstellt, z.b. zwischen Haupt- und Nebensatz (z.b. *dass, obwohl, weil*) oder zwischen zwei Hauptsätzen (z.b. *aber, und, oder*)
Konjunktiv	einer der drei im Deutschen vorkommenden Modi des Verbs; dient dem Ausdruck von Möglichem und Möglichkeiten (*Sie gewänne gern den Wettbewerb.*)
Modalverben	Verben zum Ausdruck von Wünschen (*möchten, wollen*) oder Zwängen (*müssen, sollen*); zusammen mit infiniten Vollverben bilden Modalverben zweiteilige Prädikate (*Sie möchte den Wettbewerb gewinnen.*)
Näherungsbegriff	Näherungsbegriffe sind Wörter, die sich einem Ausdruck annähern, ihn andeuten, aber nicht präzise erfassen (z.b. *Festklemmer* für *Schraubzwinge*).
Nebensatz	.. ist ein Satz, der einem Haupt- oder anderen Nebensatz untergeordnet ist und durch eine unterordnende Konjunktion (z.b. *dass, wenn*) oder ein Relativpronomen eingeleitet wird. Das finite Verb steht im Nebensatz in der Regel in Endstellung (*..., wenn sie den Wettbewerb gewinnt.*).
Nomen	Wortart, auch Substantiv, Hauptwort
Nominalisierung	Bildung von Nomen aus Adjektiven oder Verben (z.b. *schnell – Schnelligkeit, sehen – das Sehen*)

Auswertungshinweise © Programmträger FörMig, Universität Hamburg

Partizip I	auch Partizip Präsens; Form des Verbs, die als Adjektiv oder Adverb verwendet wird (z.b. *das schlafende Kind; Frierend saß er in der U-Bahn.*)
Partizip II	auch Partizip Perfekt; nicht-finite Form des Verbs, das zur Bildung von Perfekt-, Plusquamperfekt- und Passiv- Formen verwendet wird (*Sie hat gewonnen.* = Perfekt; *Die Siegerin wird gefeiert.* = Passiv)
Passiv	Form der Verwendung des Verbs, die die Handlungsrichtung umkehrt. Nicht der Handelnde ist Subjekt des Satzes, sondern die Person oder der Gegenstand, der/dem etwas widerfährt. Gebildet wird das Passiv aus einer flektierten Form von *werden* und Partizip II (z.b. *Sie feiert den Sieg.* = Aktiv – *Der Sieg wird gefeiert.* = Passiv).
Perfekt	Zeitform zur Beschreibung der Vergangenheit; gebildet aus einer Präsens-Form von ‚haben' oder ‚sein' und Partizip II (z.b. *Sie hat sich sehr über ihren Sieg gefreut.*)
Plusquamperfekt	Zeitform zur Beschreibung der Vergangenheit, die vor einem Referenzpunkt innerhalb einer Erzählung stattgefunden hat; gebildet aus einer Präteritum-Form von haben und Partizip II (z.b. *Sie hatte noch nie einen Wettbewerb gewonnen.*)
Prädikat	Das Prädikat ist das strukturelle Zentrum des Satzes. Prädikate können ein- oder mehrteilig sein. Ein einteiliges Prädikat besteht aus einer finiten Verbform (gebeugtes Verb); ein mehrteiliges Prädikat besteht aus einer finiten Verbform und einer oder mehreren anderen Verbformen bzw. einem abgetrennten Präfix (z.b. *Sie möchte den Wettbewerb gewinnen.* und *Die Konkurrentin sieht dem Wettkampf besorgt entgegen.*).
Präfix	Vorsilbe, die zur Wortbildung an den Wortstamm angefügt wird (z.b. *gehen – weggehen – angehen – ausgehen – durchgehen …*)
Relativpronomen	Wort, das in einem Relativsatz den Bezugsgegenstand oder die Bezugsperson des übergeordneten Satzes ersetzt (z.b. *Die Sportlerin, die den Wettkampf gewann, erhielt eine Prämie.*)
Relativsatz	Form des Nebensatzes, der sich auf ein Satzglied (mit Ausnahme des Prädikats) bezieht und dieses näher erläutert (z.b. *Es ist der erste Wettbewerb, den sie gewonnen hat.*)
Subjekt	Das Subjekt ist ein Satzglied, das den Ausgangspunkt des verbalen Vorgangs bildet. Es ist das Satzglied, das die (semantische) Rolle des aktiv Handelnden innehat und steht in der Regel im Nominativ. Es kann mit *Wer?* oder *Was?* erfragt werden (z.b. *Sie gewinnt. – wer gewinnt? – Sie.*). Gemeinsam mit dem Prädikat bildet das Subjekt die Kernaussage eines Satzes.
Tempus	Zeitform, z.B. Präsens, Futur
Verb	auch Tätigkeitswort, Wortart, die Tätigkeiten und Geschehen ausdrückt (z.b. *gehen, ablaufen, werfen …*)
Verbalflexion	Beugung von Verben
Vollverb	Verb, das allein ein Prädikat bilden kann, d.h. nicht auf Hilfs- oder Modalverben angewiesen ist (z. B. *essen, trinken, freuen*)
Zustandspassiv	Form des Passiv zur Beschreibung eines Ereignisresultats (z.b. Vorgangspassiv: *Er wird getötet.* – Zustandspassiv: *Er ist getötet.*)
Zweitstellung	Stellung des Verbs im Hauptsatz nach dem Subjekt (z.b. *Sie gewinnt den Wettkampf.*)

Schreibaufgabe ‚Fast Catch Bumerang'

Deutsch

Name: _____

Klasse: _____

Datum: _____

fast catch Bumerang sucht dich als Praktikant/in
in der Redaktion!

Du kannst gut schreiben? Du kennst dich mit Bumerangs aus? Ein Praktikum in der Redaktion unseres Jugendmagazins **fast catch Bumerang** kann dein Einstieg in eine journalistische Karriere sein! Bitte sende uns ein *aussagekräftiges Bewerbungsschreiben* und als Arbeitsprobe einen *Artikel*, in dem erklärt wird, wie der Bumerang *Triton IV* gebaut wird. Der Artikel muss ohne Abbildungen verständlich sein.

fast catch Bumerang
Marcus Elbe
Rotteroder Straße 72
30171 Hannover

Schreibaufgabe © Programmträger FÖRMIG, Universität Hamburg

Abbildungen – Bau des Bumerangs Triton IV

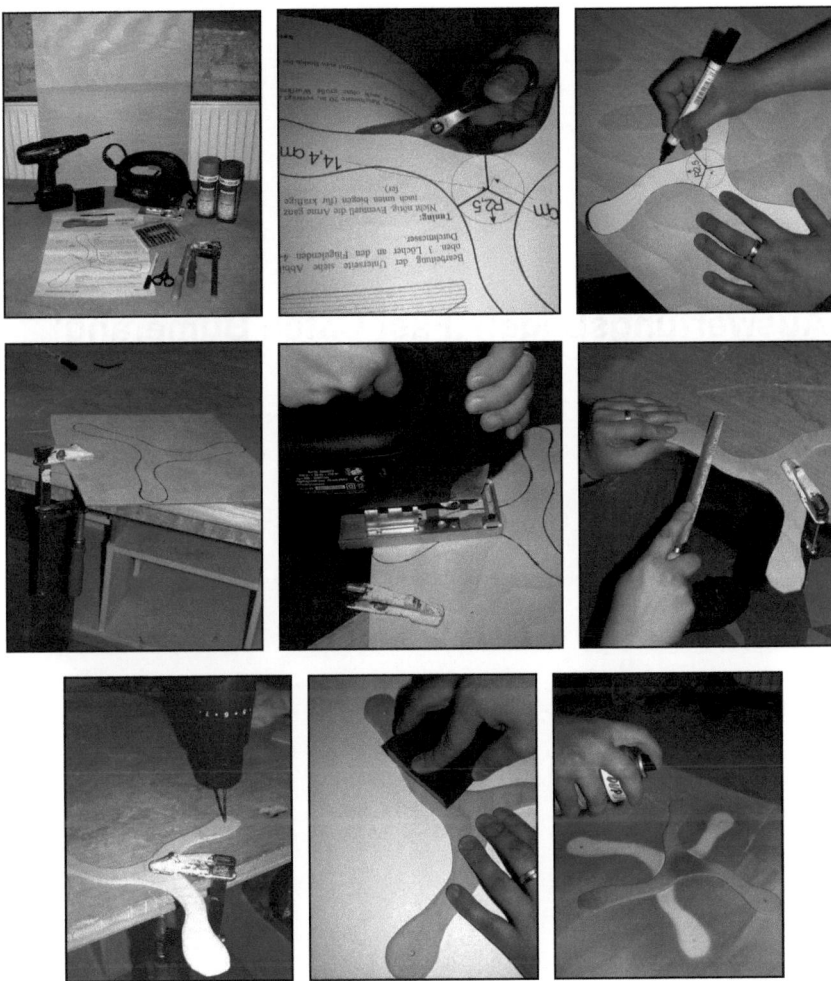

Auswertungsbogen ‚Fast Catch Bumerang'

Deutsch

Name des Kindes: _____

Name der Einrichtung: _____

Name der Auswertenden: _____

Datum der Auswertung: _____

Auswertungsbogen © Programmträger FöRMiG, Universität Hamburg

Schüler/in:

weiblich ☐

männlich ☐

Geburtsmonat: Geburtsjahr:

Klassenstufe:

Einrichtung:

Sprache:

Text 1: Bewerbungsschreiben

1) Formale Gestaltung

	kein (-e)	unvollständig	vollständig
Absender	☐	☐	☐
Anschrift	☐	☐	☐
Orts- und Datumsangabe	☐	☐	☐
Betreff	☐	☐	☐
Anrede	☐	☐	☐
Grußformel zum Abschluss	☐	☐	☐
Punkte			

	Vorhandensein	
	ja	nein
Unterschrift	☐	☐
Anlagenverweis	☐	☐
Strukturierung durch Absätze	☐	☐

Hinweise zur Bewertung:

kein(-e)	Das Gestaltungsmittel wird vom Schüler nicht verwendet: *0 Punkte*
unvollständig	Das Gestaltungsmittel wird verwendet, es fehlen jedoch im Vergleich mit gängigen Konventionen einzelne Elemente: *1 Punkt*
vollständig	Das Gestaltungsmittel wird gängigen Konventionen entsprechend vollständig produziert: *2 Punkte*

2) Inhaltliche Gestaltung

	kein (-e)	vorhanden	ausführlich
Einleitung	☐	☐	☐
Herausstellung eigener Kompetenzen, Begründung der besonderen Eignung	☐	☐	☐
Darlegung des eigenen Interesses am Praktikumsplatz	☐	☐	☐
Bezugnahme auf Anzeigentext	☐	☐	☐
Abschluss	☐	☐	☐
Punkte			

Hinweise zur Bewertung:

kein(-e)   Der Aspekt kommt im Text nicht vor: *0 Punkte*

vorhanden   Der Aspekt ist einfach formuliert vorhanden: *1 Punkt*

ausführlich   Der Aspekt wird besonders detailliert dargestellt, begründet oder durch mindestens zwei Argumente gestützt: *2 Punkte*

3) Wortschatz
a) Nomen

fachliche Nomen	textsortenspezifische Nomen	allgemeine Nomen	Näherungsbegriffe, Joker, Neologismen
eintragen!			
Σ			

b) Adjektive

fachliche Adjektive	textsortenspezifische Adjektive	allgemeine Adjektive	Näherungsbegriffe, Joker, Neologismen
eintragen!			
Σ			

c) Verben

fachliche Verben	textsortenspezifische Verben	allgemeine Verben	Näherungsverben, Joker, Neologismen
eintragen!			
Σ			

3

4) Satzverbindungen

	Beispiel	Häufigkeit
und, (und) dann		
(und +) Adverb		
Relativanschlüsse		
erweiterter Infinitiv		
uneingeleiteter Nebensatz		
Verbindung von Haupt- und Protokollsatz		
aber		
als		
bis		
da (begründend)		
damit		
dass		
denn (begründend)		
doch		
indem		
nachdem		
ob		
oder		
weil		
wenn		
wie		
wo		
…		
Summe types		

Zusammenfassung – Text 1 (Bewerbungsschreiben)	
Wörter gesamt	
Sätze gesamt	
Mittlere Länge der Sätze (MLS)	

Text 2: Bauanleitung Bumerang

1) Aufgabenbewältigung

Abb.		nicht	angedeu-tet	einfach	differen-ziert, aus-führlich
1	Nennen der Materialien	☐	☐	☐	☐
2	Ausschneiden der Schablone	☐	☐	☐	☐
3	Übertragen der Schablone auf die Holzplatte mit einem Edding	☐	☐	☐	☐
4	Festklemmen der Holzplatte (am Arbeitstisch) mittels einer Schraubzwinge	☐	☐	☐	☐
5	Aussägen des Bumerangs mit einer (Stich-) Säge	☐	☐	☐	☐
6	Abschrägen der Kanten mit einer Feile	☐	☐	☐	☐
7	Bohren der Flügelenden mit einem (Akku-) Bohrer	☐	☐	☐	☐
8	Schleifen der Oberfläche des Bumerangs (mit Schmirgelschwamm)	☐	☐	☐	☐
9	Lackieren des Bumerangs mit Sprühfarbe	☐	☐	☐	☐
Punkte					

Hinweise zur Bewertung:

nicht	Der Arbeitsschritt der entsprechenden Abbildung wird nicht thematisiert: *0 Punkte*
angedeutet	Der Arbeitsschritt wird angesprochen, es wird jedoch nicht deutlich, was genau getan werden soll: *1 Punkt*
einfach/ vollständig	Der Arbeitsschritt wird mit Hilfe einfacher sprachlicher Mittel zum Verständnis einfach, aber hinreichend beschrieben: *2 Punkte*
differenziert/ ausführlich	Der Arbeitsschritt wird ausführlich erläutert, indem beispielsweise Vorgänge detailliert beschrieben oder Arbeitsschritte begründet werden: *3 Punkte*

☞ Abbildung 1 ist nur dann als *differenziert/ausführlich* zu bewerten, wenn ausnahmslos alle Werkzeuge fachsprachlich korrekt benannt werden.

2) Adressierung

	Beispiele	Häufigkeit
verblos („*Deckel auf*")		
„du" (z.B. „*danach kannst du den Bumerang mit Farbe ansprühen*")		
„ich" („*Jetzt nehme ich die Stichsäge*")		
„wir" (z.B. „*Das haben wir schon*")		
„ihr" („*Dann sägt ihr den Rohling aus*")		
„Sie" (z. B. „*Nehmen Sie ...*")		
„man" (z. B. „*Dazu gebraucht man ...*")		
Passiv (z.B. „*der Deckel wird nun geschlossen*")		
„sein zu" (z.B. „*die Seiten sind zu schleifen*")		
imperativer Infinitiv (z.B. „*zunächst die Schablone ausschneiden*")		

3) Bildungssprache

	Beispiele	Häufigkeit
Nominalisierungen		
Komposita		
Attributkonstruktionen		
Partizipien		
Passiv		
unpersönliche Ausdrücke		

4) Textstrukturierung

	Beispiele	Häufigkeit	vorhanden
sprachlich (durch verweisende Elemente wie „*dann*", „*danach*")			
Gliederung durch Nummerierung			☐
Gliederung durch Absätze			☐
Titel/Überschrift (auch Zwischenüberschriften)			☐
Vorbemerkung / Einleitung / Begrüßung des Lesers			☐
(Formeller) Abschluss			☐
Besondere Gestaltungsmittel (z. B. Materialtabelle)			☐
sonstige Bezüge			☐

5) Wortschatz
a) Nomen

fachliche Nomen	aufgabennahe/allgemeine Nomen	Näherungsbegriffe, Joker, Neologismen
eintragen!		
Σ		

b) Adjektive

fachliche Adjektive	aufgabennahe/allgemeine Adjektive	Näherungsbegriffe, Joker, Neologismen
eintragen!		
Σ		

c) Verben

fachliche Verben	textsortenspezifische Verben	allgemeine Verben	Näherungsverben, Joker, Neologismen
eintragen!			
Σ			

7

Auswertungsbogen © Programmträger FöRMIG, Universität Hamburg

6) Satzverbindungen

	Beispiel	Häufigkeit
und, (und) dann		
(und +) Adverb		
Relativanschlüsse		
erweiterter Infinitiv		
uneingeleiteter Neben-satz		
Verbindung von Haupt-und Protokollsatz		
aber		
als		
bis		
da (begründend)		
damit		
dass		
denn (begründend)		
doch		
indem		
nachdem		
ob		
oder		
weil		
wenn		
wie		
wo		
...		
Summe types		

Zusammenfassung – Text 2 (Bauanleitung Bumerang)	
Wörter gesamt	
Sätze gesamt	
Mittlere Länge der Sätze (MLS)	

Verzeichnis der Autorinnen und Autoren

Prof. Dr. Rupprecht S. Baur, i. R.
Universität Duisburg-Essen, Arbeitsbereich Deutsch als Zweit-/Fremdsprache

Petra Best
Deutsches Jugendinstitut e.V. München
Wissenschaftliche Mitarbeiterin im Projekt „Sprachliche Förderung in der Kita"

Gudrun Carls
Koordinatorin „Schulanfangsphase" FÖRMIG Berlin

Prof. Dr. İnci Dirim
Universität Hamburg, Arbeitsbereich International und Interkulturell Vergleichende Erziehungswissenschaft
Programmträger Modellprogramm FÖRMIG

Marion Döll
Universität Hamburg
Wissenschaftliche Mitarbeiterin im Arbeitsbereich International und Interkulturell Vergleichende Erziehungswissenschaft

Prof. Viv Edwards
National Centre for Language and Literacy
Reading University
England

Prof. Dr. Dr. h.c. Konrad Ehlich, Emeritus, München/Berlin
Mitglied des wissenschaftlichen Beirats im Modellprogramm FÖRMIG
Leitung BMBF-Projekt „Altersspezifische Sprachaneignung – ein Referenzrahmen" (PROSA)

Monika Grell
Projekt „HAVAS 5" FÖRMIG Hamburg, Landesinstitut für Lehrerbildung und Schulentwicklung Hamburg

Andreas Heintze
Projektleitung FÖRMIG Berlin

Dominik Henn, M.A.
Universität Potsdam
Wissenschaftlicher Mitarbeiter am Institut für empirische Bildungsforschung, Forschungsschwerpunkt Computergestützte Sprachstandsanalyse

Dr. Karin Jampert
Deutsches Jugendinstitut e.V. München
Wissenschaftliche Mitarbeiterin im Projekt „Sprachliche Förderung in
der Kita"

Dr. Drorit Lengyel
Universität Hamburg
Wissenschaftliche Mitarbeiterin im Arbeitsbereich International und In-
terkulturell Vergleichende Erziehungswissenschaft
Programmträger Modellprogramm FÖRMIG

Thomas Quehl
Stellvertretender Schulleiter Gemeinschaftsgrundschule Breite Straße,
Duisburg

Prof. Dr. Hans H. Reich, Emeritus
Universität Koblenz-Landau, Arbeitsbereich Interkulturelle Bildung
Programmträger Modellprogramm FÖRMIG
BMBF-Projekt „Altersspezifische Sprachaneignung – ein Referenzrah-
men" (PROSA), Standort Landau

Prof. Dr. Hans-Joachim Roth
Universität zu Köln, Institut für vergleichende Bildungsforschung und
Sozialwissenschaften
Programmträger Modellprogramm FÖRMIG

Ute Scheffler
Regionalkoordinatorin „Schwerpunkt 1", Duisburg, FÖRMIG NRW

Heidi Scheinhardt-Stettner
Regionalkoordinatorin „Schwerpunkt 3", Duisburg, FÖRMIG NRW

Prof. Dr. Agi Schründer-Lenzen
Universität Potsdam, Institut für Grundschulpädagogik
Projektleitung FÖRMIG Plus Brandenburg

Prof. Dr. Petra Schulz
Goethe Universität Frankfurt am Main, Institut für Psycholinguistik und Didaktik der deutschen Sprache
Leitung des Projekts „LiSe-DaZ" (gemeinsam mit Prof. Dr. R. Tracy)

Andrea Sens
Deutsches Jugendinstitut e.V. München
Wissenschaftliche Mitarbeiterin im Projekt „Sprachliche Förderung in der Kita"

Prof. Dr. Jens Siemon
Universität Hamburg, Arbeitsbereich für Berufs- und Wirtschaftspädagogik

Melanie Spettmann, M.A.
Universität Duisburg-Essen
Wissenschaftliche Mitarbeiterin am Institut für Optionale Studien, Arbeitsbereich Sprachkompetenz

Sabine Sterkenburgh
Schulleiterin der Gemeinschaftsgrundschule Lohberg, Dinslaken

Prof. Dr. Rosemarie Tracy
Universität Mannheim, Anglistische Linguistik
Leitung des Projekts „LiSe-DaZ" (gemeinsam mit Prof. Dr. P. Schulz)

Dr. Andreas Weber
Landesstiftung Baden-Württemberg
Leitung Bereich Bildung

Ramona Wenzel
Universität Mannheim, Anglistische Linguistik
Wissenschaftliche Mitarbeiterin im Projekt „LiSe-DaZ"

Bilge Yörenç
Projekt „HAVAS 5" FörMig Hamburg, Landesinstitut für Lehrerbildung und Schulentwicklung Hamburg

Anne Zehnbauer
Deutsches Jugendinstitut e.V. München
Wissenschaftliche Mitarbeiterin im Projekt „Sprachliche Förderung in der Kita"

Ingrid Gogolin, Ursula Neumann,
Hans-Joachim Roth (Hrsg.)

Sprachdiagnostik bei Kindern und Jugendlichen mit Migrationshintergrund

Dokumentation einer Fachtagung am
14. Juli 2004 in Hamburg

2005, 112 Seiten, br., 9,90 €, ISBN 978-3-8309-1542-3

Der Band versammelt die Beiträge eines Workshops zu Fragen der Angemessenheit und Qualität von sprachdiagnostischen Verfahren, die bei Kindern und Jugendlichen mit Migrationshintergrund eingesetzt werden. Ausgangspunkt sind zwei Gutachten von Konrad Ehlich (München) und Lilian Fried (Dortmund) zu vorliegenden Verfahren der Sprachstandsfeststellung und Sprachstandserhebung. Die weiteren Beiträge konzentrieren sich darauf, welche Standards zukünftig beachtet werden und auf welche Schwerpunkte sich Entwicklungen im Bereich der Sprachdiagnostik konzentrieren sollten. Die Dokumentation informiert über Initiativen zur Entwicklung sprachdiagnostischer Verfahren der Bundesländer und beleuchtet aktuelle Diskussionen zur Sprachdiagnose bei Kindern und Jugendlichen mit Migrationshintergrund.

Der Workshop fand 2004 in Vorbereitung des BLK-Modellversuchsprogramms Förderung von Kindern und Jugendlichen mit Migrationshintergrund (FÖRMIG) statt: www.blk-foermig.uni-hamburg.de

Waxmann

MÜNSTER · NEW YORK · MÜNCHEN · BERLIN

FÖRMIG EDITION   3

Hans H. Reich, Hans-Joachim Roth,
Ursula Neumann (Hrsg.)

Sprachdiagnostik im Lernprozess

Verfahren zur Analyse von Sprachständen
im Kontext von Zweisprachigkeit

2007, 136 Seiten, br., 9,90 €, ISBN 978-3-8309-1697-0

Der dritte Band der FÖRMIG EDITION führt das Thema Sprachstandsdiagnostik weiter und vertieft Fragen der Konstruktion und des Einsatzes sprachdiagnostischer Verfahren im Kontext individueller Zweisprachigkeit. Der Schwerpunkt liegt auf qualitativen Aspekten begleitender Sprachstandsanalyse im Rahmen von Sprach(lern)förderung und Evaluation. Die Beiträge behandeln Fragestellungen zu Themen wie Standards und Kompetenzentwicklung, Sprachkontaktphänomenen, Testfairness und zur Leistungsfähigkeit sprachheilpädagogischer Instrumente. In Ausblicken werden Entwicklungen in europäischen Nachbarländern berücksichtigt. Ferner werden zwei der Verfahren vorgestellt, die im Rahmen des BLK-Programms FÖRMIG entwickelt und eingesetzt werden. Sie richten sich speziell auf die Phasen des Übergangs in die Grundschule und in den Beruf.

Der Band versammelt die Beiträge zu einer Tagung im Rahmen des BLK-Programms Förderung von Kindern und Jugendlichen mit Migrationshintergrund (FÖRMIG).

Waxmann

MÜNSTER · NEW YORK · MÜNCHEN · BERLIN

FöRMig Edition

4

Thorsten Klinger, Knut Schwippert,
Birgit Leiblein (Hrsg.)

Evaluation im Modellprogramm FöRMig

Planung und Realisierung eines Evaluationskonzepts

2008, 240 Seiten, br., 24,90 €, ISBN 978-3-8309-1989-6

Ziel des Modellprogramms ‚Förderung von Kindern und Jugendlichen mit Migrationshintergrund – FöRMig' ist die Entwicklung innovativer Ansätze zur Optimierung sprachlicher Bildung und Förderung. Die Evaluation ist ein integraler Bestandteil des Programms und das so gewonnene Steuerungswissen kann bereits im laufenden Prozess angewendet werden.

Der vierte Band der Reihe FöRMig Edition befasst sich mit der Konzeption und der Realisierung der Evaluation von FöRMig. Er dokumentiert eine Tagung, die den Evaluationsaktivitäten auf allen Programmebenen gewidmet war. Der Blick ist sowohl auf pädagogische Einrichtungen in den beteiligten Bundesländern gerichtet als auch auf übergreifende Prozesse. Die Beiträge geben so einen Einblick in das laufende Programm und in vielfältige Ansätze der Evaluation von Modellprogrammen.

WAXMANN
VERLAG GMBH
Münster · New York · München · Berlin
www.waxmann.com · info@waxmann.com

MÜNSTER · NEW YORK · MÜNCHEN · BERLIN

Waxmann